SORRIA

Barbara Ehrenreich

SORRIA

★ Como a promoção incansável do pensamento ★
positivo enfraqueceu a América

Tradução de
MARIA LÚCIA DE OLIVEIRA

1ª edição

EDITORA RECORD
RIO DE JANEIRO • SÃO PAULO
2013

CIP-BRASIL. CATALOGAÇÃO NA PUBLICAÇÃO
SINDICATO NACIONAL DOS EDITORES DE LIVROS, RJ

E82s
Ehrenreich, Barbara, 1941
Sorria: como a promoção incansável do pensamento positivo enfraqueceu a América / Barbara Ehrenreich ; tradução Maria Lúcia de Oliveira. – 1ª ed. – Rio de Janeiro: Record, 2013.

Tradução de: Bright-Sided
Inclui bibliografia e índice
ISBN 978-85-01-08498-9

1. Pensamento positivo. 2. Autorrealização. 3. Otimismo. I. Título.

13-01097

CDD: 158.1
CDU: 159.947

Título original em inglês:
BRIGHT-SIDED

Copyright © Barbara Ehrenreich, 2009

Todos os direitos reservados. Proibida a reprodução, armazenamento ou transmissão de partes deste livro através de quaisquer meios, sem prévia autorização por escrito. Proibida a venda desta edição em Portugal e resto da Europa.

Texto revisado segundo o novo Acordo Ortográfico da Língua Portuguesa.

Direitos exclusivos de publicação em língua portuguesa para o Brasil adquiridos pela
EDITORA RECORD LTDA.
Rua Argentina, 171 – 20921-380 – Rio de Janeiro, RJ – Tel.: 2585-2000
que se reserva a propriedade literária desta tradução

Impresso no Brasil

ISBN 978-85-01-08498-9

Seja um leitor preferencial Record.
Cadastre-se e receba informações sobre nossos lançamentos e nossas promoções.

EDITORA AFILIADA

Atendimento direto ao leitor:
mdireto@record.com.br ou (21) 2585-2002

Aos que reclamam em toda parte:
Aumentem o volume!

Sumário

	Introdução	9
UM	Sorria ou morra: o lado positivo do câncer	23
DOIS	Os anos do pensamento mágico	56
TRÊS	As raízes sombrias do otimismo americano	88
QUATRO	Motivando os negócios e o negócio da motivação	113
CINCO	Deus quer que você seja rico	143
SEIS	Psicologia positiva: a ciência da felicidade	169
SETE	Como o pensamento positivo destruiu a economia	201
OITO	Pós-escrito sobre o pensamento pós-positivo	222
	Notas	237
	Agradecimentos	255
	Índice	257

Introdução

Os americanos são um povo "positivo". Essa é nossa reputação e também nossa autoimagem. Sorrimos muito e, com frequência, ficamos desnorteados quando pessoas de outras culturas não nos retornam o favor. De acordo com o surrado estereótipo, somos alegres, animados, otimistas e superficiais, enquanto os estrangeiros tendem a ser discretos, cansados da vida e possivelmente decadentes. Escritores americanos expatriados como Henry James e James Baldwin lutaram contra esse estereótipo e às vezes o reforçaram. Deparei-me com ele na década de 1980 sob a forma de um comentário feito por um poeta soviético emigrado, Joseph Brodsky, para quem o problema dos americanos é que eles "nunca conheceram o sofrimento". (Pelo visto, ele não sabia quem havia inventado o *blues*.) Quer vejamos isso como algo embaraçoso ou como motivo de orgulho, ser positivo — na inclinação, no estado de espírito, na visão de mundo — parece um traço entranhado em nosso caráter nacional.

Quem poderia ser suficientemente rude ou insatisfeito para desafiar essas afortunadas características da personalidade americana? Tome-se, por exemplo, o negócio da "disposição" positiva, que se refere ao estado de espírito que exibimos para outras pessoas com nossos sorrisos, nossos cumprimentos, nossas declarações de confiança e otimismo. Os cientistas descobriram que o mero ato de sorrir pode gerar sentimentos positivos dentro de nós, pelo menos se o sorriso não for forçado. Além disso, bons sentimentos, conforme expressados com nossas palavras e sorrisos, parecem ser contagiantes: "Sorria e o mundo sorri com você." Certamente, o mundo seria um lugar melhor e mais feliz se todos nos saudássemos calorosamente e parássemos de extrair sorrisos forçados dos bebês — mesmo que fosse apenas pelo conhecido mecanismo sociopsicológico de "contágio de ânimo". Estudos recentes mostram que os sentimentos de felicidade se disseminam facilmente através de redes sociais, e com isso a boa sorte de uma pessoa pode iluminar o dia até mesmo de outras apenas remotamente ligadas a ela.[1]

Além disso, os psicólogos hoje concordam que sentimentos positivos como gratidão, contentamento e autoconfiança podem de fato aumentar nossos anos de vida e melhorar nossa saúde. Algumas dessas afirmações são exageradas, como veremos, embora sentimentos positivos, bem como fazer exercícios ou tomar suplementos vitamínicos, dificilmente precisem de justificativa quando se trata de adotar um estilo de vida saudável. As pessoas que relatam sentimentos positivos têm maior probabilidade de participar de uma rica vida social, e vice-versa, e as conexões sociais relevaram-se uma defesa importante contra a depressão — um conhecido fator de risco em muitas doenças físicas.

Assim, considero sinal de progresso o fato de que na última década, ou algo assim, os economistas tenham começado a mostrar interesse em usar a felicidade, e não apenas o produto interno bruto, como uma medida do sucesso de uma economia. A felicidade é, obviamente, uma coisa escorregadia para se medir ou definir. Há séculos os filósofos debatem o que seja ela, e mesmo que a definíssemos simplesmente como uma maior frequência de sentimentos positivos em comparação com os negativos, quando perguntamos às pessoas se elas são felizes nós estamos de fato lhes pedindo que calculem um tipo de média dentro de um conjunto de muitos estados de espírito e muitos momentos. Talvez eu estivesse aborrecida no começo do dia, mas depois uma boa notícia me animou — então, como devo responder à pergunta? Em uma conhecida experiência de psicologia, pediu-se aos participantes que respondessem a um questionário sobre satisfação com a vida — mas somente depois de realizar a tarefa aparentemente irrelevante de fotocopiar uma folha de papel para o coordenador. Para uma metade aleatoriamente escolhida dos participantes, deixava-se uma moeda na copiadora para que a encontrassem. Conforme o resumo da experiência feito por dois economistas: "Os depoimentos de satisfação com a vida aumentaram substancialmente com a descoberta da moeda na copiadora — claramente, não um efeito da renda."[2]

Além dos problemas de mensuração, existem diferenças culturais em como a felicidade é vista e até na apreciação de ser ou não uma virtude. Algumas culturas, como a nossa, valorizam a disposição positiva que parece sinalizar felicidade interior; outras são mais impressionadas pela seriedade, pelo autossacrifício ou por uma calma disposição para cooperar. Por mais difícil que seja defini-la com exatidão, no entanto, a felicidade é, de certa forma, um indicador mais pertinente do bem-estar, de uma perspectiva humanista, do que o turbilhão de transações que compõem o PIB.

Surpreendentemente, quando os psicólogos se encarregam de medir a felicidade relativa das nações, eles rotineiramente descobrem que os americanos não são tão felizes assim, nem mesmo em tempos prósperos e a despeito de nossa alardeada positividade. Uma recente meta-análise de mais de uma centena de estudos de felicidade em todo o mundo descobriu que os americanos se classificaram no 23º lugar, superados pelos holandeses, dinamarqueses, malásios, bahamianos, austríacos e mesmo os supostamente austeros finlandeses.[3] De acordo com outro sinal potencial de sofrimento relativo, os americanos representam dois terços do mercado mundial de antidepressivos, que também são as drogas mais comumente receitadas nos Estados Unidos. A meu ver, ninguém sabe como o uso de antidepressivos afeta as respostas das pessoas às pesquisas sobre felicidade: será que os entrevistados informam estar felizes porque as drogas os fazem sentir-se assim, ou será que relatam estar infelizes porque sabem que são dependentes de drogas que os fazem se sentir felizes? Sem o uso pesado de antidepressivos, os americanos provavelmente ocupariam na classificação de felicidade um lugar muito inferior ao que ocupam hoje.

Quando os economistas tentam classificar mais objetivamente as nações em termos de "bem-estar", levando em conta fatores como saúde, sustentabilidade ambiental e a possibilidade de mobilidade ascendente, os Estados Unidos se saem pior ainda do que quando se mede apenas o estado subjetivo de "felicidade". O Happy Planet Index, um índice de bem-estar humano e impacto ambiental, para mencionar apenas um exemplo, nos situa no 150º lugar entre as nações do mundo.[4]

Como podemos ser tão infinitamente "positivos" em autoimagem e estereótipo não sendo o povo mais feliz e mais rico do mundo? A resposta, penso eu, é que a positividade não é tanto nossa condição ou nosso estado de espírito, mas sim uma parte de nossa ideologia — o modo como explicamos o mundo e como pensamos que devemos agir nele. Essa ideologia é o "pensamento positivo", que em geral entendemos de duas formas. Uma é o conteúdo genérico do pensar positivamente — isto é, o próprio pensamento positivo —, que pode ser resumido como: as coisas estão indo muito bem agora, pelo menos se você estiver disposto a ver uma luz no fim do túnel etc., e ainda vão melhorar muito mais. Isso é otimismo, e não é a mesma coisa que esperança. A esperança é uma emoção, um anseio cujo desfrute não está inteiramente sob nosso controle. O otimismo é uma postura cognitiva, uma expectativa consciente que, presumivelmente, qualquer pessoa pode desenvolver com a prática.

A segunda forma com que entendemos o "pensamento positivo" é como a prática, ou disciplina, de tentar pensar de uma forma positiva. Existe, assim nos dizem, uma razão prática para nos empenharmos nesse esforço: o pensamento positivo supostamente não apenas nos faz sentir otimistas, mas realmente aumenta a probabilidade de resultados felizes. Se você espera que as coisas melhorem, elas melhorarão. Como pode o mero pensamento fazer isso? Na explicação racional que muitos psicólogos ofereceriam hoje, o otimismo melhora a saúde, a eficácia pessoal, a confiança e a capacidade de recuperação, e isso torna mais fácil o alcance de nossos objetivos. Uma teoria bem menos racional corre à solta na ideologia americana — a ideia de que nossos pensamentos podem, de alguma forma misteriosa, afetar diretamente o mundo físico. Os pensamentos negativos, de algum modo, produzem resultados negativos, enquanto pensamentos positivos se materializam como saúde, prosperidade e sucesso. Assim, tanto pelas razões racionais quanto pelas místicas, diz-se que o esforço de pensar positivamente vale muito o tempo e a atenção que lhe dediquemos, quer isso signifique ler os livros relevantes, assistir a seminários e palestras que ofereçam o treinamento mental adequado, ou simplesmente fazer o trabalho solitário de nos concentrarmos nos resultados desejados — seja um emprego melhor, um parceiro atraente, a paz mundial.

Como se pode perceber, existe uma ansiedade no cerne do pensamento positivo americano. Se o "pensamento positivo" genérico estiver correto e se as coisas estão realmente ficando cada vez melhores, se o arco do universo inclina-se à felicidade e à abundância, então por que nos incomodarmos com o esforço mental de pensar positivamente? Obviamente, porque não acreditamos plenamente que as coisas melhorarão por conta própria. A prática do pensamento positivo é um esforço para fomentar essa crença diante de muitas evidências contraditórias. Aqueles que se apresentam como instrutores da disciplina do pensamento positivo — *coaches*, pregadores e gurus de vários tipos — têm chamado esse esforço de "auto-hipnose", "controle da mente" e "controle do pensamento". Em outras palavras, requer um deliberado autoengano, inclusive um esforço constante de reprimir ou bloquear possibilidades desagradáveis e pensamentos "negativos". As pessoas realmente autoconfiantes, ou aquelas que, de algum modo, fizeram as pazes com o mundo e com seu destino nele, não precisam se empenhar em censurar ou, de alguma forma, controlar seus pensamentos. O pensamento positivo pode ser uma atividade primordialmente americana, associada em nossas mentes ao sucesso tanto individual quanto nacional, mas é movido por uma terrível insegurança.

Os americanos não começaram sua história com pensamento positivo — pelo menos, a promoção do otimismo injustificado e de métodos para alcançá-lo não começou realmente a ganhar articulação e forma até várias décadas após a fundação da república. Na Declaração de Independência, os pais fundadores empenharam "nossas vidas, nossas fortunas e nossa honra sagrada". Eles sabiam que não havia nenhuma segurança de que ganhariam uma guerra pela independência e que estavam assumindo um risco mortal. O mero ato de assinar a declaração os transformara em traidores da Coroa, e traição era um crime punido com a execução. Muitos deles de fato perderam na guerra a vida, seus entes queridos e fortunas. O caso é que, ainda assim, eles lutaram. Existe uma profunda diferença entre pensamento positivo e coragem existencial.

INTRODUÇÃO

O pensamento positivo sistemático começou, no século XIX, entre uma variada e fascinante congregação de filósofos, místicos, curadores leigos e mulheres de classe média. À altura do século XX, no entanto, tornou-se a corrente principal, encontrando um ponto de apoio dentro de poderosos sistemas de crença como o nacionalismo e também fazendo o máximo empenho para se tornar indispensável ao capitalismo. Em geral, não falamos sobre o nacionalismo americano, mas isso é um sinal de quão profundamente arraigado é ele: aplicamos a palavra "nacionalismo" a sérvios, russos e outros, mas acreditamos possuir uma versão própria e superior chamada "patriotismo". Um princípio central do nacionalismo americano tem sido a crença de que os Estados Unidos são "a maior nação da Terra" — mais dinâmica, democrática e próspera do que qualquer outra, bem como tecnologicamente superior. Grandes líderes religiosos, especialmente na direita cristã, reforçam essa extravagância com a noção de que os americanos são o povo escolhido por Deus e de que a América é líder designada do mundo — uma ideia que pareceu ser muito reforçada com a queda do comunismo e nossa ascensão como a "superpotência solitária" do mundo. Godfrey Hodgson, o arguto observador inglês, escreveu que o sentimento americano de excepcionalidade, que em algum momento era "idealista e generoso, embora um tanto solipsista", havia se tornado "mais duro, mais arrogantemente orgulhoso". Em um ensaio de 1998 intitulado "American, the Boastful", Paul Krugman respondeu à presunção reinante alertando que, "se o orgulho antecede a queda, os Estados Unidos estão destinados a um castigo merecido".[5]

Mas, é claro, é preciso o esforço do pensamento positivo para imaginar que a América seja a "melhor" ou a "maior". Militarmente, sim, somos a nação mais poderosa do mundo. Mas, em muitas outras frentes, a pontuação americana é deplorável, e era deplorável mesmo antes da retração econômica que começou em 2007. Nossos filhos se revelam mais ignorantes em matérias básicas como matemática e geografia do que os jovens de outras nações industrializadas. Também têm maior probabilidade de morrer ainda na infância ou de crescer na pobreza. Quase todo mundo reconhece que nosso sistema de saúde está "falido", e nossa infraestrutura física, se desintegrando. Perdemos uma parcela tão grande de nossas vantagens em ciência e tecnologia, que empresas americanas começaram a terceirizar suas iniciativas de pesquisa e desenvolvimento. Pior ainda, algumas estatísticas que nos destacam como líderes no mundo deveriam inspirar embaraço, em vez de orgulho: somos o país com a maior porcentagem da população encarcerada e com o mais alto nível de desigualdade de riqueza e renda. Somos atormentados pela violência à mão armada e assolados pelo endividamento pessoal.

Embora o pensamento positivo tenha reforçado o orgulho nacional americano e nele encontrado reforço, também entrou num tipo de relação simbiótica com o capitalismo americano. Não existe nenhuma afinidade natural, inata, entre o capitalismo e o pensamento positivo. De fato, um dos clássicos da sociologia, a *Ética protestante e o espírito do capitalismo*, de Max Weber, apresenta um argumento ainda impressionante de que as raízes do capitalismo se encontram na austera e punitiva visão de mundo do protestantismo calvinista, ao exigir das pessoas que adiassem as compensações e resistissem a todas as tentações prazerosas em benefício do trabalho árduo e da acumulação de riqueza.

Mas se, em seus primeiros tempos, o capitalismo era inóspito ao pensamento positivo, o capitalismo "tardio", ou capitalismo de consumo, é muito mais compatível, dependendo, como depende, da fome dos indivíduos por *mais* e do imperativo de *crescimento* das empresas. A cultura do consumo encoraja os indivíduos a querer mais — carros, casas maiores, televisões, celulares, eletrônicos de todo tipo —, e o pensamento positivo está ali, bem à mão, para lhes dizer que merecem mais e podem ter o que quiserem se realmente o desejarem e se estiverem dispostos a fazer o esforço necessário para obtê-lo. Enquanto isso, em um mundo de negócios competitivo, as empresas que fabricam esses bens e fornecem os contracheques que os compram não têm nenhuma alternativa a não ser crescer. Se você não aumentar constantemente sua parcela de mercado e seus lucros, corre o risco de ser obrigado a fechar seu negócio ou ser engolido por uma empresa maior. O crescimento perpétuo, seja de uma empresa ou de toda uma economia, é, obviamente, um absurdo, mas o pensamento positivo faz com que pareça algo possível, ou até obrigatório.

Além disso, o pensamento positivo fez-se útil como uma autodefesa dos aspectos mais cruéis da economia de mercado. Se o otimismo é a chave para o sucesso material, e se você pode chegar a uma visão de mundo otimista por meio da disciplina do pensamento positivo, então não há nenhuma desculpa para o fracasso. O outro lado da positividade é, assim, uma implacável insistência na responsabilidade pessoal: se sua empresa fracassou ou você perdeu o emprego, deve ser porque não se esforçou o bastante, não acreditou com suficiente firmeza na inevitabilidade de seu sucesso. À medida que a economia produzia mais demissões e mais turbulência financeira na classe média, os promotores do pensamento positivo passaram a enfatizar cada vez mais esse julgamento negativo: estar frustrado, ressentido ou abatido é ser uma "vítima", um "chorão".

Mas o pensamento positivo não é apenas uma conveniência para o mundo empresarial, escusando seus excessos e mascarando seus absurdos. A promoção do pensamento positivo tornou-se uma pequena indústria em si mesma, produzindo um incessante fluxo de livros, DVDs e outros produtos; fornecendo emprego para dezenas de milhares de "*coaches* existenciais", "*coaches* para executivos" e palestrantes motivacionais, bem como para o crescente número de psicólogos profissionais que se oferecem para treiná-los. Não há dúvida de que a crescente insegurança financeira da classe média contribui para a demanda desses produtos e serviços, mas hesito em atribuir o sucesso comercial do pensamento positivo a qualquer tendência econômica em particular ou a uma distorção no ciclo de negócios. Historicamente, a América tem oferecido espaço para todo tipo de seitas, cultos, terapeutas e curandeiros que evocam a fé, e vendedores de óleo de serpente; aqui, o que é lucrativo, como o pensamento positivo, tende a prosperar.

Na virada do século XXI, o otimismo americano parece haver alcançado um crescendo maníaco. Em seu último discurso do Estado da União em 2000, Bill Clinton assumiu um tom triunfal, proclamando que "nunca antes nossa nação desfrutou, ao mesmo tempo, tanta prosperidade e tanto progresso social com tão pouca crise interna e tão poucas ameaças externas". Mas, em comparação com seu sucessor, Clinton pareceria quase soturno. George W. Bush havia sido líder de torcida na escola secundária, e esse papel — uma invenção tipicamente americana — poderia ser considerado o ancestral, na versão atlética, de grande parte do trabalho dos *coaches* e dos componentes "motivacionais" incluídos na propagação do pensamento positivo. Ele usou a presidência como uma oportunidade para continuar essa linha de trabalho, definindo sua tarefa como inspirar confiança, dissipar dúvidas e elevar o espírito nacional autocongratulatório. Se havia um adjetivo que Bush repetidamente reivindicava como tipicamente seu era "otimista". Na ocasião em que completou 60 anos, disse aos repórteres que estava "otimista" a respeito de diversos desafios da política externa, oferecendo como síntese: "Estou otimista de que todos os problemas serão resolvidos." Tampouco permitia quaisquer dúvidas ou hesitações entre seus assessores mais próximos. De acordo com Bob Woodward, Condoleezza Rice deixou de expressar algumas de suas preocupações porque, segundo ela, "o presidente quase exigia otimismo. Ele não gostava de pessimismo, lamúria ou dúvida".⁶

Então as coisas começaram a dar errado, o que, em si, não é nada incomum, mas era uma possibilidade excluída pela crença oficial americana de que as coisas estão sempre bem e melhorando. Houve a explosão da bolha ponto-com, que começou poucos meses depois da declaração de Clinton sobre a prosperidade sem precedentes do país; em seguida o ataque terrorista de 11 de setembro de 2001. Além disso, o modo como as coisas começaram a dar errado sugeria que, afinal de contas, talvez o pensamento positivo não garantisse o sucesso e pudesse, na verdade, diminuir nossa capacidade de nos defender de ameaças reais. Em seu livro notável, *Never Saw It Coming: Cultural Challenges to Envisioning the Worst*, a socióloga Karen Cerulo relata as diversas formas pelas quais o hábito do pensamento positivo, ou o que ela chama de viés otimista, solapou o estado de prontidão e abriu as portas para o desastre. Cita, por exemplo, a conclusão de Michael Hirsch e Michael Isikoff, repórteres da *Newsweek*, de que "uma série de sinais ignorados parecia pressagiar o terrível setembro de 2001".⁷ Já havia acontecido um ataque terrorista ao World Trade Center em 1993; houve inúmeros alertas, no verão de 2001, sobre um possível ataque usando aviões, e escolas de aviação reportaram alunos suspeitos, como aquele que queria "aprender a pilotar um avião, mas não se preocupava com aterrissagem e decolagem". Mais tarde, o fato de que ninguém — o FBI, o Serviço de Imigração e Naturalização, Bush ou Rice — tenha dado atenção a esses perturbadores sinais foi atribuído a uma "falha de imaginação". Mas, na verdade, havia muita imaginação funcionando — produzindo imagens de uma nação invulnerável e de uma economia sempre florescente. O que simplesmente não havia era a capacidade ou inclinação para imaginar o pior.

Um otimismo igualmente temerário impregnou a invasão americana do Iraque. Os alertas sobre uma possível resistência iraquiana foram postos de lado por líderes que prometiam ser "moleza" e anteviam alegres habitantes locais saudando nossas tropas com flores. Da mesma forma, o furacão Katrina não foi propriamente um desastre não antecipado. Em 2002, o *Times-Picayune* de Nova Orleans publicou uma reportagem em série (que recebeu o prêmio Pulitzer) alertando que os diques da cidade talvez não a protegessem contra uma elevação da maré produzida por um furacão da categoria 4 ou 5. Em 2001, a *Scientific American* havia emitido um alerta semelhante sobre a vulnerabilidade da cidade.[8] Quando o furacão a atingiu e os diques romperam, nenhum sinal de alarme disparou em Washington, e quando um funcionário da FEMA (Agência Federal de Administração de Emergências) de Nova Orleans mandou um e-mail apavorado para Michael Brown, diretor da agência, alertando-o sobre o crescente número de mortos e a falta de alimentos na cidade afogada, a resposta foi que Brown ainda precisaria de uma hora para terminar seu jantar num restaurante em Baton Rouge.[9] Negligência criminosa, ou mais uma "falha de imaginação"? A verdade é que os americanos há décadas se empenhavam arduamente nas técnicas do pensamento positivo, e estas incluíam a capacidade automática, como um reflexo, de ignorar notícias perturbadoras.

Até agora, o maior "castigo merecido", para usar a expressão de Krugman, foi o desastre financeiro de 2007 e a crise econômica que se seguiu. Ao final da primeira década do século XXI, como veremos nos capítulos adiante, o pensamento positivo havia se tornado ubíquo e praticamente incontestado na cultura americana. Era promovido em alguns dos talk-shows de maior audiência, como o *Larry King Live* e o *Oprah Winfrey Show*; era tema de best-sellers escapistas como o livro *O segredo*, de 2006; havia sido adotado como a teologia dos mais bem-sucedidos pregadores evangélicos da América; encontrara um lugar na medicina como potencial coadjuvante no tratamento de quase qualquer doença. Chegara mesmo a penetrar na academia sob a forma da nova disciplina "psicologia positiva", oferecendo cursos que ensinavam os alunos a estimular seu otimismo e nutrir sentimentos positivos. E seu alcance estava se tornando global, primeiro nos países anglófonos e, em seguida, nas nascentes economias da China, da Coreia do Sul e da Índia.

Mas em parte alguma houve uma acolhida mais calorosa do que no mundo dos negócios americanos — que são também, obviamente, os negócios globais. À medida que o pensamento positivo tornava-se ele próprio um negócio, os negócios passaram a ser seu principal cliente, avidamente consumindo a boa nova de que todas as coisas são possíveis por meio de um esforço da mente. Essa era uma mensagem útil para os trabalhadores que, na virada do século XXI, estavam sendo obrigados a trabalhar mais horas em troca de menos benefícios e de cada vez menos segurança no emprego. Mas era também uma ideologia liberadora para os altos executivos. Que sentido fazia penar em cima de balancetes e de tediosas análises de risco — e por que se preocupar com estonteantes níveis de dívida e de exposição a potenciais inadimplências — quando todas as boas coisas chegam aos que são suficientemente otimistas para esperar por elas?

Não escrevo isso num espírito de amargura ou desapontamento pessoal de nenhum tipo, nem tenho nenhum apego romântico ao sofrimento como uma fonte de percepções ou de virtudes. Ao contrário, gostaria de ver mais sorrisos, mais risadas, mais abraços, mais felicidade e, melhor ainda, alegria. Em minha própria visão de utopia, não apenas existe mais conforto e segurança para todo mundo — melhores empregos, maior assistência à saúde etc. —, mas também há mais festas, celebrações e oportunidades para dançar nas ruas. Uma vez que nossas necessidades materiais sejam atendidas — em minha utopia, como quer que seja —, a vida se torna uma perpétua celebração na qual todo mundo tem algum talento a oferecer. Mas não podemos nos transportar às alturas dessa condição abençoada meramente desejando-a. Precisamos nos preparar para uma luta contra obstáculos apavorantes, tanto os criados por nós mesmos quanto os impostos pelo mundo natural. E o primeiro passo é nos recuperarmos desse delírio de massa que é o pensamento positivo.

UM

Sorria ou morra: o lado positivo do câncer

A primeira tentativa de ser recrutada pelo pensamento positivo ocorreu no que foi, até agora, o ponto mais baixo de minha vida. Se me tivessem perguntado, imediatamente antes do diagnóstico de câncer, se era uma otimista ou pessimista, teria tido dificuldade em responder. Mas, em questões relacionadas à saúde, conforme vim a descobrir, eu era uma otimista que chegava ao ponto de me iludir. Até então, nada me acontecera que não pudesse ser controlado por uma dieta, alongamentos, Advil ou, no pior dos casos, por uma receita médica. Assim, não fiquei nem um pouco alarmada quando uma mamografia — feita como parte de um exame rotineiro para prevenção do câncer que todos os bons cidadãos de planos de saúde devem fazer uma vez que cheguem aos cinquenta anos — produziu certa "preocupação" na ginecologista. Como eu poderia ter câncer de mama? Não tinha nenhum fator de risco conhecido, não havia nenhum câncer de mama na família, tivera meus filhos ainda relativamente jovem e amamentara os dois. Eu comia corretamente, bebia moderadamente, fazia exercícios e, além disso, meus seios eram tão pequenos que um ou dois nódulos certamente melhorariam minha silhueta. Quando a ginecologista sugeriu uma mamografia para acompanhamento quatro meses mais tarde, concordei apenas para tranquilizá-la.

Quando fui fazer a mamografia, minha atitude era a de quem ia para uma das várias missões mundanas do dia, que incluíam os correios, o supermercado e a academia. Mas comecei a perder a coragem quando fui trocar de roupa, não apenas pela bizarra necessidade de me despir e prender umas plaquinhas opacas na ponta de cada mamilo, mas porque o lugar, que era de fato apenas um closet na sala desoladora e desprovida de janelas onde ficava o mamógrafo, continha algo muito pior, conforme notei pela primeira vez — uma concepção de quem eu sou, de aonde estou indo e do que precisarei quando chegar lá. Quase todo o espaço à altura dos olhos havia sido preenchido com fotocópias de coisinhas engraçadinhas e sentimentais: fitas cor-de-rosa, uma charge sobre uma mulher com seios iatrogenicamente achatados, uma "Ode a uma Mamografia", uma lista das "Principais Dez Coisas que Só as Mulheres Entendem" ("Roupas que Engordam" e "Curvador de Cílios", entre elas) e, bem ao lado da porta, o inevitável poema "I Said a Prayer for You Today", ilustrado com rosas cor-de-rosa.

Aquilo parecia não ter fim, entrando pelo tempo que eu reservara para a academia, o jantar e a vida em geral. Às vezes a máquina não funcionava, e eu era posta inutilmente naquela posição que me esmagava o seio. Com maior frequência, a imagem no raio X havia saído bem, mas era aparentemente alarmante para o radiologista invisível que ficava em algum lugar remoto e pedia as imagens sem nunca ter a cortesia de mostrar seu rosto com um pedido de desculpas ou uma explicação. Tentei implorar à técnica para que apressasse o processo, mas ela apenas esboçou um sorrisinho profissional, fosse por se sentir culpada pela tortura que estava me infligindo, fosse porque já soubesse de algo que eu lamentaria descobrir por mim mesma. Durante uma hora e meia o procedimento foi repetido: seio espremido, a imagem registrada, a técnica saindo alvoroçada para consultar o radiologista e voltando com um pedido de novos ângulos e de imagens mais definidas. Nos intervalos, enquanto ela estava com o médico, eu li todo o *New York Times*, até as sessões pessoalmente irrelevantes, como teatro e imóveis, evitando a pilha de revistas femininas ao meu lado, embora eu geralmente aprecie uma leitura rápida sobre delineadores à prova de suor e "sexo fabuloso hoje à noite", pois, enquanto tirava a roupa no closet, eu havia captado aquela vibração de advertência, algo que, em meu estado cada vez mais ansioso, se traduzia como: a feminilidade é a morte. Finalmente, não havia mais nada para ler a não ser um dos jornais semanais gratuitos, onde descobri, perdido no meio dos classificados, algo ainda mais perturbador do que a crescente perspectiva de uma doença grave — um anúncio de um "ursinho do câncer de mama" com um laço de fita rosa costurado no peito.

Sim, os ateus rezam nas trincheiras — neste caso, eu rezava, com um anseio que para mim era algo novo e intenso como a luxúria. Rezava por uma morte limpa e honrada, mordida por um tubarão, acertada por um raio ou um franco-atirador, ou num acidente de carro. Deixe que eu seja golpeada e morta por um louco, era minha súplica silenciosa — qualquer coisa, menos ser sufocada pelo sentimento rosado e pegajoso que aquele bicho de pelúcia encarnava e que minava das paredes do quartinho onde eu trocara minha roupa. Eu não me incomodava de morrer, mas a ideia de que devesse fazê-lo agarrada a um ursinho e com um sorrisinho suave no rosto — bem, nenhuma dose de filosofia me preparara para aquilo.

O resultado da mamografia, que me foi passado por telefone no dia seguinte, era de que eu precisaria de uma biópsia, e, por alguma razão, seria um procedimento cirúrgico complicado, com anestesia geral. Ainda assim, eu não estava excessivamente perturbada e encarei a biópsia como se eu fosse uma bruxa falsamente acusada de haver molhado o biscoito no café, ou algo tão grave quanto isso: pelo menos, eu limparia meu nome. Liguei para meus filhos avisando da cirurgia e garanti a eles que a grande maioria dos nódulos detectados em mamografias — 80%, dissera a técnica da radiologia — é benigna. Se havia alguma coisa doente, era aquela máquina decrépita.

Minha apresentação oficial ao câncer de mama aconteceu dez dias depois, quando acordei da biópsia e encontrei o cirurgião na ponta extrema da maca, perpendicular a mim e perto dos meus pés, dizendo gravemente: "Infelizmente, há um câncer." Levei quase todo o resto daquele dia entorpecida de medicamentos para decidir que a coisa mais detestável daquela frase não era a presença do câncer, mas a ausência de mim — pois eu, Barbara, não fui mencionada nem mesmo como um local, um ponto de referência geográfico. Onde antes havia eu — não uma presença muito impressionante, talvez, mas, de qualquer modo, um arranjo padrão de carne, palavras e gestos — "há um câncer". Eu havia sido substituída por ele, era o que se deduzia das palavras do cirurgião. Era isso que eu era agora, clinicamente falando: "um câncer".

Em meu último ato de autoafirmação digna, pedi para ver as lâminas da patologia. Não foi difícil conseguir isso no hospital da cidadezinha onde morávamos, quando descobri que o patologista era amigo de um amigo; meu enferrujado doutorado em biologia celular (na Universidade Rockefeller em 1968) provavelmente também ajudou. Ele era um camarada divertido, que me chamou de "honorável" e deixou que me sentasse de um lado do microscópio de duas cabeças enquanto ele manejava a outra e movia um cursor sobre o campo. Essas são as células do câncer, disse ele, que aparecem azuis por causa de seu DNA hiperativo. A maior parte delas estava disposta em formações semicirculares, como casas de um subúrbio apertadas em torno de *cul-de-sacs*, mas também vi o que meus conhecimentos me permitiam saber que eu não queria ver: as características "filas indianas" de células em marcha. O "inimigo", assim deveria pensar eu — uma imagem a ser guardada para futuros exercícios de "visualização" em que eu imaginaria suas mortes violentas nas mãos dos linfócitos e macrófagos, que são as células assassinas presentes no meu corpo.

Mas, contrariando todo o autointeresse racional, eu estava impressionada com a energia daquelas células enfileiradas que pareciam prontas para dançar a conga, com sua determinação de escapar da remota província do seio para colonizar nodos linfáticos, medula óssea, pulmões e cérebro. Essas eram, afinal de contas, as fanáticas mantenedoras da minha "Barbariedade", células rebeldes que, ao descobrir que o genoma que carregavam, a essência genética do meu eu, qualquer que fosse sua forma desordenada, não tinha mais nenhuma chance de reprodução normal no corpo pós-menopausa que partilhávamos, pensaram: por que não começamos simplesmente a nos multiplicar feito coelhinhos e ter alguma chance de escapar?

Depois da ida ao patologista, minha curiosidade biológica despencou para seu ponto mais baixo. Conheço mulheres que, ao saber do diagnóstico, investiram semanas ou meses de estudo, aprendendo tudo sobre as opções, entrevistando vários médicos, avaliando o dano que se pode esperar dos tratamentos disponíveis. Mas me bastaram algumas horas de pesquisa para saber que a carreira de uma paciente com câncer de mama já estava mapeada com bastante exatidão: a pessoa pode conseguir negociar entre lumpectomia e mastectomia, mas a lumpectomia geralmente é seguida por semanas de radiação e, em qualquer dos casos, se for constatado, após dissecção, que os nodos linfáticos estão invadidos — ou "envolvidos", conforme se diz numa linguagem menos ameaçadora —, é inevitável que se sigam meses de quimioterapia, uma intervenção que corresponde a usar uma marreta para esmagar pernilongos. Os agentes da quimioterapia danificam e matam não apenas células do câncer, mas quaisquer células normais que aconteçam de estar se dividindo, como as da pele, os folículos capilares, o revestimento interno do estômago e a medula óssea (que é a fonte de todas as células do sangue, inclusive das células do sistema imunológico). Os resultados são calvície, náusea, feridas na boca, queda das defesas imunológicas e, em muitos casos, anemia.

Essas intervenções não constituem uma "cura" nem nada ao menos parecido, e essa é a razão por que a taxa de mortalidade devida ao câncer de mama mudou muito pouco entre a década de 1930, quando a mastectomia era o único tratamento disponível, e 2000, quando recebi meu diagnóstico. A quimioterapia, que nos anos 1980 tornou-se parte rotineira do tratamento de câncer de mama, está muitíssimo longe de conferir uma vantagem tão decisiva quanto aquilo a que as pacientes muitas vezes são levadas a crer. É mais proveitosa para mulheres mais jovens, que ainda não entraram na menopausa e podem ganhar de 7 a 11 pontos percentuais nas taxas de sobrevivência de dez anos, mas a maior parte das vítimas de câncer de mama é de mulheres mais velhas, pós-menopausa como eu, para quem a quimioterapia acrescenta uma diferença de apenas 2 ou 3 pontos percentuais, de acordo com a mais famosa cirurgiã de câncer de mama da América, Susan Love.[1] Sim, é verdade que pode acrescentar alguns meses à vida de uma mulher, mas também a condena a muitos meses de um enjoo leve, mas constante.

De fato, existe uma história de conflito sobre os tratamentos do câncer de mama. Nos anos 1970, os médicos ainda estavam fazendo mastectomias radicais que deixavam as pacientes permanentemente inutilizadas do lado afetado — até que mulheres ativistas envolvidas com questões de saúde protestaram, insistindo em mastectomias menos radicais, "modificadas". Também era prática comum ir diretamente da biópsia para a mastectomia enquanto a paciente ainda estava anestesiada e não podia tomar nenhuma decisão — novamente, até que um número suficiente de mulheres passou a protestar. Então, na década de 1990, houve uma moda passageira de tratar pacientes cujo câncer havia metastizado destruindo-se toda a medula óssea com altas doses de quimioterapia e substituindo-a com transplantes de medula — uma intervenção que, em grande medida, servia para apressar a morte da paciente. A quimioterapia, a radiação, e assim por diante, podem representar o que há de mais avançado na medicina hoje, mas o mesmo já foi verdade, em algum momento da história da medicina, a respeito da aplicação de sanguessugas.

Eu conhecia esses fatos desoladores, ou os conhecia parcialmente, mas, em meio à bruma da anestesia que encobriu aquelas primeiras semanas, eu parecia perder minha capacidade de autodefesa. Muitos me pressionavam, desde os médicos até pessoas queridas, para fazer alguma coisa imediatamente — matar o câncer, arrancá-lo de mim. Os exames sem fim, a tomografia dos ossos para checar se havia metástase, os sofisticados exames cardiológicos para ver se eu tinha resistência suficiente para aguentar a quimioterapia — tudo isso obscurecia as fronteiras entre ser uma pessoa e ser uma coisa, entre orgânico e inorgânico, entre mim e aquilo. À medida que se desdobrasse minha carreira de cancerosa, eu me tornaria, assim explicavam os úteis folhetos, uma combinação do vivo e do morto — um implante para substituir o seio, uma peruca para substituir o cabelo. Então, a que estarei me referindo quando usar a palavra "eu"? Caí num estado de agressividade irracional passiva: "Eles diagnosticaram isso, então é problema deles. Eles descobriram isso, então que tratem de consertar."

Eu poderia me aventurar com tratamentos "alternativos", é claro, como fez a romancista punk Kathy Acker, que sucumbiu ao câncer de mama em 1997 depois de uma série de terapias alternativas no México, ou como Suzanne Somers, a atriz e promotora de um equipamento para fortalecer as coxas, o ThighMaster, que ocupou as manchetes de tabloides depois de injetar-se uma mistura de visco (aquela planta com bolinhas vermelhas que se usa nos enfeites de Natal). Mas eu nunca admirei o "natural" nem acredito na "sabedoria do corpo". A morte é tão "natural" quanto qualquer coisa possa ser, e o corpo sempre me pareceu um gêmeo siamês arrastando-se atrás de mim, realmente histérico, reagindo de forma perigosamente exagerada, no meu caso, a alergênicos cotidianos e a mínimas ingestões de açúcar. Eu estava decidida a pôr minha fé na ciência, mesmo que isso significasse que o velho e lerdo corpo estivesse a ponto de se metamorfosear em um palhaço perverso — vomitando, tremendo, inchando, abrindo mão de partes significativas e exsudando fluidos pós-cirúrgicos. O cirurgião — dessa vez mais afável e acessível — poderia dar um jeito em mim; o oncologista me veria. Bem-vinda à Cancerlândia.

A Cultura do Laço Cor-de-rosa

Felizmente, ninguém precisa passar por isso sozinha. Há quarenta anos, antes que Betty Ford, Rose Kushner, Betty Rollin e outras pacientes pioneiras falassem claramente sobre sua doença, o câncer de mama era um segredo terrível, suportado em silêncio e eufemisticamente mencionado nos obituários como "uma longa doença". Alguma coisa a respeito da combinação de "seios", significando sexualidade e nutrição, com aquela outra palavra que sugeria as garras de um crustáceo devorador assustava quase todo mundo. Hoje, no entanto, é a principal doença no mapa cultural, maior do que a AIDS, a fibrose cística ou a mielopatia, e maior até mesmo do que aqueles mais prolíficos assassinos de mulheres — a doença cardíaca, o câncer de pulmão e o derrame. Existem possivelmente centenas de sites na internet dedicados ao câncer de mama, para não mencionar os boletins, grupos de apoio, todo um gênero de livros sobre câncer de mama escritos na primeira pessoa, e até uma revista mensal, *Mamm*, voltada ao público de nível cultural médio-alto. Existem quatro grandes organizações nacionais de câncer de mama, das quais a mais poderosa em termos financeiros é a Fundação Susan G. Komen, chefiada por Nancy Brinker, uma doadora republicana sobrevivente do câncer de mama. A Komen organiza anualmente a Race for the Cure® (Corrida pela Cura, que atrai cerca de um milhão de pessoas — principalmente sobreviventes, amigos e membros da família. Seu site fornece um microcosmo da cultura do câncer de mama, oferecendo notícias sobre as corridas, quadros de mensagens com relatos das lutas individuais com a doença e mensagens inspiradoras de encorajamento.

A primeira coisa que descobri enquanto me arrastava penosamente pelos sites relevantes é que nem todo mundo vê a doença com horror e apreensão. Em vez disso, a atitude adequada é otimista e até avidamente consumista. Existem entre dois e três milhões de mulheres americanas em vários estágios do tratamento de câncer de mama, e elas, junto com seus parentes ansiosos, constituem um mercado significativo para todas as coisas relacionadas ao câncer de mama. Ursos, por exemplo: eu identifiquei quatro linhas, ou espécies distintas, dessas criaturas, incluindo Carol, o ursinho da Lembrança; Hope, o ursinho da Pesquisa de Câncer de Mama, que usava um turbante rosa como se escondesse a calvície resultante da quimioterapia; o ursinho Susan, nomeado em homenagem à falecida irmã de Nancy Brinker; e o Nick & Nora Wish Upon a Star, que estava disponível, junto com Susan, na loja virtual da Fundação Komen.

E os ursos são apenas a pontinha, digamos assim, da cornucópia de produtos associados ao laço cor-de-rosa e ao câncer de mama. Você pode usar todo tipo de roupas enfeitadas com fitas cor-de-rosa: moletons, camisas, pijamas, lingerie, aventais, roupas de ficar em casa, cordões de sapato, e meias; agregar acessórios como broches com imitação de diamantes cor-de-rosa, broches com anjos, echarpes, gorros, brincos e pulseiras; enfeitar sua casa com velas de câncer de mama, castiçais com vitrais do laço cor-de-rosa, canecas de café, pingentes, sinos de vento e lampadazinhas de parede; e pagar suas contas com Checks for the Cure™. É claro que a informação e a consciência levam a melhor sobre o ocultamento e o estigma, mas não pude deixar de perceber que o espaço existencial no qual uma amiga havia ardentemente me aconselhado a "confrontar [minha] mortalidade" tinha uma notável semelhança com o mercado do site.

Devo observar que não se trata inteiramente de um caso de comerciantes cínicos explorando as doentes. Algumas das quinquilharias e dos acessórios oferecidos são feitos por mulheres sobreviventes do câncer de mama, como é o caso de "Janice", criadora do colar Daisy Awareness, entre outras coisas. E, na maior parte dos casos, um percentual das vendas vai para a pesquisa do câncer de mama. Virginia Davis, de Aurora, no Colorado, foi inspirada a criar o ursinho da Lembrança pela dupla mastectomia de uma amiga, e ela me disse que vê seu trabalho mais como uma "cruzada" do que como negócio. Quando a entrevistei em 2001, ela estava se preparando para despachar dez mil desses ursinhos, fabricados na China, e mandar parte do dinheiro para a Corrida pela Cura. Se os ursos são infantilizantes — conforme tentei, com o maior tato possível, sugerir que, em raros casos, poderiam ser percebidos —, até então ninguém havia reclamado. "Eu simplesmente recebo cartas de amor", contou-me ela, "de pessoas que dizem: 'Deus a abençoe por pensar em nós.'"

O tema ultrafeminino do mercado do câncer de mama — com o destaque dado, por exemplo, a cosméticos e joias — poderia ser entendido como uma resposta aos desastrosos efeitos dos tratamentos sobre a aparência da pessoa. Sem dúvida, toda essa coisa bonitinha e cor-de-rosa também pretende inspirar uma atitude positiva. Mas o tropo infantilizante é um pouco mais difícil de explicar, e os ursinhos de pelúcia não são sua única manifestação. Uma sacola distribuída a pacientes de câncer de mama pela Fundação Libby Ross (em locais como o Columbia-Presbyterian Medical Center) continha, entre outros itens, um tubo de hidratante perfumado para o corpo, da Estée Lauder, uma fronha de cetim rosa-shocking, uma caixinha de pastilhas de hortelã, um conjunto de três pulseirinhas baratas com diamantes de imitação, um caderno listrado de rosa para "registrar as coisas do dia e desenhar" e — algo um tanto dissonante — uma caixa de lápis de cera. Maria Willner, uma das fundadoras da Fundação Libby Ross, disse-me que os lápis "vão com o diário para as pessoas expressarem diferentes estados de espírito, diferentes pensamentos", embora admitisse que ela própria nunca experimentara escrever com lápis de cera. Possivelmente, a ideia era que a regressão a um estado de dependência infantil deixa a pessoa no melhor estado de espírito para suportar o longo e tóxico tratamento. Ou talvez fosse que, em algumas versões da ideologia dominante de gênero, a feminilidade seja, por natureza, incompatível com a plena condição de maturidade — um estado de desenvolvimento interrompido. Certamente, homens diagnosticados com câncer de próstata não recebem de presente carrinhos Matchbox.

Mas eu, não menos do que as que abraçam ursinhos, precisava de qualquer tipo de ajuda que pudesse conseguir, e dei por mim buscando obsessivamente dicas práticas sobre como lidar com a perda de cabelo, como selecionar uma dieta durante a quimioterapia, o que usar após a cirurgia e o que comer quando o cheiro de tudo causa repulsa. Logo descobri que havia muito mais do que eu poderia absorver com proveito, pois milhares das aflitas haviam postado suas histórias, começando com um caroço no seio ou uma mamografia que revelou um câncer, atravessando a agonia dos tratamentos, pausando para mencionar o apoio obtido da família, do humor, da religião, e terminando, em quase todos os casos, com uma mensagem animadora para a neófita aterrorizada. Algumas dessas mensagens têm apenas um parágrafo — breves acenos de irmãs sofredoras. Outras oferecem atualizações quase hora a hora de suas vidas quimioterapeutizadas e desprovidas de seio.

> Terça, 15 de agosto, 2000: Bem, sobrevivi à minha 4ª químio. Muito, muito tonta hoje. Muito nauseada, mas nenhum vômito! (...) Fico coberta por um suor frio e meu coração começa a dar coices se passo mais do que 5 minutos de pé.

> Sexta-feira, 18 de agosto, 2000: (...) Na hora do jantar eu estava completamente enjoada. Tomei uns remédios e comi um pouco de arroz com legumes do Trader Joe's. O cheiro e o gosto me pareceram terríveis, mas comi assim mesmo. (...) Rick trouxe uns sucos de frutas Kern, e estou tomando. Parece que isso melhorou um pouquinho meu estômago.

Minha capacidade de absorver essas histórias parecia inesgotável. Eu continuava lendo com um misto de fascinação e pânico a respeito de tudo que pode dar errado — septicemia, ruptura de implantes, assustadoras reincidências alguns anos depois do final de tratamentos, metástases para órgãos vitais e — o que mais me apavorou no curto prazo — a deterioração cognitiva que às vezes acompanha a quimioterapia. Eu me comparava com todo mundo, egoistamente impaciente com aquelas cujas condições eram menos ameaçadoras, tremendo diante das que haviam chegado ao Estágio IV ("Não existe Estágio V", conforme explica a personagem principal de *Uma lição de vida*), constantemente avaliando minhas chances.

Mas, a despeito de todas as informações úteis, quanto mais eu descobria companheiras vítimas e lia sobre elas, mais crescia minha sensação de isolamento. Ninguém, nenhuma das escritoras de blogs e livros, parecia partilhar meu sentimento de indignação a respeito da doença e dos tratamentos disponíveis. O que a causa e por que é tão comum, especialmente em sociedades industrializadas?* Por que não temos tratamentos que distinguem entre diferentes formas de câncer do seio ou entre células cancerosas e células que se dividem normalmente? Na cultura dominante relativa ao câncer de mama, existe muito pouca raiva, nenhuma menção a possíveis causas ambientais e poucos comentários sobre o fato de que, em todos os casos, exceto nos mais avançados, com metástase, é o "tratamento", não a doença, que causa o adoecimento imediato e as dores. Na verdade, o tom geral é quase universalmente positivo. O site Breast Friends Web, por exemplo, apresenta uma série de citações inspiradoras: "Não chore por nada que não possa chorar por sua causa", "Não posso impedir que os pássaros da aflição voem em torno da minha cabeça, mas posso impedi-los de construir um ninho em meus cabelos", "Quando a vida lhe der um limão, esprema de volta um sorriso", "Não espere que seu navio atraque (...) nade ao encontro dele", e muitas outras coisas dessa laia. Mesmo na relativamente sofisticada *Mamm*, uma colunista lamentou não o câncer ou a quimioterapia, mas o fim da

---

*Acredita-se que os genes "ruins" herdados são responsáveis por menos de 10% dos cânceres de mama, e somente 30% das mulheres diagnosticadas têm algum fator de risco conhecido (como gravidez tardia ou menopausa tardia). Más escolhas de estilo de vida, como uma dieta rica em gorduras, tiveram uma breve popularidade entre a classe médica, mas foram praticamente eliminadas. Portanto, argumentam grupos como Breast Cancer Action, a suspeita deve centrar-se nos agentes cancerígenos, como plásticos, pesticidas (o DDT e os PCBs, por exemplo, embora banidos dos Estados Unidos, são usados em muitas regiões do Terceiro Mundo onde são produzidos os alimentos que consumimos) e o escoamento de resíduos industriais nas nossas águas subterrâneas. Nenhum agente foi definitivamente associado ao câncer de mama até agora, mas já foi constatado que muitos carcinógenos causam a doença em ratos, e o aumento inexorável da incidência nas nações industrializadas — cerca de 1% ao ano entre a década de 1950 e a 1990 — reforça ainda mais a suspeita quanto aos fatores ambientais. E o fato de que mulheres que migram para países industrializados rapidamente desenvolvem as mesmas taxas de câncer de mama encontradas entre as do país hospedeiro aponta na mesma direção.

quimioterapia, e, em tom divertido, propôs lidar com sua angústia de separação montando uma barraca na porta do consultório de seu oncologista. O pensamento positivo parece ser obrigatório no mundo do câncer de mama, a ponto de a infelicidade requerer um tipo de desculpa, como quando "Lucy", cujo "prognóstico de longo prazo não é bom", começou sua narrativa pessoal no site breastcancertalk.org nos contando que sua história "não é como as de sempre, cheia de doçura e esperança, mas, ainda assim, é verdadeira".

Mesmo a palavra "vítima" é proscrita, não deixando um único substantivo para descrever uma mulher com câncer de mama. Como no movimento da AIDS, que serve parcialmente de modelo para o ativismo do câncer de mama, as palavras "paciente" e "vítima", com sua aura de autopiedade e passividade, foram consideradas politicamente incorretas. Em vez disso, temos verbos: aquelas que estão em pleno tratamento são descritas como "batalhando" ou "lutando", às vezes intensificados com "bravamente" ou "ferozmente" — uma linguagem que sugere a figura altiva de Katharine Hepburn, queixo erguido e o vento batendo em seu rosto. Uma vez terminados os tratamentos, a pessoa alcança o status de "sobrevivente", que é como as mulheres em meu grupo de apoio se identificam, no estilo Alcoólicos Anônimos, quando nos reunimos para partilhar histórias de guerra e nos regozijar com nossa "sobrevivência": "Oi, eu sou Kathy e sou uma sobrevivente há três anos." Meu grupo parecia dar bastante apoio, mas algumas mulheres têm relatado que foram expulsas dos seus ao serem diagnosticadas com metástase e quando ficou claro que nunca seriam promovidas à categoria de "sobrevivente".[2]

Para aquelas que deixam de ser sobreviventes e se juntam às mais de 40 mil mulheres americanas que sucumbem ao câncer de mama anualmente, nenhum nome se aplica. Diz-se delas que "perderam a batalha", e podem ser lembradas e honradas por fotografias carregadas durante corridas para a cura — as bravas irmãs que perdemos, nossos soldados abatidos. Mas, na cultura esmagadoramente positiva que cresceu em torno do câncer de mama, as mártires não servem para quase nada; são as "sobreviventes" que merecem honras e aplausos constantes. Num evento chamado "Relay for Life" realizado na minha cidadezinha, patrocinado pela Sociedade Americana do Câncer, as mortas estavam presentes apenas de uma forma muito limitada. Saquinhos de papel, do tamanho exato para se levar um mini-hamburguer com fritas, foram alinhados ao longo da pista de revezamento. Neles estavam os nomes das que haviam morrido, e dentro de cada um havia uma vela que foi acesa depois de escurecer, quando a corrida começou. As estrelas, no entanto, eram as corredoras, as "sobreviventes", que pareciam oferecer uma prova viva de que a doença, afinal de contas, não é tão ruim assim.

Abraçando o Câncer

A jovialidade da cultura do câncer de mama vai além da mera ausência da raiva e parece, com demasiada frequência, uma aceitação positiva da doença. Como relata "Mary" no quadro de mensagens do site Bosom Buds: "Eu realmente acredito que sou agora uma pessoa muito mais sensível e ponderada. Pode soar engraçado, mas eu era uma verdadeira atormentada antes. Agora não quero desperdiçar minha energia me preocupando. Desfruto a vida muito mais agora e, em vários aspectos, sou muito mais feliz hoje." Ou na mensagem de "Andee": "Este foi o ano mais difícil da minha vida, mas também, de muitas formas, o mais compensador. Livrei-me das tralhas, fiz as pazes com minha família, conheci muitas pessoas admiráveis, aprendi a cuidar muito bem de meu corpo para que ele tome conta de mim, e revi as prioridades em minha vida." Cindy Cherry, citada no *Washington Post*, vai além: "Se eu tivesse que fazer tudo de novo, quereria o câncer de mama? Sem a menor dúvida! Não sou mais a mesma pessoa que era, e isso me deixa feliz. O dinheiro já não importa mais. Encontrei as pessoas mais fenomenais da minha vida por causa disso. Os amigos e a família são o que conta agora."³

O livro *The First Year of the Rest of Your Life,* uma coletânea de narrativas curtas com uma introdução de Nancy Brinker e que doará parte dos direitos autorais à Fundação Komen, está cheio de testemunhos como estes sobre os poderes redentores da doença: "Posso dizer honestamente que sou mais feliz agora do que em qualquer outro momento de minha vida — mesmo antes do câncer de mama"; "Para mim, o câncer de mama foi um bom chute no traseiro para que eu começasse a repensar minha vida"; "Saí disso mais forte, com um novo sentido de prioridades".⁴ Nunca aparece uma reclamação sobre o tempo perdido, a confiança sexual demolida ou o longo período de enfraquecimento dos braços causado pela dissecção e radiação dos gânglios linfáticos. O que não nos destrói, parafraseando Nietzsche, nos torna mais corajosos, mais evoluídos.

Escrevendo em 2007, Jane Brody, a colunista de saúde do *New York Times,* refletia fielmente a quase universal tendência de ver a doença de uma perspectiva positiva.⁵ Ela se permitiu um ligeiro comentário ao lado negativo do câncer de mama e ao câncer de modo geral: "Pode causar uma considerável dor física e emocional e uma mutilação permanente. Pode até mesmo levar à morte." Mas, de modo geral, sua coluna era uma verdadeira ode aos efeitos edificantes do câncer, e especialmente do câncer de mama. Ela citou Lance Armstrong, o campeão do ciclismo que sobreviveu a um câncer de testículo, que disse: "O câncer foi a melhor coisa que já me aconteceu", e citou uma mulher que afirmou que "o câncer de mama me deu uma nova vida. O câncer de mama era algo que eu precisava experimentar a fim de abrir meus olhos para a alegria de viver. Agora eu vejo o mundo mais do que estava escolhendo ver antes de ter câncer. (...) O câncer de mama me ensinou a amar no sentido mais puro". Betty Rollin, uma das primeiras mulheres a falar publicamente sobre sua doença, foi recrutada para testemunhar como havia se dado conta de que "a fonte de minha felicidade era, acima de tudo, o câncer — o câncer tinha tudo a ver com as partes boas da minha vida".

Na caracterização mais radical, o câncer de mama não constitui nenhum problema, nem mesmo um aborrecimento — é um "presente", que merece a mais sincera gratidão. Uma sobrevivente que virou autora confere ao câncer poderes revelatórios, escrevendo em seu livro *The Gift of Cancer: A Call to Awakening* que "O câncer é o seu bilhete para a vida real. O passaporte para a vida que você realmente pretendia viver". E se isso não for suficiente para que você fique com vontade de sair correndo e tomar uma injeção de células cancerosas vivas, ela insiste: "O câncer nos levará a Deus. Deixe-me repetir isso. O câncer é a nossa ligação com o Divino."[6]

O efeito de todo esse pensamento positivo é transformar o câncer de mama num rito de passagem — não uma injustiça ou uma tragédia a ser atacada, mas um marco normal no ciclo biológico, como a menopausa ou a condição de avó. Na cultura dominante do câncer de mama, tudo serve, sem dúvida inadvertidamente, para amansar e normalizar a doença: o diagnóstico pode ser desastroso, mas existem esses broches adoráveis com anjinhos de pedras cor-de-rosa que você pode comprar e as corridas para as quais vai treinar. Mesmo o tráfego pesado das narrativas pessoais e as dicas práticas que eu achava tão úteis carregam uma aceitação implícita da doença e das desastrosas e bárbaras abordagens atuais a seu tratamento: você pode ficar tão ocupada comparando atraentes lenços de cabeça, que acaba esquecendo a questão de se a quimioterapia realmente será eficaz em seu caso. Entendido como um rito de passagem, o câncer de mama se parece com os ritos de iniciação tão exaustivamente estudados pelo historiador Mircea Eliade. Primeiro, há a seleção dos iniciados — por idade, na situação tribal, e pela mamografia ou apalpação, entre nós. Então vêm as provações requeridas — escarificação ou circuncisão nas culturas tradicionais, cirurgia e quimioterapia para as pacientes de câncer. Finalmente, os iniciados emergem para um status novo e mais elevado — um adulto e um guerreiro ou, no caso do câncer de mama, uma "sobrevivente".

E em nossa implacavelmente otimista cultura do câncer de mama, a doença oferece mais do que os benefícios intangíveis da mobilidade espiritual ascendente. Você pode desafiar as inevitáveis desfigurações e, de fato, sair do outro lado como uma sobrevivente mais bonita, mais atraente, mais fêmea. No folclore que existe em torno da doença — partilhado comigo por enfermeiras de oncologia e também por sobreviventes —, a quimioterapia amacia e fortalece a pele, ajuda você a perder peso e, quando seu cabelo retornar, será mais abundante, mais macio, mais fácil de cuidar e talvez de uma nova cor surpreendente. Essas coisas podem ser mitos, mas, para aquelas dispostas a entrar no programa prevalecente, as oportunidades para autoaperfeiçoamento são muitas. A Sociedade Americana do Câncer oferece o programa "Tenha uma Boa Aparência (...) Sinta-se Melhor", que se dedica a "ensinar às pacientes com câncer técnicas de beleza para ajudar a restaurar sua aparência e autoimagem durante o tratamento". Trinta mil mulheres participam anualmente, e cada uma recebe um tratamento de beleza gratuito e uma bolsa com maquilagem doada pela Associação das Indústrias de Cosméticos, Artigos de Toucador e Perfumaria. Quanto ao seio perdido: após a reconstituição, por que não levantar o outro também? Das mais de cinquenta mil pacientes de mastectomia que optam pela reconstituição anualmente, 17% vão em frente, muitas vezes encorajadas por seus cirurgiões plásticos, e fazem uma cirurgia adicional para que o outro seio "combine" com a nova estrutura, mais ereta e talvez maior, criada do outro lado.

Nem todo mundo opta por disfarces cosméticos, e a questão de perucas versus calvície, reconstituição versus manutenção da cicatriz define uma das poucas discordâncias reais na cultura do câncer de mama. Do lado mais avançado, na classe média alta, a revista *Mann* — na qual a crítica literária Eve Kosofsky Sedgwick tinha uma coluna — tende a favorecer a aparência "natural". Aqui, as cicatrizes da mastectomia podem ser "sexy" e a calvície pode ser algo a celebrar. Uma matéria de capa apresentava mulheres que "encaravam a calvície não apenas como uma perda, mas também como uma oportunidade: ela permitia que o lado brincalhão de suas personalidades (...) entrasse em contato, de novas formas, com seus eus mais verdadeiros". Uma mulher decorou o couro cabeludo com tatuagens temporárias de sinais de paz, panteras e rãs; outra se expressou com uma chocante peruca roxa; uma terceira relatou que a calvície pura e simples a fez sentir-se "sensual, poderosa, capaz de recriar a si mesma a cada novo dia". Mas tudo isso sem nenhuma crítica às que escolhem ocultar sua situação sob perucas e echarpes; é apenas uma questão, *Mamm* nos diz, de "diferentes estéticas". Algumas escolhem laços cor-de-rosa; outras preferirão o cavalinho cor-de-rosa criado por Ralph Lauren para o câncer de mama. Mas todo mundo concorda que o câncer de mama é uma oportunidade para a autotransformação criativa — uma oportunidade de reconstrução, de fato.

No mundo perfeito e sem fissuras da cultura do câncer de mama, onde um site conecta-se a outro e a todos — desde narrativas pessoais e esforços comunitários até o reluzente nível de patrocinadores corporativos e celebridades que assumem o papel de porta-vozes —, a animação é obrigatória, e a discordância é um tipo de traição. Nesse mundo extremamente coeso, as atitudes são sutilmente ajustadas, e os incrédulos gentilmente levados de volta ao aprisco. Em *The First Year of the Rest of Your Life*, por exemplo, cada narrativa pessoal é seguida por perguntas ou dicas destinadas a rebater o mais leve indício de negatividade — e são indícios realmente leves, já que a coletânea não inclui mulheres rabugentas, choronas ou militantes feministas:

> Você se deu permissão para reconhecer que tem alguma ansiedade ou melancolia e pedir ajuda para manter seu bem-estar emocional? (…)
> Existe alguma área em sua vida com conflitos interiores não resolvidos? Existe alguma área em que você acha que poderia querer fazer uma "lamentação saudável"? (…)
> Tente fazer uma lista das coisas que fazem você se sentir bem hoje.[7]

Como experiência, postei uma mensagem aberta no site Komen.org, com o título "Revoltada", listando brevemente minhas reclamações sobre os efeitos debilitantes da quimioterapia, contra empresas de seguro recalcitrantes, carcinógenos ambientais e, o mais ousado, contra os "tolos laços cor-de-rosa". Recebi algumas palavras de encorajamento em minha luta com a empresa de seguros, que havia assumido a posição de que minha biópsia era um tipo de complacência opcional, mas, em sua grande maioria, um coro de reprovações. "Suzy" escreveu para me dizer: "Eu realmente lamento dizer que você tem uma atitude errada a respeito de tudo isso, mas você realmente tem, e não vai lhe ajudar em nada." "Mary" foi um pouco mais tolerante, escrevendo: "Barb, neste momento de sua vida, é tão importante concentrar todas as suas energias para conseguir uma existência tranquila, mesmo que não seja feliz. O câncer é uma coisa detestável que nos aconteceu, e não existem respostas para nenhuma de nós quando perguntamos a razão. Mas, tenha você mais um ano ou mais 51 anos, viver sua vida num estado de revolta e amargura é um desperdício tão grande (...) Espero que você possa encontrar alguma paz. Você a merece. Nós todas merecemos. Deus a abençoe e a mantenha sob Seus cuidados amorosos. Sua irmã, Mary."

"Kitty", no entanto, achou que eu havia surtado: "Você precisa procurar depressa algum tipo de orientação psicológica. (...) Por favor, busque ajuda, e peço a todas as pessoas neste site que rezem para que você possa desfrutar a vida plenamente." A única pessoa que me ofereceu algum tipo de reforço foi "Gerry", que havia passado por todos os tratamentos e agora se via numa fase terminal, com apenas alguns meses de vida restantes: "Também estou revoltada. Todo o dinheiro que é levantado, todas as faces sorridentes de sobreviventes que dão a impressão de que é bom ter câncer de mama. NÃO É BOM!" Mas a mensagem de Gerry, como as outras postadas no site, aparecia sob o título inadvertidamente zombeteiro de "O que significa ser uma sobrevivente do câncer de mama?"

O Argumento "Científico" a Favor da Animação

Havia, conforme descobri, uma razão médica urgente para abraçar o câncer com um sorriso: supostamente, uma "atitude positiva" é essencial para a recuperação. Durante os meses em que estava me submetendo à quimioterapia, encontrei essa afirmação inúmeras vezes — em sites na internet, em livros, das enfermeiras e de companheiras de sofrimento. Oito anos depois, continua quase axiomático, dentro da cultura do câncer de mama, que a sobrevivência depende da "atitude". Um estudo descobriu que 60% das mulheres que haviam sido tratadas de câncer atribuíam sua sobrevivência duradoura a uma "atitude positiva".[8] Em artigos e em seus sites, as pessoas rotineiramente se orgulham desse estado mental supostamente salvador. "O segredo se resume em ter uma atitude positiva, algo que tentei manter desde o começo", diz uma mulher chamada Sherry Young em um artigo intitulado "Uma atitude positiva ajudou uma mulher a vencer o câncer".[9]

"Especialistas" de vários tipos oferecem uma explicação que soa plausível para as propriedades salutares da animação. Por exemplo, um artigo publicado recentemente numa revista eletrônica com o título "Breast Cancer Prevention Tips" ("Dicas para prevenir o câncer de mama") — e a noção de "prevenção" do câncer de mama deve bastar para disparar os alarmes, já que não existem meios conhecidos de prevenção — aconselha que:

> Está comprovado que uma simples atitude positiva e otimista reduz o risco de câncer. Isso soará surpreendente para muitas pessoas; no entanto, basta dizer que diversos estudos médicos demonstraram a relação entre uma atitude positiva e uma melhoria no sistema imunológico. Foi demonstrado que o riso e o humor elevam a imunidade do corpo e protegem contra o câncer e outras doenças. Vocês já devem conhecer o lema "pessoas felizes não adoecem".[10]

Não é de admirar que minha mensagem "revoltada" tenha sido recebida com tanta consternação no site da Komen: as mulheres que me responderam sem dúvida acreditavam que uma atitude positiva estimula o sistema imunológico, dando-lhe poderes para lutar contra o câncer mais eficazmente.

Todo mundo provavelmente já leu essa afirmação tantas vezes, de uma forma ou de outra, que passa despercebida, sem que nos detenhamos um instante para refletir sobre o que é o sistema imunológico, como ele poderia ser afetado por emoções e o que poderia fazer, se é que poderia, para combater o câncer. A tarefa do sistema imunológico é defender o corpo contra intrusos externos, como os micróbios, e faz isso com uma enorme matança de células e mobilizando arsenais completos de diferentes armas moleculares. A complexidade e a diversidade da mobilização são avassaladoras: tribos e subtribos inteiras de células reúnem-se no local da infecção, cada uma com seu tipo especial de armamento, em algo parecido com um daqueles exércitos desorganizados do filme *As crônicas de Nárnia*. Algumas dessas células guerreiras jogam um balde de toxinas sobre o invasor e seguem adiante; outras estão lá para nutrir seus camaradas com esguichos químicos. Os mais importantes guerreiros do corpo, os macrófagos, cercam sua presa, envolvem-na em sua própria "carne" e a digerem. Por casualidade, os macrófagos foram o tema de minha tese de doutorado; são criaturas grandes e móveis, parecidas com amebas, capazes de viver por meses ou anos. Quando termina a batalha, passam informações sobre o invasor a outras células encarregadas de produzir anticorpos para acelerar as defesas do corpo no próximo embate. Eles também comerão não apenas os intrusos vencidos, mas seus próprios companheiros mortos na batalha.

Apesar dessa estonteante complexidade — que fez com que outros estudantes de pós-graduação ficassem emperrados durante décadas sem conseguir terminar suas teses —, o sistema imunológico nem mesmo é à prova de falhas. Alguns invasores, como o bacilo da tuberculose, passam a perna nele, penetram nas células dos tecidos do corpo e estabelecem-se dentro delas, num lugar onde não podem ser detectados pelas células do sistema imunológico. Mais diabolicamente ainda, o vírus do HIV ataca seletivamente certas células do sistema imunológico e deixam o corpo quase totalmente desprovido de defesas. E às vezes o sistema imunológico perversamente se volta contra os próprios tecidos do corpo, causando doenças "autoimunes" como o lúpus, a artrite reumatoide e, possivelmente, algumas formas de doenças cardíacas. Esse sistema de defesa celular aparentemente anárquico talvez não seja perfeito, mas é esse o ponto de evolução a que chegamos depois de uma corrida armamentista de milhões de anos contra nossos inimigos micróbios.

A ligação entre sistema imunológico, câncer e emoções foi improvisada de uma forma um tanto imaginativa na década de 1970. Já se sabia fazia algum tempo que o estresse extremo podia debilitar certos aspectos do sistema imunológico. Torture um animal num laboratório durante um tempo suficientemente longo, como fez o famoso pesquisador do estresse Hans Selye nos anos 1930, e ele se torna menos saudável e menos resistente a doenças. Parece que, para muitas pessoas, bastou um pequeno salto para que chegassem à conclusão de que sentimentos positivos poderiam ser o oposto do estresse — capazes de impulsionar o sistema imunológico e fornecer a chave da saúde, fosse a ameaça um micróbio ou um tumor.

Um dos primeiros best-sellers a veicular essa noção foi *Com a vida de novo*, escrito por O. Carl Simonton, um oncologista, Stephanie Matthews-Simonton, identificada no livro como "conselheira motivacional", e pelo psicólogo James L. Creighton. Eles estavam tão convencidos da capacidade do sistema imunológico de derrotar o câncer que acreditavam que "um câncer não só requer a presença de células anormais, como também uma *supressão das defesas normais do corpo*".[11] O que poderia suprimi-las? O estresse. Ao mesmo tempo que os Simonton instavam os pacientes com câncer a obedecer fielmente aos tratamentos prescritos, também sugeriam que certo tipo de ajuste na atitude era igualmente importante. O estresse tinha de ser vencido, e era preciso adotar pensamentos positivos e imagens mentais construtivas.

O livro dos Simonton foi seguido em 1986 pelo ainda mais exuberante *Amor, medicina e milagres*, do cirurgião Bernie Siegel. Ele afirmava que "um sistema imunológico vigoroso pode superar o câncer caso não sofra interferências, e o crescimento emocional em direção a uma maior autoaceitação e realização ajuda a manter forte o sistema imunológico".[12] Daí que o câncer de fato era uma bênção, já que poderia forçar a vítima a adotar uma visão de mundo mais positiva e amorosa.

Mas onde estavam os estudos mostrando o efeito curador de uma atitude positiva? Podiam ser reproduzidos? Um dos céticos, o psiquiatra David Spiegel, de Stanford, disse-me que, em 1989, havia decidido refutar o dogma popular de que a atitude podia vencer o câncer. "Eu já não aguentava mais ouvir Bernie Siegel dizer que as pessoas tinham câncer porque precisavam disso", disse-me ele numa entrevista. Mas, para sua surpresa, o estudo que realizou mostrava que pacientes com câncer de mama em grupos de apoio — que supostamente estavam em melhor disposição de espírito do que aquelas que enfrentavam a doença por conta própria — viviam mais tempo do que as do grupo de controle. Spiegel imediatamente interrompeu o estudo, decidindo que ninguém deveria ser privado dos benefícios oferecidos por um grupo de apoio. O dogma foi confirmado e assim permaneceu, até o momento em que recebi meu diagnóstico.

É fácil perceber seu aspecto atraente. Primeiro, a ideia de uma ligação entre os sentimentos subjetivos e a doença dava à paciente com câncer de mama alguma coisa que ela poderia *fazer*. Em vez de esperar passivamente que os tratamentos surtissem efeito, tinha seu próprio trabalho a fazer — com ela mesma. Precisava monitorar seus estados de espírito e mobilizar energia psíquica para a guerra no nível celular. No esquema dos Simonton, ela deveria devotar parte de cada dia a desenhar croquis sobre batalhas entre células com formato de vírus. Se as células do câncer não fossem representadas como "muito fracas e confusas" e as células do sistema imunológico não parecessem "fortes e agressivas", a paciente poderia estar cortejando a morte, e precisava trabalhar mais.[13] Ao mesmo tempo, o dogma criava maiores oportunidades na indústria de pesquisa e tratamento do câncer: havia necessidade não apenas de cirurgiões e oncologistas, mas também de cientistas comportamentais, terapeutas, conselheiros motivacionais e pessoas dispostas a escrever livros exortatórios de autoajuda.

O dogma, no entanto, não sobreviveu a pesquisas adicionais. Nos anos 1990, começaram a surgir estudos que refutavam o trabalho de Spiegel feito em 1989 sobre o valor curativo de grupos de apoio. As notáveis taxas de mulheres sobreviventes mostradas no primeiro estudo de Spiegel revelaram-se apenas um acaso feliz. Então, na edição de maio de 2007 do *Psychological Bulletin*, James Coyne e dois coautores publicaram os resultados de uma revisão sistemática de toda a literatura sobre os supostos efeitos da psicoterapia sobre o câncer. A hipótese era que a psicoterapia, assim como o grupo de apoio, deveria ajudar a paciente a melhorar seu estado de espírito e reduzir o nível de estresse. Mas Coyne e seus coautores descobriram que a literatura existente estava cheia de "problemas endêmicos".[14] Na verdade, parecia não existir nenhum efeito positivo da terapia. Poucos meses depois, uma equipe chefiada pelo próprio David Spiegel relatou na revista *Cancer* que os grupos de apoio não conferiam nenhuma vantagem adicional de sobrevivência, contradizendo, efetivamente, suas conclusões anteriores. A psicoterapia e os grupos de apoio poderiam melhorar o estado de espírito das pessoas, mas não contribuíam em nada para superar o câncer. "Se as pacientes de câncer querem fazer uma psicoterapia ou participar de um grupo, devem ter a oportunidade de fazê-lo", disse Coyne em um resumo de sua pesquisa. "Pode haver muitos benefícios emocionais e sociais. Mas elas não devem buscar essas experiências movidas somente pela expectativa de que estarão estendendo suas vidas."[15]

No início de 2009, quando perguntei a Coyne se existe um contínuo viés científico a favor de uma relação entre emoções e a sobrevivência ao câncer, ele disse:

> Parafraseando uma expressão usada para descrever a escalada da guerra no Iraque, eu diria que existe um tipo de "amplificação incestuosa". A ideia de que a mente pode afetar o corpo é muito excitante — e é um jeito de os cientistas comportamentais pegarem uma carona. Há muitos interesses envolvidos, recursos para pesquisas associadas ao câncer, e os cientistas comportamentais estão se agarrando a isso. Com o que mais poderiam contribuir [na luta contra o câncer]? Pesquisas sobre como fazer com que as pessoas usem protetor solar? Isso não é sexy.

Ele acha que essa tendência é especialmente forte nos Estados Unidos, onde os céticos tendem a ser marginalizados. "Para mim, é muito mais fácil conseguir fazer palestras na Europa", disse-me ele.

E o que dizer das batalhas heroicas entre células do sistema imunológico e células cancerígenas que as pacientes são encorajadas a visualizar? Em 1970, McFarlane Burnet, famoso pesquisador médico australiano, havia proposto que o sistema imunológico está engajado em permanente "vigilância" para identificar células cancerígenas e supostamente destruí-las quando detectadas. Presumivelmente, o sistema imunológico estaria engajado em uma permanente destruição de células do câncer — até o dia em que estivesse muito exaurido (pelo estresse, por exemplo) para eliminar os renegados. Havia pelo menos um problema *a priori* com essa hipótese: diferentemente dos micróbios, as células do câncer não são "estranhas", são células comuns dos tecidos que mutaram, e não necessariamente são reconhecíveis como células inimigas. Conforme expressou um recente editorial no *Journal of Clinical Oncology*: "O que devemos lembrar, em primeiro lugar, é que o sistema imunológico é projetado para detectar invasores externos e poupar nossas próprias células. Com poucas exceções, o sistema imunológico não parece reconhecer os cânceres dentro de um indivíduo como algo estranho, porque eles são, de fato, parte do *self*."[16]

Mais concretamente, não existe nenhuma evidência consistente de que o sistema imunológico lute contra os cânceres, com exceção daqueles causados por vírus, que podem ser mais exatamente vistos como "externos". As pessoas cujos sistemas imunológicos foram exauridos pelo HIV, ou os animais de laboratório transformados em imunodeficientes, não ficam especialmente suscetíveis ao câncer, como a teoria da "vigilância imunológica" preveria. Tampouco faria muito sentido tratar o câncer com uma quimioterapia, que suprime o sistema imunológico, se esse fosse realmente crucial para combater a doença. Além disso, ninguém encontrou uma forma de curar o câncer estimulando o sistema imunológico com agentes químicos ou biológicos. Sim, as células do sistema imunológico, como os macrófagos, muitas vezes podem ser encontradas em aglomerações no local do tumor, mas nem sempre para fazer alguma coisa útil.

Sendo eu uma ex-imunologista celular, causou-me intenso choque e desalento tomar conhecimento de uma pesquisa recente que mostra como os macrófagos podem até *passar para o outro lado*. Em vez de matar as células cancerígenas, eles começam a liberar fatores de crescimento e a desempenhar outras tarefas que, de fato, encorajam o crescimento do tumor. É possível criar ratos altamente suscetíveis ao câncer de mama, mas seus tumores incipientes não se tornam malignos sem a assistência dos macrófagos que chegam ao local.[17] Um artigo publicado na *Scientific American* em 2007 concluiu que, no melhor dos casos, "o sistema imunológico funciona como uma faca de dois gumes. (...) Às vezes promove o câncer; outras vezes, obstrui a doença.[18] Dois anos depois, os pesquisadores descobriram que outro tipo de célula do sistema imunológico, os linfócitos, também promove a disseminação do câncer de mama.[19] Todas essas visualizações de corajosas células do sistema imunológico combatendo células do câncer deixaram de fora o verdadeiro drama — as seduções, as negociações em surdina, as traições.

Continuando nessa veia antropomórfica, existe um paralelo interessante entre os macrófagos e as células cancerosas: comparadas com as outras células do corpo, ambas são obstinadamente autônomas. As células comuns, "boas", submissamente obedecem às demandas da ditadura do corpo: células cardíacas se contraem incessantemente para manter o coração pulsando; células da parede intestinal altruisticamente passam adiante nutrientes que talvez tivessem preferido comer. Mas as células cancerosas rasgam as ordens recebidas e começam a se reproduzir como organismos independentes, enquanto os macrófagos são, por natureza, aventureiros errantes, talvez o equivalente a mercenários no corpo. No mínimo, a existência de ambas é um lembrete de que o corpo é, em alguns sentidos, mais parecido com uma federação frouxa e instável de células do que com a unidade disciplinada e bem integrada que imaginamos.

E, de uma perspectiva evolucionária, por que *deveria* o corpo possuir um meio de combater o câncer, um tipo de "curador natural" que seria desengatilhado desde que superássemos nossos medos e pensamentos negativos? O câncer tende a atingir pessoas mais velhas que já passaram da idade reprodutiva e, portanto, são de pouca ou nenhuma importância evolutiva. Nosso sistema imunológico evoluiu para combater bactérias e vírus e faz um trabalho razoavelmente bom de salvar os mais jovens de doenças como sarampo, coqueluche e gripes. Se alguém vive um tempo suficientemente longo para ter câncer, é muito possível que já tenha realizado sua missão biológica e gerado alguns filhos.

Seria possível argumentar que o pensamento positivo não pode causar dano, que talvez até seja uma bênção para os muito atormentados. Quem contestaria o otimismo de uma pessoa à beira da morte que se agarra à esperança de uma remissão no último minuto? Ou de uma paciente calva e nauseada pela quimioterapia que imagina que a experiência do câncer acabará lhe propiciando uma vida mais gratificante? Incapazes de realmente ajudar a curar a doença, os psicólogos buscaram formas de aumentar esses sentimentos positivos sobre o câncer e as chamaram de "busca de vantagens".[20] Foram construídas escalas de busca de vantagens e dezenas de artigos foram publicados sobre as intervenções terapêuticas que ajudam a produzi-las. Se você não puder contar com a recuperação, deveria pelo menos passar a ver seu câncer como uma experiência positiva, e essa noção também foi estendida a outras formas de câncer. Por exemplo, Stephen Strum, que pesquisa o câncer de próstata, escreveu: "Você pode não acreditar nisso, mas o câncer de próstata é uma oportunidade. (...) É um caminho, um modelo, um paradigma de como você pode interagir para ajudar a si mesmo e a outras pessoas. Ao fazer isso, você evolui para um nível muito mais elevado de humanidade e benevolência."[21]

Mas, em vez de fornecer sustentação emocional, o "adoçamento" do câncer pode cobrar um preço apavorante. Em primeiro lugar, exige a negação de compreensíveis sentimentos de raiva e medo, que precisam ser enterrados sob uma camada cosmética de animação. Isso é muito conveniente para as pessoas que trabalham com saúde e mesmo para os amigos do afligido, que podem preferir uma animação falsa a reclamações, mas não é tão fácil para os doentes. Dois pesquisadores da "busca de vantagens" relatam que as pacientes com câncer de mama com as quais trabalharam "mencionaram repetidamente que viam até os esforços bem-intencionados de encorajar a busca de vantagens como atitudes insensíveis e ineptas. Essas são quase sempre interpretadas como uma tentativa indesejável de minimizar os pesos e os desafios peculiares que precisam ser superados".[22] Um estudo de 2004 chegou a descobrir, em total contradição com os princípios do pensamento positivo, que as mulheres que percebem mais benefícios em seu câncer "tendem a enfrentar uma pior qualidade de vida — inclusive um pior desempenho mental — em comparação com mulheres que não veem benefícios em seus diagnósticos".[23]

Além disso, é preciso fazer esforço para manter o alto astral que as outras pessoas esperam — um esforço que já não pode ser justificado como uma contribuição para a sobrevivência no longo prazo. Considere a mulher que escreveu para Deepak Chopra dizendo que seu câncer de mama havia se espalhado para os ossos e pulmões:

> Embora eu siga os tratamentos, tenha avançado muito na tarefa de livrar-me de sentimentos negativos, tenha perdoado todo mundo, mudado meu estilo de vida para incluir meditação, preces, uma dieta adequada, exercícios e suplementos, o câncer continua voltando. Será que estou perdendo uma lição aqui que o faz reincidir? Tenho certeza de que vou conseguir vencê-lo, mas, ainda assim, está cada vez mais difícil manter uma atitude positiva depois de cada diagnóstico.

Ela estava se esforçando o máximo — meditando, rezando, perdoando —, mas, pelo visto, ainda não era o bastante. A resposta de Chopra: "Até onde posso saber, você está fazendo todas as coisas certas para se recuperar. É preciso apenas continuar a fazê-las até que o câncer desapareça totalmente. Sei que é desencorajador fazer grandes progressos apenas para vê-lo retornar novamente, mas, às vezes, o câncer é simplesmente muito pernicioso e requer a mais extrema diligência e persistência para que se consiga finalmente vencê-lo."[24]

Mas outras pessoas que trabalham no atendimento a pacientes com câncer começaram a falar abertamente contra o que uma delas chamou de "a tirania do pensamento positivo". Quando um estudo feito em 2004 não encontrou nenhum benefício do otimismo, em termos de sobrevivência, entre pacientes com câncer de pulmão, a autora principal, Penelope Schofield, escreveu: "Devemos questionar o valor de se encorajar o otimismo quando isso pode levar o paciente a ocultar seu sofrimento com base na crença equivocada de que terá benefícios de sobrevivência. (...) Se um paciente sente-se pessimista de um modo geral, (...) é importante reconhecer esses sentimentos como válidos e aceitáveis."[25]

Não tenho tanta certeza de que os sentimentos reprimidos sejam intrinsecamente danosos, conforme afirmam muitos psicólogos, mas, sem dúvida, existe um problema quando o pensamento positivo "falha" e o câncer se dissemina ou escapa ao tratamento. Então a paciente pode apenas culpar a si mesma: não está sendo suficientemente positiva; antes de mais nada, possivelmente foi sua atitude negativa que causou a doença. A essa altura, a exortação para pensar positivamente é "um peso adicional para uma paciente já arrasada", como escreveu a enfermeira oncologista Cynthia Rittenberg.[26] Jimmie Holland, uma psiquiatra do Memorial Sloan-Kettering Cancer Center em Nova York, escreve que as pacientes de câncer experimentam uma espécie de culpabilização da vítima:

> Começou a ficar claro para mim há cerca de dez anos que a sociedade estava pondo outra carga indevida e inadequada sobre pacientes que pareciam divergir das crenças populares a respeito da conexão mente-corpo. Eu encontrava pacientes com histórias de amigos bem-intencionados que lhes haviam dito: "Já li tudo sobre isso — se você tem câncer, deve ter pedido." Mais perturbador ainda foi ouvir uma pessoa me dizer: "Sei que preciso ser positiva o tempo todo e que essa é a única forma de lidar com o câncer — mas é tão difícil! Sei que, se eu ficar triste, com medo ou perturbada, estou fazendo meu tumor crescer mais rapidamente e terei encurtado minha vida."[27]

Claramente, o fracasso de pensar positivamente pode oprimir um paciente com câncer como se fosse uma segunda doença.

Eu, pelo menos, fui salva dessa carga adicional por minha raiva persistente — que teria sido ainda maior se eu tivesse suspeitado, como suspeito agora, de que meu câncer era iatrogênico, ou seja, causado pela classe médica. Quando fui diagnosticada, havia quase oito anos que eu vinha fazendo reposição hormonal prescrita por médicos que me garantiam que isso impediria doença cardíaca, demência e perda óssea. Estudos adicionais revelaram em 2002 que a terapia de reposição hormonal aumenta o risco de câncer de mama — e, à medida que aumentava o número de mulheres que abandonavam a terapia ao tomarem conhecimento desses estudos, a incidência da doença também caiu drasticamente. Então, para começar, a má ciência pode haver produzido o câncer, assim como a má ciência do pensamento positivo perseguiu-me durante toda a minha doença.

O câncer de mama, posso atestar agora, não me deixou mais bonita nem mais forte, mais feminina ou espiritualizada. O que ele me deu, se quiserem chamar isso de um "presente", foi um encontro muito pessoal e angustiante com uma força ideológica presente na cultura americana da qual eu não tinha consciência antes — uma que nos encoraja a negar a realidade, nos submetermos de bom grado ao infortúnio e culpar somente a nós mesmos pelo nosso destino.

DOIS

Os anos do pensamento mágico

Exortações para pensar positivamente — para ver o copo cheio até a metade, mesmo quando ele está espalhado em cacos pelo chão — não se limitam à cultura do laço rosa do câncer de mama. Poucos anos depois do meu tratamento, aventurei-me em outro terreno de calamidades pessoais — o mundo dos trabalhadores de colarinho-branco que haviam perdido seus empregos. Nos grupos de networking que frequentei, nos acampamentos e nas sessões motivacionais disponíveis para os desempregados, em toda parte ouvi o conselho unânime de que deviam renunciar à raiva e à "negatividade" a favor de uma abordagem otimista, até mesmo de gratidão, à crise imediata que estivessem vivendo. As pessoas que haviam sido demitidas de seus empregos e viam-se arrastadas numa espiral em direção à pobreza ouviam que deveriam ver sua condição como uma "oportunidade" a ser abraçada, tal como o câncer de mama é muitas vezes apresentado como um "presente". Aqui também o resultado prometido era um tipo de "cura": sendo positiva, uma pessoa poderia não apenas se sentir melhor durante sua busca de emprego, mas de fato fazer com que conseguisse um resultado mais rápido e mais feliz.

Na verdade, não existe nenhum tipo de problema ou obstáculo para o qual o pensamento positivo ou uma atitude positiva não tenham sido propostos como cura. Tentando perder peso? "Uma vez que você decidiu perder peso", é o que nos diz um site dedicado à "Abordagem Positiva à Perda de Peso", "deve assumir esse compromisso e entregar-se a ele com uma atitude positiva. (…) Pense como um vencedor, não como um perdedor." Tendo dificuldade em encontrar um parceiro ou parceira? Nada é mais atraente para potenciais pretendentes do que uma atitude positiva, e nada é mais repelente do que uma atitude negativa. Um dos muitos sites especializados em dicas sobre namoros aconselha as pessoas interessadas em encontros pela internet: "Escreva um perfil ou uma mensagem com uma atitude negativa e você conseguirá fazer com que os potenciais candidatos saiam correndo. Uma atitude positiva, por outro lado, agrada a praticamente todo mundo." Do mesmo modo, aprendemos em outro site que "as melhores dicas para encontros com desconhecidos resumem-se a dois conselhos básicos: tenha uma atitude positiva e mantenha a mente aberta". As mulheres, em especial, devem irradiar positividade, não mencionando, por exemplo, que o último namorado que tiveram era um idiota ou que estão se achando acima do peso. "Você deve permanecer positiva o tempo todo", aconselha outro site. "Você não deve reclamar demais, ver o lado negativo das coisas nem permitir que toda essa negatividade se manifeste. Embora seja importante que continue a ser você mesma, que permaneça autêntica, ser negativa nunca é um modo de proceder quando se trata de relacionamentos."

Precisa de dinheiro? A riqueza é uma das principais metas do pensamento positivo, algo a que retornaremos repetidamente neste livro. Existem centenas de livros de autoajuda explicando como o pensamento positivo pode "atrair" dinheiro — um método supostamente tão confiável que você se sente encorajado a começar a gastá-lo imediatamente. Por que, até agora, a riqueza lhe tem escapado? Problemas práticos como salários baixos, desemprego e gastos com saúde são mencionados somente como "desculpas" potenciais. O obstáculo real está em sua mente, que pode abrigar uma repulsa inconsciente pelo "lucro sujo" ou um profundo ressentimento contra os ricos. Um amigo meu, um fotógrafo cronicamente subempregado, contratou certa vez um "*life coach*" para melhorar suas finanças e recebeu a orientação de superar seus sentimentos negativos relacionados à riqueza e a sempre ter uma nota de 20 dólares na carteira "para atrair mais dinheiro".

Chega-se até a solicitar pensamentos positivos para outros, como se faz com as preces. Num site para professores, uma mulher pede a seus colegas que, "por favor, mentalizem pensamentos positivos para meu genro", que havia acabado de receber o diagnóstico de um câncer de cérebro no último estágio. Na CNN, o pai de um soldado desaparecido em ação no Iraque disse aos espectadores: "Eu desejaria que todos vocês direcionassem seus pensamentos positivos para essa questão e nos ajudassem a atravessar isso. E se todo mundo oferecer suas preces e seus pensamentos positivos, isso pode ser feito. (...) Eu sei que os militares estão fazendo tudo o que podem, e os pensamentos positivos são muito importantes neste momento."[1] Apesar dos pensamentos positivos, o corpo do soldado foi encontrado no rio Eufrates uma semana depois.

Como um anúncio de néon piscando perpetuamente ao fundo, como a música de um comercial da qual não se consegue escapar, o comando para ser positivo é tão onipresente que se torna impossível identificar uma fonte única. Oprah rotineiramente proclama o triunfo da atitude sobre as circunstâncias. Se você pesquisar "*positive thinking*" no Google, obterá mais de 100 milhões de resultados. Na Learning Annex, empresa que oferece cursos sobre questões práticas em cidades como Nova York e Los Angeles, existe um imenso cardápio de seminários sobre como ter sucesso na vida superando o pessimismo, acessando seus poderes interiores e dominando o poder do pensamento. Toda uma indústria de aconselhamento cresceu desde meados dos anos 1990, intensamente propagandeada na internet, para ajudar as pessoas a melhorar suas atitudes e, portanto, supostamente, suas vidas. Por um preço igual ao que um terapeuta poderia cobrar, um profissional leigo ou *life coach* pode ajudar você a derrotar o "diálogo interior negativo" — ou seja, os pensamentos pessimistas — que impede seu progresso.

Na América de hoje, uma perspectiva otimista nem sempre é inteiramente voluntária: aqueles que não tomam a iniciativa de abraçar a ideologia do pensamento positivo podem se ver obrigados a assumi-la. Os locais de trabalho fazem esforços conscientes para instilar uma visão positiva; os empregadores trazem palestrantes motivacionais ou distribuem exemplares gratuitos de livros de autoajuda, como o megassucesso *Quem mexeu no meu queijo?*, que aconselha uma reação submissa às demissões. Clínicas de repouso ou geriátricas são famosas por sua transbordante alegria artificial. Como reclamou uma das residentes: "Os diminutivos! As palavras carinhosas! O uso idiota do 'nós': 'Oi, querida, como nós estamos passando hoje? Como é seu nome, querida? Eva? Podemos ir para o refeitório, Eva? Olá, desculpe-me por demorar tanto. Nós parecemos ótimas hoje, não é?"[2] Até a academia, que se poderia imaginar ser um lugar seguro para misantropos irritados, está assistindo a incursões do pensamento positivo. No início de 2007, a administração da Southern Illinois University, em Carbondale, alarmada com um estudo de marketing que concluiu que os professores eram "desprovidos de orgulho", levou um palestrante motivacional para convencer os taciturnos professores de que "uma atitude positiva é vital para melhorar a satisfação dos clientes" — sendo que "clientes" eram os estudantes. Deve-se observar que apenas 10% do corpo docente se deram o trabalho de assistir à sessão.³

Mas o pensamento positivo não é apenas um difuso consenso cultural que se dissemina por contágio. Tem seus ideólogos, porta-vozes, pregadores e vendedores — autores de livros de autoajuda, palestrantes motivacionais, *coaches* e treinadores. Em 2007, eu me aventurei a entrar em um de seus grandes encontros anuais, uma convenção da Associação Nacional de Palestrantes (NSA), onde os membros se reuniram durante quatro dias para partilhar técnicas, vangloriar-se de seus sucessos e explorar novas oportunidades de negócios. O cenário, um hotel à beira d'água no centro de San Diego, tinha um ar turístico atraente, e o ambiente interno estava estruturado para produzir o máximo efeito positivo. Uma sessão plenária no salão principal começou com uma exibição de slides de dez minutos com fotos típicas de calendários — cascatas, montanhas e flores silvestres — acompanhadas de uma música relaxante. Em seguida, uma loura de meia-idade, vestindo uma túnica indiana, entrou no palco e conduziu a audiência de 1.700 pessoas em uma "tonificação vocal". "Aaaah", ela dizia, "aaah, aaah, aaah", convidando-nos a ficar de pé e entoar os sons. Todos repetiram obedientemente, mas sem entusiasmo, dando a impressão de que tinham alguma experiência pregressa com aquele tipo de exercício.

Era o encontro da Nova Era com a cultura empresarial do americano de classe média. Você podia comprar cristais nos estandes da exposição ou participar de uma sessão sobre como aumentar a visibilidade do seu site na internet. Você podia aguçar sua capacidade meditativa ou conseguir dicas sobre onde encontrar uma agência de palestrantes. Podia também mergulhar na "sabedoria ancestral" — os Upanishads, a Kabala, a Maçonaria, e assim por diante — ou comprar uma maleta de rodinhas personalizada com seu nome e o endereço de seu site em letras grandes, a melhor forma de fazer self-marketing enquanto passeia por aeroportos. Aquela multidão não apresentava nada nem remotamente parecido a cultos, nenhum sinal visível de fanatismo ou perturbação interior. A maior parte usava trajes sociais e, entre os homens, predominavam as cabeças raspadas, vendo-se pouquíssimos rabos de cavalo.

A exuberância irracional, como se acabou vendo, vinha toda do palco. A primeira entre os conferencistas de destaque foi a esguia e energética Sue Morter, descrita no programa como chefe de "um centro de bem-estar multidisciplinar em Indianápolis". Quando o aplauso inicial que recebeu "não foi o bastante" para ela, ordenou que a audiência ficasse de pé e participasse, por alguns minutos, de uma música rítmica marcada com palmas. Assim preparados, fomos regalados com um discurso de cinquenta minutos, sem anotações, sobre o "poder infinito" que podemos alcançar vibrando em harmonia com o universo, que acontece de ter uma frequência de dez ciclos por segundo. Quando não estamos em sintonia, "tendemos a analisar em excesso, planejar em excesso e ter pensamentos negativos." A alternativa a todo esse pensamento e planejamento é "estar no Sim!". Ao final do discurso, ela faz com que a audiência fique novamente de pé: "Apertem as mãos, mentalizem o Sim. Plantem seus pés firmemente no planeta. Mentalizem o Sim."

O mais conhecido dos palestrantes era Joe ("Mr. Fire") Vitale, apresentado como "o guru em pessoa", e que alega ter doutorado em metafísica e marketing. Vitale, que lembra um Danny DeVito ligeiramente alongado, oferece o tema do "marketing inspirado", e também amor. "Vocês são simplesmente incríveis", começa. "Eu amo todos vocês. Vocês são fantásticos." Ele admite ser "discípulo de P. T. Barnum" e revela alguns dos truques que usa para chamar atenção — como um irônico press release acusando Britney Spears de plagiar suas técnicas de "marketing hipnótico". O amor parece estar entre essas técnicas, pois ele recomenda que, para aumentar os negócios, a pessoa deve percorrer sua lista de endereços e "amar cada nome". Ele saca seu livro mais recente, *Limite zero*, que explica como um médico curou criminosos internados em um asilo especial para doentes mentais sem ao menos vê-los, simplesmente estudando as fichas de cada um e trabalhando para superar seus pensamentos negativos a respeito deles. Novamente, um encerramento jubiloso: "Digam em suas mentes, o tempo todo, 'eu te amo' para que possamos curar tudo aquilo que precisa ser curado."

A audiência absorve tudo isso sobriamente, tomando notas, balançando a cabeça de vez em quando, rindo nos momentos esperados. Até onde posso avaliar, a maior parte dos presentes não havia publicado livros nem jamais se dirigido a uma audiência tão grande quanto a que a Associação Nacional de Palestrantes proporciona. Conversas ocasionais sugerem que a maioria é formada por aspirantes a palestrantes — *coaches* ou treinadores que desejam ter plateias maiores e pagamentos melhores. Muitos vêm de campos relacionados à saúde, especialmente do tipo "holístico" ou alternativo; alguns são *coaches* para gente da área de negócios, como os que eu havia encontrado instruindo colarinhos-brancos demitidos; uns poucos são membros do clero buscando expandir suas carreiras. Daí a predominância de seminários a respeito de temas práticos: como trabalhar com agências de palestrantes, fazer reservas e inscrições, organizar seu escritório, divulgar seus "produtos" (DVDs e fitas motivacionais). Nem todos terão sucesso, como adverte a líder de um seminário em sua apresentação de PowerPoint, com um tipo de realismo que parece extremamente fora de lugar. Alguns, diz ela, cairão numa "espiral de morte", gastando cada vez mais para comercializar seus sites e seus produtos e, "então — nada". Mas claramente existe dinheiro a ganhar. Em um seminário, Chris Widener, um palestrante motivacional de 41 anos de idade que começou como pastor, conta a história de como sua juventude nada promissora — havia "saído do controle" aos 13 anos — culminou em sua opulência atual: "Há três anos e meio, comprei a casa dos meus sonhos nas Cascade Mountains. Tem uma sala para levantamento de pesos, uma adega subterrânea e uma sauna a vapor. (...) Minha vida é o que eu consideraria a definição de sucesso."

Quando os novatos avançarem na carreira de palestrantes, qual será sua mensagem, o conteúdo de seus discursos? Ninguém jamais respondeu a essa questão ou, até onde posso saber, a levantou durante a convenção da NSA porque, penso eu, a resposta é óbvia: farão palestras muito parecidas com as feitas aqui, insistindo que as únicas barreiras à riqueza e à prosperidade estão dentro de cada um. Se você quer melhorar sua vida — tanto em termos materiais quanto subjetivos —, precisa aprimorar sua atitude, rever respostas emocionais e focar sua mente. Seria possível pensar em outras formas de autoaperfeiçoamento — por meio da educação, por exemplo, para adquirir novas habilidades básicas, ou trabalhando para promover mudanças sociais que beneficiariam a todos. Mas, no mundo do pensamento positivo, os desafios são todos interiores e facilmente superados com a força de vontade. Sem dúvida, é isso que os palestrantes novatos dirão às audiências que conseguirem encontrar: *Eu também me vi perdido e dominado pela insegurança, mas depois encontrei a chave para o sucesso, e olhem para mim agora!* Alguns dos ouvintes aprenderão com o exemplo de que existe uma carreira potencial como prosélitos do pensamento positivo e acabarão fazendo o mesmo, tornando-se novos missionários do culto do entusiasmo.

A Ameaça das Pessoas Negativas

A promessa da positividade é que ela melhorará sua vida de formas concretas, materiais. Num sentido simples e prático, isso é provavelmente verdade. Se você é "legal", as pessoas estarão mais inclinadas a gostar de você do que se for alguém cronicamente zangado, crítico e mal-humorado. Grande parte dos conselhos comportamentais oferecidos pelos gurus nos sites ou nos livros é inócua. "Sorria", aconselha um site de pensamento positivo voltado para o sucesso. "Cumprimente os colegas de trabalho." As recompensas por transpirar positividade são maiores ainda numa cultura onde se espera não menos que isso. Onde a jovialidade é a norma, a irritabilidade pode parecer uma distorção. Quem quereria namorar ou contratar uma pessoa "negativa"? O que haveria de errado com ele ou ela? O truque, se você quiser saber logo, é simular uma atitude positiva, não importa o que possa estar realmente sentindo.

O primeiro texto importante sobre como agir de forma positiva foi *Como fazer amigos e influenciar pessoas* de Dale Carnegie, originalmente publicado em 1936 e vendendo até hoje. Carnegie — cujo nome original era Carnagey e foi mudado aparentemente para se igualar ao do industrial e filantropo Andrew Carnegie — não presumia que seus leitores se sentissem felizes, apenas que eles podiam manipular outras pessoas desempenhando um papel bem-sucedido: "Você não tem vontade de sorrir? O que fazer então? Duas coisas. Primeira, force-se a sorrir. Se estiver sozinho, force-se a assoviar ou cantarolar ou cantar." Você poderia se "forçar" a agir de modo positivo, ou ser treinado para isso: "Muitas empresas treinam suas telefonistas para atender todas as chamadas num tom de voz que irradia interesse e entusiasmo." A telefonista não precisa sentir esse entusiasmo; basta "irradiá-lo".

O feito máximo em *Como fazer amigos* é aprender a fingir sinceridade: "Uma demonstração de interesse, como ocorre com qualquer outro princípio de relacionamento humano, deve ser sincera."[4] Como se pode montar uma "demonstração" de sinceridade? Isso não é explicado, mas é difícil imaginar como fazê-lo com sucesso sem desenvolver algumas habilidades de ator ou atriz. Em um famoso estudo da década de 1980, a socióloga Arlie Hochschild descobriu que as comissárias de bordo ficavam estressadas e emocionalmente esgotadas pela exigência de que tratassem cordialmente os passageiros durante todo o tempo.[5] "Elas perdiam o contato com suas próprias emoções", disse-me Arlie numa entrevista.

À medida que avançava o século XX, a relevância do conselho de Carnegie só fazia crescer. Um número cada vez maior dos integrantes da classe média era constituído não por proprietários rurais ou pequenos negociantes, mas por funcionários de grandes corporações. E os objetos de seu trabalho provavelmente não eram objetos físicos, como estradas de ferro ou reservas de minério, mas outras pessoas. O vendedor trabalhava seu cliente; o gerente trabalhava seus subordinados e colegas. Escrevendo em 1956, o sociólogo William H. Whyte via essas mudanças com grande receio, conduzindo na direção de um tipo de coletivização esmagadora do espírito como a que preponderava na União Soviética: "Dado que a vida nas organizações é como é, resulta que um homem, compelido por absoluta necessidade, precisa passar a maior parte de suas horas de trabalho em algum grupo." Havia "as pessoas na mesa de reuniões, o grupo de discussão, o seminário, a sessão de estratégia e planejamento, o grupo de discussão depois do trabalho, a equipe de projetos". Nesse contexto tão densamente povoado, as "habilidades sutis" das relações interpessoais acabaram tendo mais peso do que o conhecimento e a experiência utilizados para realizar o trabalho. Carnegie havia observado que, "mesmo em áreas tão técnicas como a engenharia, apenas 15% do sucesso financeiro da pessoa decorrem de seu conhecimento técnico, e 85% são devidos à sua habilidade em engenharia humana".[6]

Em nosso tempo, dificilmente alguém precisa ser lembrado da importância das habilidades interpessoais. A maior parte de nós trabalha com pessoas, trabalha pessoas ou em volta de pessoas. Nós nos tornamos o pano de fundo emocional na vida de outras pessoas e estamos deixando de ser indivíduos com nossas próprias peculiaridades e necessidades para nos transformarmos em fontes confiáveis de sorrisos e otimismo. "De cada 100 pessoas, 99 dizem que querem estar perto de pessoas mais positivas", afirma um livro de autoajuda publicado em 2004, *Seu balde está cheio? O poder transformador das emoções positivas na vida profissional e afetiva*.[7] A escolha parece óbvia — pessoas críticas e desafiadoras, ou sorridentes repetidores de "sim"? E quanto mais arraigado se torna o culto do entusiasmo, mais aconselhável conformar-se a ele, porque seus colegas de trabalho não esperarão menos do que isso de você. De acordo com Gary S. Topchik, consultor de recursos humanos, "o Departamento de Estatísticas do Trabalho estima que as empresas americanas perdem três bilhões de dólares por ano em consequência de atitudes e comportamentos negativos no trabalho", que se manifestam, entre outras coisas, como atrasos, grosserias, erros e alta rotatividade.[8] Exceto em casos muito bem caracterizados como discriminação racial, de gênero, etária ou religiosa, os americanos podem ser demitidos por qualquer coisa, inclusive por deixar de gerar vibrações positivas. Um técnico em computação de Minneapolis disse-me que perdeu um emprego por fazer um comentário ocasional que nunca lhe disseram qual havia sido, mas que foi interpretado como evidência de sarcasmo e de "atitude negativa". Julie, uma leitora de meu site que vive em Austin, no Texas, escreveu para me contar sua experiência de trabalhar numa central de atendimento da Home Depot:

> Eu trabalhava lá havia cerca de um mês quando meu chefe me levou a uma salinha e me disse que, "como era possível perceber, eu não estava suficientemente feliz ali". Sem dúvida, eu estava com o sono atrasado por trabalhar em outros cinco lugares para pagar um plano de saúde privado, que chegava a

US$300 por mês, e meus empréstimos estudantis, que alcançavam US$410 por mês, mas não me lembro de dizer a ninguém qualquer coisa que não se encaixasse no molde "estou feliz por ter um emprego". Além disso, eu não sabia que era preciso estar feliz para trabalhar numa central de atendimento. Uma amiga que trabalha em um desses lugares diz que simular felicidade é como se masturbar enquanto se sente que a alma está prestes a morrer.

O que mudou nos últimos poucos anos foi que o conselho de que devemos pelo menos fingir uma disposição positiva assumiu contornos mais implacáveis. A penalidade para a não conformidade está crescendo, passando da possibilidade de perder o emprego e fracassar no trabalho à marginalização social e ao completo isolamento. Em *Os segredos da mente milionária*, um best-seller publicado em 2005, T. Harv Eker, fundador do "Peak Potentials Training", aconselha que as pessoas negativas sejam eliminadas, incluindo, presumivelmente, aquelas com as quais você convive: "Identifique uma situação ou uma pessoa em sua vida que o puxe para baixo. Distancie-se dessa situação ou associação. Se for a família, escolha estar perto dela com menos frequência."[9] De fato, esse conselho tornou-se comum na literatura de autoajuda, tanto nas vertentes seculares quanto na cristã. "LIVRE-SE DAS PESSOAS NEGATIVAS EM SUA VIDA", escreve o palestrante motivacional e *coach* Jeffrey Gitomer. "Elas desperdiçam seu tempo e puxam você para baixo. Se forem pessoas das quais não pode se livrar (no caso de um cônjuge ou um patrão), reduza seu tempo com elas."[10] E se isso não estiver suficientemente claro, J.P. Maroney, um palestrante motivacional que se intitula "o Pitbull dos Negócios", anuncia:

As Pessoas Negativas São uma DROGA!
Isso pode parecer cruel, mas o fato é que as pessoas negativas realmente nos sugam. Elas sugam a energia de pessoas positivas como você e eu. Sugam a energia e a vida de uma boa empresa, de um bom time, de uma boa relação. (...) Evite-as a todo custo. Se você precisar cortar laços com pessoas que conhece há muito tempo porque elas são, de fato, um dreno negativo, que seja. Confie em mim, você ficará melhor sem elas.[11]

O que significaria, na prática, eliminar todas as "pessoas negativas" da vida de alguém? Poderia ser uma boa coisa separar-se de um cônjuge cronicamente rabugento, mas não é assim tão fácil abandonar a criança chorona, o bebê com cólicas ou um adolescente emburrado. E no local de trabalho, embora possivelmente seja aconselhável detectar e demitir aqueles que parecem inclinados a se tornarem assassinos em massa, existem outras pessoas importunas que podem, de fato, ter alguma coisa útil a dizer: o funcionário da área financeira que vive se preocupando com o risco crescente das operações de hipoteca do banco, ou o executivo do setor automobilístico que questiona a concentração dos investimentos da empresa em utilitários esportivos. Elimine todo mundo que "o puxa para baixo" e você corre o risco de ficar muito solitário ou o que é pior, afastado da realidade. O desafio da vida em família, da vida em qualquer tipo de grupo, é estar sempre aferindo os estados de espírito dos outros, acomodando-se ao que eles estão percebendo e nos dizendo, e oferecendo ajuda quando necessário.

Mas no mundo do pensamento positivo as outras pessoas não estão aí para receber nossos cuidados ou para nos fazer tomar consciência do que não queremos ver. Elas estão aí apenas para nos nutrir, elogiar e reafirmar. Por mais difícil que soe essa afirmação, muitas pessoas comuns as adotam como credo, exibindo cartazes nas paredes ou adesivos no carro com a palavra "lamúria" cortada por uma faixa preta. Parece haver um déficit maciço de empatia, ao qual as pessoas respondem negando sua própria empatia. Ninguém tem tempo nem paciência para os problemas dos outros.

Em meados de 2006, um pastor em Kansas City pôs em prática a crescente proibição à "negatividade" anunciando que, dali em diante, sua igreja seria "um lugar livre de reclamações". Do mesmo modo, não haveria mais críticas, fofocas nem sarcasmos. Para reprogramar a congregação, o reverendo Will Bowen distribuiu pulseiras de silicone roxas que deveriam ser usadas como lembretes. A meta? Vinte e um dias sem reclamações, após os quais o hábito de reclamar supostamente seria quebrado. Se alguém usando a pulseira sucumbisse e reclamasse de algo, teria de transferi-la para o outro pulso. Esse audacioso combate à negatividade rendeu uma matéria de página dupla na revista *People* e uma aparição no programa de Oprah Winfrey. Poucos meses depois, sua igreja havia distribuído 4,5 milhões de pulseiras roxas para pessoas em mais de oitenta países. Bowen prevê um mundo livre de reclamações e se vangloria do fato de que suas pulseiras foram distribuídas em escolas, prisões e abrigos para sem-teto. Ainda não se sabe o grau de sucesso alcançado nesses dois últimos ambientes.

Assim, a alegação de que agir de um modo positivo conduz ao sucesso torna-se uma profecia que se cumpre, pelo menos no sentido negativo de que não fazer isso pode levar a formas mais profundas de fracasso, como rejeição por empregadores ou mesmo dos companheiros de fé. Quando os gurus aconselham a deixar de lado as pessoas "negativas", estão também tornando pública uma advertência: sorria e seja agradável, vá com a maré — ou prepare-se para cair no ostracismo.

Não é suficiente, no entanto, desfazer-se das pessoas negativas no círculo imediato de contatos; as informações sobre o mundo humano devem ser cuidadosamente censuradas. Todos os motivadores e gurus da positividade concordam que é um erro ler jornais ou assistir aos noticiários. Um artigo de uma revista eletrônica especializada em namoros oferece, entre várias dicas para desenvolver uma atitude positiva, a seguinte: "Passo 5: Pare de Assistir aos Noticiários. Assassinato. Estupro. Fraude. Guerra. As notícias diárias muitas vezes estão recheadas apenas de histórias negativas, e quando parte de seu tempo diário é dedicado a esse tipo de material, sua vida começa a ser diretamente afetada por esse fator ambiental."

Jeffrey Gitomer vai mais longe ainda, aconselhando que a pessoa se retire e concentre-se em seus esforços pessoais para alcançar o pensamento positivo: "Todos os noticiários são negativos. A constante exposição a notícias negativas não pode ter um impacto positivo sobre sua vida. A internet lhe dará todas as notícias de que você precisa em cerca de um minuto e meio. Isso aumentará o tempo livre que você pode devotar a si mesmo e à sua atitude positiva."[12]

Por que todas as notícias são "negativas"? Judy Braley, identificada como escritora e advogada, atribui o excesso de notícias ruins à insuficiente disseminação do pensamento positivo entre a população do mundo:

> A grande maioria da população deste mundo não vive a vida de uma perspectiva positiva. De fato, acredito que a maior parte da população deste mundo viva a partir de um espaço de dor, e que as pessoas que vivem a partir da dor só sabem espalhar mais negatividade e dor. Para mim, isso explica muitas das atrocidades de nosso mundo e a razão de sermos bombardeados com negatividade o tempo todo.[13]

Na convenção da Associação Nacional de Palestrantes, vi-me conversando com um homem alto cuja cabeça raspada, rosto sisudo e porte rígido sugeriam antecedentes militares. Perguntei a ele se, como um *coach*, ele pensava que as pessoas precisavam de um monte de estímulos porque viviam cronicamente deprimidas. "Não", foi sua resposta; "às vezes elas são simplesmente preguiçosas". Mas admitiu que ele também ficava deprimido quando lia sobre a guerra no Iraque, e por isso evitava cuidadosamente as notícias. "E como fica a necessidade de estar informado a fim de ser um cidadão responsável?", perguntei. Ele me olhou longamente e então sugeriu, num tom sábio, que era isso que eu deveria me esforçar para motivar as pessoas a fazer.

Para aqueles que precisam de mais do que os 90 segundos diários de atualização permitidos por Gitomer, existem pelo menos dois sites na internet que só oferecem "notícias positivas". Um deles, Good News Blog, explica que, "com a atenção da mídia quase inteiramente voltada para o cruel, o horrível, o pervertido, o distorcido, é fácil convencer-se de que os seres humanos estão indo de mal a pior. O *Good News* vai mostrar aos seus visitantes que as más notícias são notícia simplesmente por serem raras e únicas". Entre as recentes histórias de destaque no site estavam "Adotada reencontra a mãe via webcam num reality show", "Estudantes ajudam enfermeira a restaurar a saúde de cavalos" e "Papagaio salva a vida de uma garota com gritos de alerta". No site happynews.com havia uma surpreendente abundância de matérias internacionais, embora nem uma única palavra sobre Darfur, Congo, Gaza, Iraque ou Afeganistão. Em vez disso, numa amostra do que era oferecido naquele dia, encontrei "Vida de bebê de sete meses no Nepal é salva com uma cirurgia", "Centésimo aniversário do Tratado de Águas Fronteiriças entre Estados Unidos e Canadá", "Muitos americanos tomam resoluções não egoístas" e "Namoradinhos de infância tentam aventura romântica".

Esse afastamento do drama e da tragédia real dos eventos humanos sugere que existe um profundo sentimento de desamparo no cerne do pensamento positivo. Por que não acompanhar as notícias? Porque, como me disse meu informante no encontro da NSA, "Você não pode fazer nada a respeito disso". Da mesma forma, Braley descarta as notícias de desastres: "São notícias negativas que produzem tristeza em você, mas sobre as quais você não pode fazer nada." A possibilidade de contribuir para fundos de auxílio, juntar-se ao movimento contra a guerra ou fazer pressão a favor de políticas governamentais mais humanas não é nem mesmo considerada. Mas, pelo menos, parece haver aqui o reconhecimento de que não existe nenhuma dose de ajuste de atitude capaz de transformar em notícia boa as manchetes que começam com "O número de civis mortos..." ou "A fome se espalha...".

É claro que se os poderes da mente fossem realmente "infinitos", ninguém teria de eliminar pessoas negativas de sua própria vida; bastaria, por exemplo, escolher interpretar o comportamento dessas pessoas de uma forma positiva: talvez ele esteja me criticando para meu próprio bem, talvez ela esteja emburrada porque gosta tanto de mim e eu não lhe tenho dado atenção, e assim por diante. O conselho de que você precisa mudar seu ambiente — por exemplo, eliminando pessoas e notícias negativas — é uma admissão de que pode haver, de fato, um "mundo real" externo totalmente não afetado por nossos desejos. Diante dessa aterradora possibilidade, a única resposta "positiva" é retirar-se para seu cuidadosamente construído mundo de constante aprovação e afirmação, boas notícias e pessoas sorridentes.

A Lei da Atração

Se o ostracismo é o castigo que ameaça o recalcitrante, existe, por outro lado, uma recompensa infinitamente atraente: pense positivamente e coisas positivas virão ao seu encontro. Você pode conseguir qualquer coisa, absolutamente qualquer coisa, concentrando sua mente no que deseja — riqueza e sucesso ilimitados, relações amorosas, uma mesa cobiçada no restaurante de sua preferência. O universo existe para cumprir suas ordens, bastando que você aprenda a canalizar o poder de seus desejos. Visualize o que quer e isso será "atraído" para você. "Peça, acredite e receba."

Essa boa notícia espantosa esteve disponível nos Estados Unidos durante mais de um século, mas alcançou a mídia internacional com força renovada no final de 2006, com o desenfreado sucesso de um livro e um DVD intitulados *O segredo*. Poucos meses depois da publicação, 3,8 milhões de exemplares haviam sido impressos, e o livro chegou ao primeiro lugar da lista dos mais vendidos tanto do *USA Today* quanto do *New York Times*. Contribuiu para isso o fato de ser um objeto bonito, impresso em papel lustroso e com uma capa que parecia um manuscrito medieval adornado com um selo vermelho, vagamente evocando aquele outro grande sucesso, *O código Da Vinci*. Também contribuiu para o sucesso o fato de que a autora, uma produtora de TV australiana chamada Rhonda Byrne, ou seus representantes, tenha ganho entrevistas elogiosas nos programas *Oprah*, *Ellen DeGeneres Show* e *Larry King Live*. Mas *O segredo* contou principalmente com o boca a boca, espalhando-se "como o norovírus por meio de aulas de Pilates, sites sobre como enriquecer em pouco tempo e blogs pessoais motivacionais", conforme noticiou o *Ottawa Citizen*.[14] Encontrei uma fã, uma jovem afro-americana, na desoladora lanchonete de uma faculdade municipal onde estuda, e ela me confidenciou que o livro era agora *seu* segredo.

A despeito de uma aceitação geralmente respeitosa pela mídia, *O segredo* atraiu — sem dúvida não intencionalmente, neste caso — tanto reações de choque quanto a ridicularização por parte dos círculos esclarecidos. Os críticos mal sabiam por onde começar. No DVD, uma mulher admira um colar na vitrine de uma loja e em seguida é mostrada usando-o em volta do pescoço, simplesmente pelos esforços conscientes de "atraí-lo". No livro, Byrne, que lutou com o excesso de peso durante décadas, afirma que os alimentos não são o que engorda — basta o *pensamento* de que aquilo pode engordá-lo e de fato você ganhará peso. Ela também conta a história de uma mulher que "atraiu" o parceiro perfeito fazendo de conta que ele já estava com ela: deixou lugar para mais um carro na garagem da casa e abriu espaço nos armários para as roupas que ele traria — e, vejam só, ele chegou à sua vida![15] A própria Byrne afirma que usou "o segredo" para melhorar sua visão e já não precisa de óculos. Impressionada com toda essa mágica, a *Newsweek* só podia se maravilhar com o livro e com "a afirmação explícita (...) de que você pode manipular a realidade física objetiva — os números num sorteio da loteria, as ações de outras pessoas que talvez nem saibam que você existe — por meio de seus pensamentos e sentimentos".[16]

Mas Byrne não estava dizendo nada novo nem original. Na verdade, ela meramente rearranjou as ideias de 27 pensadores inspiracionais, a maior parte deles ainda vivos, e muitos — como Jack Canfield, coautor de *Histórias para aquecer o coração* — já bem conhecidos. Cerca de metade do livro contém citações desses gurus, que são generosamente reconhecidos como "coautores com participação especial" e listados com breves biografias no final. Entre eles estão um "mestre de feng shui", o presidente de uma empresa que vende "presentes inspiracionais", um corretor da Bolsa e dois físicos. Mas a grande maioria de seus "coautores" é de pessoas que se apresentam como *"coaches"* e palestrantes motivacionais, incluindo Joe Vitale, cujo amor que a tudo abrangia eu já experimentara no encontro da NSA. O "segredo" nem mesmo havia sido mantido encoberto; tratava-se da sabedoria coletiva da profissão de "orientadores". Eu mesma tive um primeiro contato com a filosofia da "mente sobre matéria" contida em *O segredo* três anos antes da publicação do livro, por meio de uma pessoa em Atlanta que dava orientações sobre profissão e carreira. Era um conselheiro não tão bem-sucedido que ensinava que condições externas de uma pessoa, como fracasso e desemprego, são projeções de seu próprio "sentimento interior de bem-estar".

A ideia de que outras pessoas além de atletas poderiam precisar dos serviços de um "treinador" surgiu nos anos 1980, quando as empresas começaram a contratar treinadores de esportes para fazer palestras durante encontros corporativos. Muitos vendedores e gerentes haviam praticado esportes quando estudantes e ficavam facilmente entusiasmados pelos palestrantes que evocavam momentos cruciais no campo. No final dos anos 1980, John Whitmore, um ex-piloto de corrida e treinador esportivo, tirou o treinamento dos campos de esporte e levou-o para os escritórios de executivos, onde a meta passou a ser a melhoria do "desempenho" em abstrato, inclusive do tipo que pode ser alcançado por alguém que passa o dia sentado a uma mesa de trabalho. Pessoas que antes se apresentavam como "consultores" começaram a se chamar de "*coaches*" e a abrir seus negócios para instilar em pessoas comuns, em geral empregados de colarinho-branco das empresas, uma atitude "vencedora" ou positiva. Uma das coisas que os novos *coaches* trouxeram do antigo mundo do treinamento esportivo foi a ideia de visualizar a vitória, ou pelo menos um desempenho aceitável, antes do jogo, exatamente como Byrne e seus aliados instam as pessoas a visualizar os resultados de seus desejos.

Os esportes eram apenas uma das fontes da nova sabedoria que, durante anos, vinha emergindo, num crescendo, do mundo dos gurus da autoajuda e dos "mestres espirituais", a maior parte deles não mencionada por Byrne. Por exemplo, houve um documentário dramático lançado em 2004, *Quem somos nós?*, produzido por uma seita da Nova Era liderada por uma mulher de Tacoma chamada

JZ Knight, que canaliza o espírito de um guerreiro de 35 mil anos chamado Ramtha. No filme, o ator Marlee Matlin abre mão do Xanax com que aplacava sua ansiedade em troca de uma apreciação espiritual das ilimitadas possibilidades da vida. Na Escola de Iluminação Ramtha, os alunos escrevem suas metas, que colam em uma parede, e tentam torná-las reais por meio de extenuantes formas de "meditação" que envolvem música de rock e altos decibéis. No lado mais comercial, o "*coach* para o sucesso" Mike Hernacki publicou em 1982 o livro *The Ultimate Secret to Getting Absolutely Everything You Want*; o gênero continuou em 2006 com, entre outros, *A lei da atração: o segredo colocado em prática*, de Michael J. Losier. Em *Os segredos da mente milionária*, T. Harv Eker explica que "o universo, que é outra maneira de dizer 'o poder mais elevado', é semelhante a uma grande loja de departamento que vende tudo pelo correio", uma imagem também empregada por Vitale.[17] Se você envia seus pedidos de forma clara e sem ambiguidade, o atendimento em tempo hábil é garantido.

O que atrai a profissão de *coach* para esses poderes místicos? Bem, não haveria muito mais coisas que eles pudessem transmitir a seus orientandos. Os "orientadores profissionais" podem ensinar seus clientes a escrever currículos e fazer apresentações-relâmpago de si mesmos, chamadas "discursos de elevador", mas não têm mais nada a oferecer em termos de habilidades concretas. Nem eles, nem categorias mais genéricas de "orientadores para o sucesso", o ajudarão a melhorar seu lançamento de dardos, aprimorar suas habilidades computacionais ou gerenciar o fluxo de informações de um grande departamento. Tudo o que podem fazer é trabalhar em cima de suas atitudes e expectativas, de modo que é útil começar com a premissa metafísica de que o sucesso é garantido por meio de algum tipo de intervenção na atitude. E se o sucesso não acontece, se você permanece enredado em dívidas ou empacado num emprego pouco promissor, a culpa não é do *coach*, é sua. Você simplesmente não se empenhou o bastante e, obviamente, precisa ser mais trabalhado.

A metafísica encontrada na indústria do *coaching* e em livros como O segredo tem uma semelhança inconfundível com formas tradicionais de magia, em particular com a "magia das correspondências", que opera a partir do princípio de que semelhante atrai semelhante. Acredita-se que um fetiche ou um talismã — ou, no caso da "magia negra", algo como uma boneca vodu espetada com alfinetes — produzem algum resultado desejado. No que se refere ao pensamento positivo, esse pensamento ou a imagem mental do resultado desejado servem como um tipo de fetiche interior a ser sempre carregado em sua mente. Como explica Catherine Albanese, historiadora das religiões, "Na magia material o comportamento simbólico envolve o uso de artefatos e acessórios estilizados em rituais ou em magias cerimoniais", enquanto na "magia mental", do tipo pensamento positivo, "o campo é internalizado, e o ritual central passa a ser alguma forma de meditação ou visualização dirigida."[18]

Às vezes, no entanto, pode ser necessário usar um fetiche físico. John Assaraf, um empresário e *coach* apresentado em O segredo, explica o uso de "painéis de visualização":

> Há muitos anos, busquei outro modo de representar algumas das coisas materiais que eu queria conseguir em minha vida, fosse um carro ou uma casa ou qualquer outra coisa. Então comecei a recortar imagens do que queria. E a colar aquelas imagens num painel à minha frente. E todos os dias, talvez por apenas dois ou três minutos, eu me sentava à escrivaninha e olhava meu painel e fechava os olhos. E então me via tendo o carro com que sonhava e a casa dos meus sonhos e o dinheiro que eu queria no banco e o dinheiro que eu queria ter para obras de caridade.[19]

A ligação com outras formas mais antigas e aparentemente mais "primitivas" de magia aparece despudoradamente nas instruções de um site que ensina a criar um tipo de "painel de visualização":

> Deixando em branco os quatro cantos do painel, decore o restante da superfície com brilhos, fitas, símbolos mágicos, ervas ou quaisquer outros itens associados aos atributos de prosperidade. Em seguida, pegue uma nota de um dólar e corte os quatro cantos. Cole os pequenos triângulos da nota nos quatro cantos do painel. Essa é a magia da correspondência: é preciso ter dinheiro para atrair dinheiro. Então, na parte de trás do painel ou num pedaço separado de papel, escreva essas instruções para usar o talismã:
> Este é um talismã da prosperidade. Deixe-o num lugar onde você o veja todos os dias, de preferência no quarto.
> Pelo menos uma vez por dia, ponha-o junto de seu coração e passe vários minutos entoando:
> *Talismã da prosperidade.*
> *Todas as coisas vêm a mim.*
> Observe como a magia começa.[20]

Excluídos os talismãs feitos em casa, a maior parte dos *coaches* ficaria consternada diante de qualquer associação com a magia. O que confere ao pensamento positivo alguma credibilidade na cultura dominante é sua afirmação de estar firmemente baseado na ciência. Por que os pensamentos positivos atraem resultados positivos? Por causa da "lei da atração", que, é claro, opera tão confiavelmente quanto a lei da gravidade. Bob Doyle, um dos "coautores com participação especial" de *O segredo* e criador do sistema de treinamento "Riqueza Além da Razão", afirma em seu site: "Contrariando o pensamento dominante, a Lei da Atração NÃO é um conceito da 'nova era'. É um princípio científico que, inquestionavelmente, está operando em sua vida neste exato instante." As alegações de uma base científica sem dúvida ajudam a explicar a enorme popularidade do pensamento positivo no mundo dos negócios, que poderia ficar mais desconfiado diante de uma ideologia inteiramente derivada, por exemplo, da canalização de espíritos ou da doutrina rosa-cruz. E a ciência provavelmente ajudou a atrair uma maior atenção da mídia para *O segredo* e seus porta-vozes. Um grupo de discussão que incluía alguns dos integrantes foi apresentado por um impassível Larry King com estas palavras: "Sentindo-se infeliz hoje à noite com seu amor, seu emprego, sua vida, com a falta de dinheiro? Use a cabeça. Por meio do pensamento você pode se transformar numa versão muito melhor de si mesmo. Os pensamentos positivos podem transformar, podem atrair as boas coisas que você sabe que quer. Soa absurdo? Pense novamente. Isso é ciência."

Os *coaches* e gurus da autoajuda empenharam-se durante anos para encontrar uma força que pudesse atrair os resultados desejados por uma pessoa ou levar um colar na vitrine para o pescoço de alguém que o admirasse. Em seu livro de 1982, Hernacki elegeu a familiar força da gravidade, oferecendo a equação que associava a massa de dois objetos à aceleração de ambos. Mas mesmo aqueles cuja educação científica não foi além da 11ª série poderiam notar alguns problemas com isso. Em primeiro lugar, os pensamentos não são objetos com massa; são padrões de disparos neuronais dentro do cérebro. Em segundo lugar, se estivessem exercendo algum tipo de força gravitacional sobre objetos materiais à sua volta, seria difícil para alguém tirar o chapéu da cabeça.

Em uma formulação alternativa oferecida por Michael J. Losier, a natureza imaterial dos pensamentos é reconhecida; eles se tornam "vibrações". "No mundo vibracional", escreve Losier, "existem dois tipos de vibrações, as positivas (+) e as negativas (−). Todo estado de espírito ou sentimento faz com que você emita, envie ou ofereça uma vibração, seja positiva ou negativa."[21] Mas pensamentos não são "vibrações", e as vibrações conhecidas, como as ondas sonoras, são caracterizadas por amplitude e frequência. Não existe nada que seja uma vibração "positiva" ou "negativa".

O magnetismo é outra força que há tempos tem seduzido os adeptos do pensamento positivo, remontando a um livro de 1937 — e que continua vendendo muito — chamado *Pense e enriqueça!* no qual se lê que "os pensamentos, como ímãs, atraem para nós as forças, as pessoas, as circunstâncias da vida que se harmonizam com eles". Daí a necessidade de "magnetizar nossas mentes com um intenso DESEJO de riqueza".[22] De fato, sendo padrões de disparos neuronais que produzem atividade elétrica no cérebro, os pensamentos realmente geram um campo magnético, mas é um campo ridiculamente fraco. Como observa Michael Shermer, colunista da *Scientific American*, "O campo magnético do cérebro, que é de 10 tesla [elevado à 15ª potência negativa], dissipa-se rapidamente do crânio e é prontamente absorvido por outras fontes magnéticas, para não mencionar o campo magnético da Terra, que é de 10 tesla [elevado à 5ª potência negativa], que o supera por 10 ordens de magnitude!" Dez ordens de magnitude, ou seja, uma razão de 10.000.000.000 para um. Como todo mundo sabe, os ímãs comuns não são atraídos por nossas cabeças nem repelidos por elas, e tampouco são nossas cabeças atraídas por nossas geladeiras.[23]

Mas existe de fato uma forma de a atividade mental afetar o mundo físico, desde que conte com a intervenção de uma grande quantidade de tecnologia. Usando técnicas de biofeedback, uma pessoa pode aprender, por meio de puro ensaio e erro, a gerar uma atividade elétrica cerebral capaz de mover um cursor na tela de um computador. A pessoa que faz isso precisa estar usando um capacete salpicado de eletrodos, ou eletroencefalógrafo, para detectar os sinais elétricos de dentro da cabeça, que são então ampliados e enviados para uma interface com o computador, usualmente com o propósito de ajudar uma pessoa gravemente paralisada a se comunicar. Isso não envolve nenhuma força do tipo "mente sobre matéria" – exceto metaforicamente, se a tecnologia foi entendida como representando nossa "mente" coletiva. Sem ajuda tecnológica, uma pessoa não pode mover um cursor apenas com o pensamento, e muito menos mover dinheiro para sua conta bancária.

Foi nesse vazio explicativo que entrou a física quântica, ou pelo menos uma versão sua altamente filtrada e editada. Byrne cita a física quântica em *O segredo*, assim como o faz o filme *Quem somos nós?*, lançado em 2004, e hoje nenhum *coach* de vanguarda a negligencia. A grande promessa da física quântica, para os pensadores da Nova Era e para os filosoficamente oportunistas em geral, é que ela parece liberar os humanos das tediosas amarras do determinismo. Qualquer coisa, imaginam eles, pode acontecer no nível das partículas subatômicas, onde as familiares leis da física newtoniana não prevalecem. Então, por que não em nossas vidas? Até onde consigo seguir o raciocínio, duas características da física quântica parecem nos oferecer uma liberdade ilimitada. Uma é a dualidade da matéria, como onda/partícula, o que significa que as ondas, como a luz, são também partículas (fótons), e que partículas subatômicas, como elétrons, também podem ser entendidas como ondas — isto é, descritas por uma equação de onda. Na insana extrapolação predileta dos pensadores da positividade, os seres humanos são também ondas ou vibrações. "É isso que somos", anunciou Sue Morter, uma palestrante na NSA, ondeando os dedos para sugerir uma vibração, "uma cintilação", e, como vibrações, presumivelmente temos muito mais liberdade de movimento do que como criaturas limitadas pela gravidade e com uns 70 ou 80 quilos de carbono, oxigênio e todo o demais.

Outra noção da física quântica da qual se faz uso ainda mais ousado é o princípio da incerteza, que simplesmente declara que não há como conhecer simultaneamente o *momentum* e a posição de uma partícula subatômica. Na formulação mais familiar, geralmente dizemos que o ato de medir algo no nível quântico afeta o que está sendo medido, já que medir as coordenadas de uma partícula como um elétron significa imobilizá-la em determinado estado quântico — fazendo-a passar por um processo conhecido como "colapso quântico". Na fantasiosa interpretação de um físico da Nova Era citado por Rhonda Byrne, "a mente está de fato moldando a própria coisa que está sendo percebida".[24] Aparentemente, bastou, de novo, um pequeno salto para passar daí à ideia de que estamos o tempo todo criando o universo inteiro com nossas mentes. Conforme escreveu um *life coach*: "Somos Criadores do Universo. (...) Com a física quântica, a ciência está deixando para trás a noção de que os seres humanos são vítimas impotentes e avançando para uma compreensão de que somos seres plenamente investidos de poderes e criadores das nossas vidas e do nosso mundo."[25]

Nas palavras do físico Murray Gell-Mann, ganhador do prêmio Nobel, isso não passa de "blá-blá-blá quântico". Em primeiro lugar, os efeitos quânticos ocorrem em um nível imensamente menor do que nossos corpos e nossas células nervosas, e menor até do que as moléculas envolvidas na condução de impulsos neuronais. Respondendo a *Quem somos nós?*, que recorre amplamente à física quântica para explicar a lei da atração, Michael Shermer, o respeitável historiador da ciência, observa que, "para que um sistema seja descrito em termos quântico-mecânicos, sua massa típica (m), velocidade (v) e distância (d) precisam ser da ordem da constante de Planck (h) [$6.626 \times 10(-34)$ joule-segundos]", que é muito menos do que minúsculo. Ele cita os cálculos de um físico: "A massa das moléculas dos transmissores neurais e sua velocidade ao longo da distância da sinapse são cerca de duas ordens de magnitude maiores do que seria requerido para que efeitos quânticos pudessem ter influência."[26] Em outras palavras, até nossos processos mentais parecem estar encarcerados na prisão determinística da física clássica newtoniana.

Quanto ao suposto poder da mente para moldar o universo: no mínimo, a física quântica contém um humilde lembrete sobre os *limites* da mente e da imaginação humana. O fato de que coisas muito pequenas como elétrons e fótons possam agir tanto como ondas quanto como partículas não significa que sejam livres para fazer qualquer coisa nem, é claro, que possamos nos transformar em ondas. Infelizmente, o que isso significa é que não podemos visualizar essas coisinhas, pelo menos não com imagens derivadas do mundo cotidiano, do mundo não quântico. Tampouco o princípio da incerteza significa que "a mente está moldando a própria coisa que está sendo percebida", mas apenas que existem limites àquilo que algum dia poderemos saber sobre, digamos, uma partícula no nível quântico. Onde está ela "realmente", e com que rapidez se desloca? Não podemos saber. Quando contatados pela *Newsweek*, até os físicos de orientação mística alistados por Byrne em *O segredo* recuaram diante da noção de qualquer força física por meio da qual a mente possa realizar seus desejos.

Mas nenhum desses questionamentos esfriou a celebração da física quântica (ou talvez eu deva dizer da "física quântica") no encontro da NSA em San Diego. Sue Morter saltitava pelo palco enquanto afirmava que "sua realidade é simplesmente determinada pela frequência [de energia] na qual você escolha mergulhar, qualquer que seja ela". "Infelizmente", acrescentou, "fomos educados no pensamento newtoniano", de modo que pode ser difícil entender a física quântica. O quanto Morter entendeu, sendo sua profissão a quiropraxia, é algo que não estava claro; além da noção de que somos vibrações escolhendo nossa própria frequência, ela cometeu pequenos e irritantes erros, como descrever "a nuvem de elétrons em volta de um átomo". (Os elétrons são parte do átomo e orbitam em torno de seu núcleo.) Mas a boa notícia era que "a ciência tem mostrado, sem a mínima dúvida", que nós criamos nossa própria realidade. De algum modo, o fato de que as partículas possam atuar como ondas, e vice-versa, significa que "o que quer que você decida que é verdade, é verdade" — uma proposição extremamente difícil de ser discutida.

Após a apresentação de Morter, passei para um seminário chamado "A última fronteira: sua mente ilimitada!", comandado por Rebecca Nagy, uma "pregadora em casamentos" vinda de Charlotte, na Carolina do Norte, que se descrevia como um membro do "mundo quântico espiritual". Começamos repetindo após ela "Eu sou um cocriador", com o prefixo "co" sendo uma aparente saudação a alguma outra forma, mais tradicional, de criador. Foi exibida uma série de slides mostrando o que pareciam ser planetas com luas — ou elétrons? — orbitando em torno deles, ou anunciando que "os seres humanos são tanto recebedores quanto transmissores de sinais quânticos (ENERGIA DE LUZ)". Em determinado momento, Nagy pediu que dois voluntários fossem à frente para ajudar a ilustrar os poderes ilimitados da mente. Uma delas recebeu um galho com o formato de um Y (uma forquilha) para segurar, com a instrução de pensar numa pessoa que ela amasse. Mas, por mais que Nagy mudasse a posição da forquilha, nada aconteceu, levando-a a dizer "Nenhum julgamento aqui! Todos concordam, não é? Nenhum julgamento aqui!" Finalmente, depois de vários outros minutos mudando a pessoa de lugar, ela resmungou: "Não está funcionando", e sugeriu que talvez fosse "porque estamos em um hotel".

Comecei a assumir como minha obrigação descobrir o que os outros participantes da conferência pensavam sobre o inescapável blá-blá-blá pseudocientífico. Era uma turma sociável com quem se podia puxar conversa facilmente, e me pareceu que minhas dúvidas sobre a invocação da física quântica poderiam nos levar para além do nível de "o que você está achando da conferência?", a algum terreno comum ou a uma séria discordância intelectual. Várias pessoas modestamente admitiram que aquilo estava além de sua compreensão, **mas nenhuma mostrou o mais leve ceticismo**. Num dos seminários, eu me vi sentada ao lado de uma mulher que se apresentou como professora de administração. Quando eu disse que estava preocupada com todas aquelas referências à física quântica, ela respondeu: "Espera-se que você seja sacudida aqui." Não, expliquei; eu estava preocupada com o que aquilo tinha a ver com a física propriamente. "É para isso que estou aqui", retrucou suavemente. Quando eu não consegui dizer nada a não ser um "hã?", ela explicou que a física quântica é "o que vai afetar a economia global".

Mas encontrei um cético — um coordenador de seminários que havia se apresentado como um "*coach* de liderança" e "físico quântico", embora de fato dissesse ter apenas um diploma de mestrado em física nuclear. Quando o levei para um canto depois do seminário, ele concordou que "havia alguma merda ali", mas insistiu que a física quântica e o pensamento da Nova Era "têm muito em comum". Quando forcei um pouco mais, ele me disse que não adiantaria nada desafiar o atual uso abusivo da física quântica porque "milhares de pessoas acreditam nisso". Mas a resposta mais impressionante que consegui às minhas objeções veio de uma *life coach* da Califórnia do Sul, dispendiosamente vestida. Depois que eu resumi em algumas frases meu desconforto com toda aquela falsa física quântica, ela me deu um olhar delicadamente terapêutico e perguntou: "Está me dizendo que não funciona para você?"

Naquele momento, e pela primeira vez desde que estava no meio daquela multidão amigável, eu me senti absolutamente só. Se a ciência é algo que você pode aceitar ou rejeitar com base em preferências pessoais, então que tipo de realidade ela e eu partilhávamos? Se "funcionasse para mim" dizer que o sol nasce no oeste, será que ela estaria disposta a concordar, aceitando que era meu entendimento pessoal das coisas?

Talvez eu devesse ter ficado impressionada com o mero fato de que aqueles pensadores positivos se dessem o trabalho de apelar para a ciência, fossem "vibrações" ou a física quântica, e em qualquer forma degradada que fosse. Basear uma crença ou uma visão de mundo na ciência, ou no que passa por ciência, é dirigir-se aos não crentes e aos não iniciados para lhes dizer que também podem chegar às mesmas conclusões se fizerem as mesmas observações e inferências sistemáticas. A alternativa é basear sua própria visão de mundo na revelação ou em percepções místicas, e essas são coisas que não podem ser confiavelmente partilhadas com outros. Em outras palavras, existe algo profundamente sociável a respeito da ciência; ela se baseia inteiramente em observações que podem ser partilhadas com outras pessoas e repetidas por elas. Mas num mundo em que "tudo o que você decide que é verdade, é verdade", que tipo de conexão pode haver entre as pessoas? A ciência, assim como a maior parte das interações humanas usuais, depende da premissa de que existem outros seres conscientes além de nós mesmos e de que partilhamos o mesmo mundo físico, com todas as suas surpresas, arestas e ameaças.

Mas não está claro que realmente *existam* outras pessoas no universo imaginado pelos pensadores da positividade ou que, se existirem, tenham importância. E o que aconteceria se elas quisessem as mesmas coisas que nós, como aquele colar, ou se desejassem resultados totalmente diferentes em, digamos, uma eleição ou um jogo de futebol? Em *O segredo*, Byrne conta a história de Colin, um garoto de 10 anos inicialmente desanimado pelas longas esperas nas filas dos brinquedos da Disney World. No entanto, ele havia assistido ao filme de Byrne e sabia que bastava focar no pensamento "Amanhã eu gostaria de andar em todos os brinquedos mais legais sem ter de esperar na fila". Pronto! Na manhã seguinte, sua família foi escolhida para ser a "Primeira Família" do dia, sempre ganhando preferência nas filas e deixando "centenas de famílias" para trás.[27] E o que dizer a todas aquelas outras crianças, condenadas a esperar porque Colin recebeu poderes de *O segredo*? Ou, no caso do pretendente magicamente atraído para a mulher que limpou seus armários e abriu espaço na garagem para ele, será que era isso o que queria para si mesmo, ou estava sendo apenas um joguete nas fantasias daquela mulher?

Foi essa última possibilidade que finalmente provocou uma reação em Larry King na noite em que recebeu um grupo de "professores" de *O segredo*. Um deles disse: "Eu elaborei o plano mestre para minha vida, e uma das coisas que eu realmente sonhei fazer foi estar sentado aqui, diante de você, dizendo o que vou dizer em seguida. Por isso eu sei que [a lei da atração] funciona." Isso foi demais para King, que se sentiu subitamente ofendido pela ideia de ser um objeto de "atração" na vida de alguém. "Se algum de vocês tiver um painel de visualização com uma foto minha", disparou ele, "eu vou lá e quebro." Essa foi uma situação bizarra para o anfitrião de um famoso talk-show — ter de insistir que ele, Larry King, não era apenas uma imagem no painel de visualização de alguém, mas um ser independente provido de vontade própria.

É um universo glorioso esse que os pensadores da positividade inventaram, uma vasta, cintilante aurora boreal na qual os desejos se misturam livremente com suas realizações. Tudo é perfeito aqui, ou tão perfeito quanto você deseje torná-lo. Os sonhos voam e se realizam por conta própria; os desejos só precisam ser articulados. A única coisa é que se trata de um lugar tremendamente solitário.

TRÊS

As raízes sombrias do otimismo americano

Por que tantos americanos adotaram essa peculiar visão de mundo ensolarada e autogratificante? Para alguns, a resposta pode ser óbvia: o nosso era o "novo" mundo, transbordante de oportunidades e de riqueza potencial, pelo menos depois de tiradas do caminho as populações nativas. O pessimismo e a melancolia não tinham vez, pode-se imaginar, em um lugar que oferecia amplas extensões de terra para todo colono expelido de uma Europa superpovoada. E, seguramente, a fronteira sempre em expansão, o espaço e os recursos naturais aparentemente ilimitados contribuíram para que muitos americanos acabassem adotando o pensamento positivo como parte central de sua ideologia. Mas não foi assim que tudo começou: os americanos não inventaram o pensamento positivo porque a geografia os encorajou a isso, mas porque haviam experimentado o oposto.

O calvinismo trazido por colonos brancos para a Nova Inglaterra poderia ser descrito como um sistema de depressão socialmente imposto. O Deus que traziam era "totalmente sem lei", como escreveu a pesquisadora literária Ann Douglas, uma entidade todo-poderosa que "revela seu ódio por suas criaturas, não seu amor por elas".[1] Ele mantinha um céu, mas com um número limitado de assentos, e aqueles que teriam o privilégio de entrar haviam sido selecionados antes de nascerem por meio de um processo de predestinação. A tarefa dos que viviam era constantemente examinar "as repulsivas abominações ocultas em seus corações", buscando arrancar os pensamentos pecaminosos que eram um sinal seguro de condenação.[2] O calvinismo oferecia como única forma de alívio desse aflitivo trabalho de autoexame uma outra forma de trabalho: desmatar, plantar, costurar, abrir fazendas e criar negócios. Qualquer outra coisa — como o ócio ou a busca de prazer — que não fosse trabalho do tipo laborioso ou espiritual era um pecado desprezível.

Tive alguma mostra disso quando era criança, embora de forma diluída e não teológica. Uma linha de meus ancestrais havia abandonado a Escócia quando os donos de terras decidiram que suas fazendas seriam mais lucrativas como pasto para carneiros, e trouxeram com eles para a Colúmbia Britânica seu severo presbiterianismo calvinista. Devido a um período de extrema pobreza na geração de minha avó, meus bisavós acabaram criando minha mãe. Embora ela se rebelasse contra sua herança presbiteriana de vários modos — fumando, bebendo e lendo textos obscenos como os relatórios Kinsey sobre a sexualidade humana —, preservou alguns traços calvinistas em nossa casa. Manifestações de emoção, inclusive sorrisos, eram denunciadas como "afetadas", e lágrimas eram um convite a tapas. O trabalho era o único antídoto conhecido para a doença psíquica, o que fazia com que minha mãe, uma dona de casa com apenas o curso secundário, só tivesse um meio de preencher seu tempo: um fanatismo por limpeza e por trabalhos domésticos que precisavam ser permanentemente inventados. "Quando cair de joelhos", ela gostava de dizer, "esfregue o chão."

Então, posso reconhecer algumas das resistências instiladas pelo espírito calvinista — ou, em termos mais vagos, pela ética protestante: a autodisciplina e a recusa de aceitar o imaginado conforto de um Deus incondicionalmente amoroso. Mas também sei algo sobre seus tormentos, mitigados, no meu caso, pela linhagem mais irlandesa do meu pai: o trabalho — trabalho duro, produtivo, visível no mundo — era nossa única prece e salvação, tanto como um caminho para sair da pobreza quanto como um refúgio perante o terror da falta de sentido. Elementos do calvinismo, também sem a teologia, persistiram e até floresceram na cultura americana até o final do século XX e além dele. Nas décadas de 1980 e 1990, as classes média e alta começaram a ver os negócios como sendo, intrinsecamente, um sinal de status. Isso era algo conveniente num momento em que os empregadores lhes estavam demandando cada vez mais, especialmente quando novas tecnologias acabaram com a divisão entre trabalho e vida privada: o telefone celular está sempre ao alcance; o laptop é levado para casa todas as noites. A palavra "multitarefas" entrou no vocabulário, junto com o novo problema do "workaholic". Enquanto as elites anteriores gabavam-se de seu lazer, as classes confortáveis de nosso tempo estão ansiosas por exibir evidências de sua exaustão — sempre "por dentro", sempre disponíveis para uma teleconferência, sempre prontas a fazer aquele esforço adicional. No mundo acadêmico, onde se poderia esperar que as pessoas tivessem mais controle de sua carga de trabalho, a noção de excesso de trabalho como virtude alcança dimensões quase religiosas. Os professores se vangloriam de suas múltiplas responsabilidades; os intervalos de verão não são vistos como férias, apenas como uma oportunidade para pesquisar e escrever freneticamente. Certa vez visitei um casal de acadêmicos bem-sucedidos em sua casa de veraneio na praia, onde eles orgulhosamente me mostraram como haviam dividido a sala em dois ambientes de trabalho, um para ele e outro para ela. Desvios de sua rotina — trabalho, almoço, trabalho, corrida no fim da tarde — provocavam sérios desconfortos, como se sentissem que seria facílimo descambar para uma completa e pecaminosa indolência.

Nas colônias americanas — na Nova Inglaterra e, em menor medida, na Virgínia —, foram os puritanos que plantaram essa ideologia inflexível e punitiva. Sem dúvida, isso os ajudou a sobreviver no Novo Mundo, onde a subsistência exigia esforços contínuos, mas também lutavam para sobreviver ao próprio calvinismo. Para um indivíduo crente, o peso do calvinismo, com sua demanda de esforços perpétuos e de um autoexame que chegava à autodepreciação, podia ser insuportável. Aterrorizava as crianças, como Betty, a filha de 15 anos do juiz Samuel Sewall, que viveu no século XVII. "Pouco depois do jantar", registrou ele, "ela começou um choro atordoante, que levou toda a família a chorar também. Sua mãe perguntou a razão. Ela não deu nenhuma; por fim disse que tinha medo de ir para o inferno, de que seus pecados não fossem perdoados."[3] O calvinismo fazia as pessoas adoecerem. Na Inglaterra, o autor Robert Burton, escrevendo no início do século XVII, culpou-o pela melancolia epidêmica que afligia a nação:

> A principal questão que aterroriza e atormenta a maior parte daqueles que estão perturbados na mente é a enormidade de suas ofensas, o intolerável fardo de seus pecados, a tremenda ira e o desgosto de Deus, tão profundamente percebidos, que eles se consideram (…) já condenados. (…) Essa violenta curiosidade, as especulações inúteis, as infrutíferas meditações sobre ter sido escolhido ou não, sobre reprovação, livre-arbítrio, graça (…) ainda atormentam e crucifixam demasiadas almas.[4]

Duzentos anos depois, essa forma de "melancolia religiosa" ainda proliferava desenfreada pela Nova Inglaterra, muitas vezes reduzindo adultos até então saudáveis a uma condição de mórbido afastamento do mundo, em geral marcado por doenças físicas e pelo terror interior. George Beecher, por exemplo — irmão de Harriet Beecher Stowe, a abolicionista e autora de *A cabana do Pai Tomás* —, atormentou-se com sua situação espiritual até "esfacelar" seu sistema nervoso e cometer suicídio em 1843.[5]

Certamente, a América daqueles tempos não era o único lugar a tremer com o que Max Weber chamou de "frio enregelante" do puritanismo calvinista.[6] Mas pode ser que as condições no Novo Mundo intensificassem a pressão das garras dessa religião desesperançada e implacável. Mirando o oeste, os primeiros colonos viam não a promessa de abundância, mas apenas "um horrendo e desolado descampado, cheio de animais selvagens e homens selvagens".[7] Na penumbra de florestas centenárias e cercados pelos "homens selvagens" nativos, os colonos certamente se sentiram tão confinados quanto na abarrotada Inglaterra. E se o calvinismo não oferecia nenhum apoio nem consolo individual, pelo menos exaltava o grupo, a congregação. Talvez você não se salvasse, mas era parte de uma entidade social que se distinguia por sua rigorosa disciplina espiritual — e que estava acima de todos os impuros, rebeldes e excomungados.

No início do século XIX, as nuvens tenebrosas do calvinismo estavam apenas começando a se desfazer. As florestas davam lugar a estradas e, depois, a ferrovias. Os povos indígenas haviam escapado para o oeste ou sucumbido a doenças europeias. Com a nação se expandindo rapidamente, fortunas podiam ser feitas da noite para o dia, e igualmente perdidas. Naquela tumultuada nova era de possibilidades, pessoas de todos os tipos começaram a reimaginar a condição humana e rejeitar a religião punitiva de seus ancestrais. Robert Orsi, historiador das religiões, enfatiza o fermento especulativo presente na cultura religiosa americana no século XIX, "criativamente mobilizada por múltiplas possibilidades, contradições e tensões relativas às questões mais fundamentais (a natureza de Deus, o significado de Cristo, salvação, redenção, e assim por diante)".[8] Foi nesses termos que Ralph Waldo Emerson desafiou seus compatriotas: "Por que devemos andar tateantes entre os ossos ressequidos do passado, ou vestir a geração viva com as roupas desbotadas de outros tempos? O sol também brilha hoje. Os campos estão cheios de algodão e linho. Existem novas terras, novos homens, novos pensamentos. Demandemos nossos próprios trabalhos, nossas próprias leis e nosso próprio culto."[9]

Não eram apenas os filósofos que começavam a questionar sua herança religiosa. Um movimento substancial de operários, pequenos fazendeiros e suas esposas usavam reuniões e publicações para denunciar a opressão que sofriam sob o jugo de "rei, clérigos, advogados e médicos" e insistir na supremacia do julgamento individual. Uma dessas pessoas era Phineas Parkhurst Quimby, um relojoeiro e inventor autodidata de Portland, no Maine, que enchia seus diários com ideias metafísicas sobre o que chamava de "a ciência da vida e da felicidade" — sendo o foco na felicidade uma reprovação implícita ao calvinismo. Ao mesmo tempo, mulheres da classe média exasperavam-se com as restrições da velha religião, patriarcais e geradoras de culpa, e começavam a postular uma deidade mais amorosa, mais maternal. A mais influente dentre elas era Mary Baker, hoje conhecida como Mary Baker Eddy — filha de um fazendeiro calvinista ingrato e apocalíptico e, como Quimby, uma metafísica amadora autodidata. Foi o encontro de Mary e Quimby na década de 1860 que deslanchou o fenômeno cultural que agora conhecemos como "pensamento positivo".

Como tendência intelectual, esse novo modo de pensar pós-calvinista era chamado, bastante genericamente, de "Novo Pensamento" ou de "o movimento do Novo Pensamento". Ele se inspirava em muitas fontes — o transcendentalismo de Waldo Emerson, correntes místicas europeias como a derivada de Swedenborg, até mesmo uma pitada de hinduísmo — e parecia quase projetado para ser uma reprovação daquele calvinismo com o qual muitos de seus adeptos haviam sido aterrorizados quando crianças. Na visão do Novo Pensamento, Deus já não era hostil ou indiferente; era um Espírito ou Mente onipresente e todo-poderoso, e como o "homem" também era de fato Espírito, o homem era coextensivo com Deus. Havia apenas "Uma Mente", infinita e abrangente, e, no tanto em que a humanidade era uma parte dessa mente universal, como poderia algo ser pecado? Se acaso existisse, era um "erro", assim como as doenças, pois, se tudo era Espírito ou Mente ou Deus, então tudo era perfeito.

Para os humanos, o truque era acessar o ilimitado poder do Espírito e assim exercer controle sobre o mundo físico. Essa eletrizante possibilidade, constantemente apregoada na literatura atual sobre a "lei da atração", foi antecipada por Emerson quando escreveu que o homem "está aprendendo o grande segredo: que ele pode subjugar à sua vontade não apenas eventos particulares, mas grandes classes de eventos; mais ainda, séries completas de eventos, e assim ajustar todos os fatos ao seu caráter".[10]

O Novo Pensamento poderia haver permanecido no âmbito de conversas de salas de visitas e palestras ocasionais, exceto por uma coisa: o século XIX apresentou a seus seguidores um grande teste prático no qual foi aprovado com distinção. No Novo Pensamento, a doença era um distúrbio em uma Mente que, não fosse por isso, seria perfeita, e só poderia ser curada através da própria Mente. Mas era uma lástima que a abordagem estritamente mental não parecesse funcionar com as doenças infecciosas — como difteria, escarlatina, tifo, tuberculose e cólera — que devastaram a América até a introdução de medidas de saneamento e saúde pública no final do século XIX. Mas como Quimby e Eddy iriam descobrir, de fato funcionavam para a lenta, anônima e debilitante doença que estava reduzindo muitos americanos da classe média à invalidez.

Os sintomas dessa doença, que viria a ser chamada de "neurastenia" perto do final do século, eram inúmeros e difusos. De acordo com uma de suas irmãs, a adolescente Mary Baker Eddy, por exemplo, sofria de um estômago "gangrenado" e de uma "úlcera" nos pulmões, "além de suas doenças anteriores".[11] Problemas da coluna, neuralgia e dispepsia também desempenhavam um papel na invalidez da jovem Mary, junto com o que um de seus médicos descreveu como "histeria misturada a mau humor".[12] Muitos sofredores, como Mary, relatavam problemas nas costas, males digestivos, esgotamento, dores de cabeça, insônia e melancolia. Mesmo naquela época, havia suspeitas, como existem hoje no caso da síndrome da fadiga crônica, de que a doença não era "real", que era algo ensaiado para receber atenção e livrar-se de tarefas domésticas e obrigações sociais. Mas devemos lembrar que aquela era uma época anterior a analgésicos, laxativos seguros e, é claro, antidepressivos, quando a primeira receita para qualquer reclamação era, muitas vezes, um longo período na cama, por mais contraproducente que isso fosse.

Dificilmente a neurastenia era uma doença fatal, mas para alguns observadores ela parecia exatamente tão destrutiva quanto as doenças infecciosas. Catharine Beecher, a irmã de Harriet Beecher Stowe e do infeliz George Beecher, viajou por todo o país e relatou "uma terrível deterioração da saúde das mulheres por toda parte". Suas notas de viagem incluem o seguinte: "Milwaukee, Wisconsin: Sra. A., frequentemente doente e com dor de cabeça. Sra. B., muito enfraquecida. Sra. S., bem, exceto pelos calafrios. Sra. D., sujeita a frequentes dores de cabeça. Sra. B., saúde muito precária. (...) Não vi nenhuma mulher saudável no lugar."[13] As mulheres não eram as únicas vítimas. William James, que veio a ser o fundador da psicologia americana, afundou na invalidez quando era rapaz, bem como George M. Beard, que, mais tarde, como médico, cunhou o termo "neurastenia". Mas a lista de mulheres muito conhecidas que perderam pelo menos parte de suas vidas para a invalidez é impressionante: Charlotte Perkins Gilman, que registrou sua experiência com tratamentos médicos cruelmente ineficazes em "The Yellow Wallpaper"; Jane Addams, fundadora do primeiro centro de serviços comunitários e de assistência social; Margaret Sanger, que lançou a cruzada pelo controle da natalidade; Ellen Richards, a fundadora da economia doméstica; e Alice James, irmã de William e Henry James. A própria Catharine Beecher, uma das que escreveram sobre a doença, "sofria de histeria e surtos ocasionais de paralisia".[14]

Sem de forma alguma contestar os motivos dos afligidos, George M. Beard reconheceu que a neurastenia apresentava problemas de um tipo muito diferente dos resultantes de doenças como a difteria, que, pela primeira vez, estavam sendo associadas a um agente físico causador externo, os micróbios. A neurastenia, como o termo sugere, representava um mau funcionamento dos nervos. Para Beard, a enfermidade parecia surgir dos desafios representados pelo que era novo: algumas pessoas simplesmente não conseguiam lidar com a sociedade americana que crescia rapidamente, cada vez mais urbana e com alta mobilidade. Seus nervos eram submetidos a uma tensão excessiva, acreditava ele; elas desabavam.

Mas a invalidez que incapacitava a classe média americana tinha mais a ver com a pressão das garras da velha religião do que com o desafio representado pelas novas circunstâncias. De algum modo, a doença era simplesmente uma continuação da "melancolia religiosa" que Robert Burton havia estudado na Inglaterra por volta da época em que os puritanos começaram a buscar o caminho de Plymouth. Muitos dos afligidos haviam sido criados na tradição calvinista e carregaram suas cicatrizes durante toda a vida. O pai de Mary Baker Eddy, por exemplo, ficara tão irado ao ver algumas crianças brincando com um corvo semidomesticado no sábado (um dia santificado), que imediatamente matou o pássaro com uma pedrada. Quando criança, Mary vivia um suplício por causa da doutrina calvinista da predestinação, a ponto de adoecer: "Eu não queria ser salva se meus irmãos e irmãs tivessem que estar entre aqueles condenados ao banimento perpétuo de Deus. Estava tão perturbada pelos pensamentos estimulados por essa doutrina errônea, que o médico da família foi chamado e diagnosticou que eu estava contaminada pela febre."[15]

Da mesma forma, Lyman Beecher, o pai de Catharine e George, havia instado com eles, quando crianças pequenas, a "sofrer, *sofrer*" com a situação de suas almas e "regularmente submeter seus corações a um escrutínio" em busca de sinais de pecado ou autoindulgência.[16] Charles Beard, ele próprio um sofredor e filho de um rígido pregador calvinista, mais tarde condenou a religião por ensinar às crianças que "estar feliz é estar fazendo algo errado".[17] Mesmo aqueles que não cresceram na tradição religiosa calvinista geralmente suportavam métodos de educação infantil baseados na noção de que as crianças eram selvagens que precisavam de disciplina e correção — uma abordagem que persistiria na cultura da classe média americana até a chegada de Benjamin Spock e de seus métodos "permissivos" de educação infantil, no final da década de 1940.

Mas existe uma razão mais decisiva para rejeitar a noção de que a invalidez do século XIX decorria do esgotamento nervoso diante do ritmo excessivamente rápido da expansão e das mudanças. Se a hipótese de Beard fosse verdadeira, seria de esperar que as vítimas estivessem, principalmente, entre as pessoas que se encontrassem na linha de frente do dinamismo econômico. Os industriais, os banqueiros e os exploradores na Corrida do Ouro de 1848 deveriam viver desmaiando e indo para a cama. Em vez disso, eram justamente os grupos mais excluídos do frenesi da competição do século XIX que entravam em colapso e caíam na invalidez — os clérigos, por exemplo. Naquela época — antes de megaigrejas e pregadores televisivos —, eles tendiam a levar vidas bastante isoladas e contemplativas, muitos deles passando toda a existência numa mesma área geográfica. E os clérigos do século XIX eram tipos notoriamente doentios. Ann Douglas cita um relato de 1826, segundo o qual "a saúde de um grande número de clérigos está destruída, ou enfraquecendo"; eles sofriam de dispepsia, tuberculose e "de um desgaste gradual de sua compleição física".[18]

O maior grupo de pessoas que sofriam de invalidez ou neurastenia era o das mulheres de classe média. O preconceito masculino as mantinha afastadas de uma educação superior e da maior parte das profissões; a industrialização lhes estava roubando as tarefas produtivas domésticas com as quais se ocupavam antes, desde costurar até fabricar sabão. Para muitas mulheres, a invalidez tornou-se um tipo de carreira alternativa. Os dias que passavam reclinadas em espreguiçadeiras, atendidas por médicos e membros da família e dedicadas a experimentar novos remédios e regimes substituíam os esforços "masculinos" no mundo. A invalidez chegou a se tornar uma moda, como escreve uma das biógrafas de Mary Baker Eddy: "Uma saúde ruim e delicada, uma fragilidade não adequada para o trabalho, estava começando a se tornar coisa atraente nas jovens das décadas de 1830 e 1840, e, mesmo nas áreas rurais de New Hampshire, mulheres como as filhas da família Baker tinham acesso às revistas e aos romances da época para saber o que estava na moda."[19]

Aqui, também, sob os adereços e a enjoativa sentimentalidade da cultura feminina do século XIX, podemos discernir as marcas deixadas pelas garras do calvinismo. A velha religião oferecera apenas um único bálsamo para a alma atormentada: o trabalho árduo no mundo material. Uma vez desprovidas disso, as pessoas ficavam reduzidas à mórbida introspecção que tão facilmente conduzia à dispepsia, à insônia, às dores nas costas e a todos os outros sintomas de neurastenia. Por mais que isso pudesse estar na moda, a invalidez feminina de fato surgiu a partir do ócio induzido e de uma sensação de inutilidade, e sem dúvida envolvia sofrimento genuíno, tanto mental quanto físico. Alice James regozijou-se quando, depois de décadas de invalidez, recebeu um diagnóstico de câncer de mama e foi informada de que morreria em poucos meses.

Entre os homens, a neurastenia às vezes surgia em um período de ócio associado às indecisões juvenis sobre uma carreira, como aconteceu no caso de George Beard. Da mesma forma, William James teve dúvidas sobre sua escolha inicial da medicina quando, aos 24 anos, começou a sentir fortes dores nas costas ao se curvar sobre um cadáver. Já sofrendo com insônia, perturbações digestivas e problemas nos olhos, caiu numa depressão paralisante. A profissão médica lhe parecia excessivamente não científica e ilógica, mas não conseguia pensar em nenhuma alternativa, escrevendo: "Eu me odiarei até que consiga algum trabalho especial."[20] As mulheres não tinham nenhum "trabalho especial"; o dia a dia dos labores de um clérigo era amorfo e parecido com o tipo de coisas que as mulheres normalmente faziam, como visitar pessoas doentes. Sem nenhum trabalho real — "trabalho especial" —, o calvinista, ou a alma influenciada pelo calvinismo, consumia-se na autodepreciação.

A medicina praticada na época não dispunha de nenhuma ajuda eficaz para os inválidos, e grande parte das intervenções era, de fato, prejudicial. Os médicos ainda tratavam os mais variados sintomas sangrando os pacientes, muitas vezes com sanguessugas, e um dos remédios mais usados era o tóxico calomel, que continha mercúrio e podia causar a decomposição da mandíbula e a queda dos dentes. Na Filadélfia, um dos mais famosos médicos americanos tratava mulheres inválidas com alimentos macios e sem tempero e semanas de repouso em quartos escurecidos — leituras e conversas eram proibidas. A visão "científica" prevalecente era que a invalidez era natural e talvez inevitável em mulheres, e que o mero fato de ser mulher era um tipo de doença que requeria o máximo de intervenções médicas que a família da pobre inválida pudesse pagar. Não estava claro por que os homens às vezes tinham de sofrer, mas também eram tratados com sangrias, purgantes e longos períodos de repouso forçado.

O fracasso da medicina convencional em aliviar a epidemia de invalidez e as trágicas consequências de muitas de suas intervenções deixaram o campo aberto para formas alternativas de terapias. É aqui que entra Phineas Parkhurst Quimby, em geral considerado o fundador do movimento Novo Pensamento e, portanto, o avô do pensamento positivo atual. Ele não via nenhuma utilidade na profissão médica, considerando-a uma fonte de mais doenças, e não de saúde. Tendo se ocupado durante algum tempo com o mesmerismo — além da metafísica e da fabricação de relógios —, começou a exercer sua profissão de terapeuta em 1859. Um pensador destemido, embora de modo algum irreligioso, ele rapidamente identificou o calvinismo como a fonte dos males de muitos de seus pacientes. A seu ver, de acordo com o historiador Roy M. Anker, "o calvinismo tradicional deprimia as pessoas; a moralidade limitava e sufocava suas vidas e colocava sobre elas grandes cargas de uma culpa debilitante que as fazia adoecer".[21] Quimby ganhou alguma reputação com um tipo de "cura pela fala" por meio da qual ele se esforçava em convencer seus pacientes de que o universo era basicamente benévolo, que eles estavam em harmonia com a "Mente" a partir da qual o universo era constituído e que podiam alavancar seus poderes mentais pessoais para curar ou "corrigir" seus males.

Em 1863, Mary Baker Eddy, então com 42 anos, fez uma árdua jornada até Portland em busca da ajuda de Quimby; chegou tão enfraquecida, que precisou ser carregada até o consultório no segundo andar.[22] Mary havia sido uma inválida desde a infância e poderia ter ficado feliz em continuar aquele estilo de vida — lendo e escrevendo algo em seus momentos mais vigorosos — se alguém tivesse se disposto a financiá-lo. Mas seu primeiro marido morrera e o segundo havia fugido, deixando-a praticamente sem nada na meia-idade e reduzida a se mudar de uma pensão à outra, às vezes escapando por pouco de pagar o aluguel. Talvez ela tenha ficado meio apaixonada pelo belo e genial Quimby, e possivelmente os sentimentos eram recíprocos; a Sra. Quimby certamente não confiava naquela nova paciente, um tanto pretensiosa e excessivamente necessitada. O que quer que seja que haja se passado entre eles, Mary logo se declarou curada, e quando Quimby morreu, três anos depois, ela reivindicou para si os ensinamentos dele — embora deva ser registrado que os seguidores de Mary ainda insistem haver sido ela a criadora do Novo Pensamento. De qualquer modo, Quimby provou que o Novo Pensamento fornecia uma abordagem terapêutica prática que Mary Baker Eddy, escritora prolífica e instrutora carismática, passou a promover.

Mary acabou acumulando uma riqueza considerável depois de fundar sua própria religião — a Ciência Cristã, com suas onipresentes "salas de leitura". O núcleo de seu ensinamento era que não existe nenhum mundo material, apenas Pensamento, Mente, Espírito, Bondade, Amor ou, como ela muitas vezes exprimia, em termos quase econômicos, "Oferta". Daí que não pudesse haver coisas como doença ou necessidades, exceto como enganos temporários. Hoje, é possível encontrar a mesma noção mística em ensinamentos de "*coaches*" como Sue Morter: o mundo está dissolvido em Mente, Energia e Vibrações, tudo isso potencialmente sujeito a nosso controle consciente. Essa é a "ciência" da Ciência Cristã, tanto quanto a "física quântica" (ou magnetismo) é o fundamento "científico" do pensamento positivo. Mas surgiu no século XIX como uma religião real, e em oposição à versão calvinista do cristianismo.

No longo prazo, todavia, o mais influente convertido à abordagem de cura do Novo Pensamento de Quimby não foi Mary Baker Eddy, mas William James, o primeiro psicólogo americano e, claramente, um homem de ciência. James buscou ajuda para suas diversas doenças com Annetta Dresser, outra discípula — e ex-paciente — de Quimby.²³ Annetta deve ter tido sucesso, porque em seu trabalho mais conhecido, *As variedades da experiência religiosa*, James se entusiasma com a abordagem de cura do Novo Pensamento: "O cego voltou a ver, o coxo, a andar. Pessoas que haviam sido inválidas durante toda a vida tiveram sua saúde restaurada."²⁴ James não se importava com o fato de que o Novo Pensamento fosse uma confusão filosófica; *funcionava*. Ele assumiu, como um tributo ao pragmatismo americano, que "a única contribuição decididamente original dos americanos à filosofia sistemática da vida" — o Novo Pensamento — estabelecera-se por meio de "terapias concretas" em vez de, digamos, argumentos filosóficos. O Novo Pensamento conquistara sua grande vitória prática. Havia curado uma doença — a doença do calvinismo, ou, como disse James, a "morbidez" associada à "velha teologia do fogo do inferno".²⁵

James compreendeu que o Novo Pensamento oferecia muito mais do que uma nova abordagem à cura; tratava-se de um modo inteiramente novo de ver o mundo, tão disseminado, escreveu ele, que "a pessoa capta sua essência só de ouvir falar":

> Ouve-se falar do "Evangelho do Relaxamento", do "Movimento Não Se Preocupe," de pessoas que repetem para si mesmas todas as manhãs, enquanto se vestem, seu lema para o dia: "Juventude, saúde, vigor!" Reclamações sobre o clima estão passando a ser proibidas em muitas famílias; e um número crescente de pessoas está reconhecendo ser falta de educação falar sobre sensações desagradáveis ou dar muita atenção às inconveniências e indisposições usuais da vida.²⁶

Como cientista, ele sentia aversão por grande parte da literatura do Novo Pensamento, achando-a "tão perturbada pelo otimismo e expressa de uma forma tão vaga, que uma mente com formação acadêmica acha quase impossível ler alguma coisa". Ainda assim, ele bendizia o novo modo de pensar como uma "inclinação saudável" e citava outro acadêmico segundo o qual "dificilmente se poderia conceber" que tantas pessoas inteligentes fossem atraídas pela Ciência Cristã e por outras escolas do Novo Pensamento "se tudo não passasse de falácia".[27]

No início do século XX, o surgimento da medicina científica, originalmente impulsionada pelos sucessos da teoria dos germes como causadores de doenças, começou a fazer com que as formas de cura do Novo Pensamento parecessem obsoletas. As donas de casa de classe média deixaram seus leitos de enfermas para enfrentar o desafio de combater os micróbios dentro de sua própria casa, informadas pela "economia doméstica" de Ellen Richards. Teddy Roosevelt, que assumiu a presidência do país em 1901, exemplificava uma nova doutrina do ativismo muscular que excluía até mesmo a soneca ocasional. Das várias correntes do Novo Pensamento, apenas a Ciência Cristã atinha-se à noção mente-sobre-matéria de que todas as doenças poderiam ser curadas pelo "pensamento"; os resultados eram muitas vezes desastrosos, na medida em que mesmo alguns seguidores do final do século XX escolhiam ler e reler Mary Baker Eddy em vez de tomar antibióticos ou se submeter a uma cirurgia. Defensores mais progressistas do Novo Pensamento tiraram o foco da questão da saúde e encontraram um novo campo, transformando-se em promotores do sucesso e da riqueza. Foi só na década de 1970 que os pensadores positivos americanos ousaram reivindicar as doenças físicas — câncer de mama, por exemplo — como parte de sua jurisdição.

Por mais "lunáticas" que fossem suas crenças centrais, o pensamento positivo saiu do século XIX com o imprimátur científico de William James e a aprovação do "filósofo favorito da América", Ralph Waldo Emerson. Escrevendo em meados do século XX, Norman

Vincent Peale, o homem que popularizou a expressão "pensamento positivo", os citava repetidamente, embora não com a mesma frequência com que citava a Bíblia. James, em particular, tornou respeitável o pensamento positivo, não porque o achasse intelectualmente convincente, mas por seu inegável sucesso em "curar" as pobres vítimas inválidas do calvinismo. Existe uma ironia gratificante aqui: ao produzir uma invalidez disseminada, o calvinismo produzira o instrumento de sua própria destruição. Havia entregado ao Novo Pensamento, ou ao que viria a ser chamado de pensamento positivo, uma adaga que esse cravou bem no coração do calvinismo.

Mas espere, existe uma reviravolta final nessa história. Se uma das melhores coisas que se pode dizer a respeito do pensamento positivo é que ele articulou uma alternativa ao calvinismo, uma das piores é que ele acabou preservando alguns dos aspectos mais virulentos do calvinismo — uma intolerância implacável, que correspondia à condenação do pecado pela velha religião, e uma insistência no constante trabalho interior de autoexame. A alternativa americana ao calvinismo não haveria de ser o hedonismo, nem mesmo uma ênfase na espontaneidade emocional. Para o pensador positivo, as emoções permanecem suspeitas, e a vida interior da pessoa precisa ser submetida a um inexorável monitoramento.

Em muitos aspectos importantes, a Ciência Cristã nunca rompeu inteiramente com o calvinismo. Seus seguidores do século XX eram majoritariamente pessoas brancas de classe média com hábitos excepcionalmente moderados, até mesmo abnegados. O escritor inglês V.S. Pritchett, cujo pai era um "Cientista", escreveu que eles haviam "abandonado a bebida, o fumo, o chá, o café — drogas perigosas —, abandonado o sexo e, com isso, arruinado seus casamentos. (…) Era, notoriamente, uma religião menopáusica".[28] Em seus últimos anos, Mary Baker Eddy chegou a resgatar uma versão do demônio para explicar por que razão, neste universo perfeito, as coisas nem sempre aconteciam como ela queria. O mau tempo, objetos perdidos, edições imperfeitas de seus livros — tudo isso era atribuído ao "Maligno Magnetismo Animal" que emanava de seus inimigos imaginados.

Em minha própria família, a bisavó que criou minha mãe havia passado do presbiterianismo para a Ciência Cristã em algum momento de sua vida, e a transição aparentemente se deu com tamanha suavidade que minha avó mais tarde elogiou sua mãe numa carta como simplesmente "uma boa cristã". O interesse de minha própria mãe pela Ciência Cristã não era maior do que pelo presbiterianismo, mas ela aderia a uma de suas doutrinas mais implacáveis — a de que, se a doença não fosse inteiramente imaginária, era algo que acontecia a pessoas mais fracas e mais sugestionáveis do que as de nossa família. Cólicas menstruais e indigestão eram fantasias de mulheres ociosas; somente uma febre ou vômitos mereciam um dia sem ir à escola. Em outras palavras, a doença era um fracasso pessoal, até um tipo de pecado. Lembro-me do grande receio com que confessei à minha mãe que eu estava tendo dificuldade em enxergar o quadro-negro na escola; *nós* não éramos o tipo de gente que precisasse de óculos.

Mas a mais notável continuidade entre a antiga religião e o novo pensamento positivo reside no quanto ambos insistem no *trabalho* — o constante trabalho interior de automonitoramento. O calvinista monitorava seus pensamentos e sentimentos em busca de sinais de frouxidão, pecado e autoindulgência, enquanto o pensador positivo está sempre à espreita para detectar "pensamentos negativos" carregados de angústia ou dúvida. Como escreve a socióloga Micki McGee sobre a literatura de autoajuda do pensamento positivo e sua linguagem evocativa dos antecedentes religiosos, "o trabalho contínuo e infindável sobre o *self* é oferecido não apenas como um caminho para o sucesso, mas também como um tipo de salvação secular".[29] O *self* torna-se um antagonista com o qual a pessoa luta interminavelmente, sendo que o calvinista o ataca por suas inclinações pecaminosas, enquanto o pensador positivo combate a "negatividade". Esse antagonismo transparece claramente no conselho de ambos de que você pode superar os pensamentos negativos pondo um elástico em torno do pulso: "Todas as vezes que tiver um pensamento negativo, estique o elástico e solte. Isso dói. Pode até deixar um vergão se seu elástico for muito grosso. Vá com jeito, você não está tentando se mutilar, mas sim criar algum mecanismo reflexo de evitar a dor resultante dos pensamentos negativos."[30]

É necessária uma curiosa autoalienação para realizar esse tipo de esforço: existe o *self* que deve ser trabalhado e outro *self* que faz o trabalho. Daí as "regras", os quadros, os formulários de autoavaliação e os exercícios oferecidos em toda a literatura do pensamento positivo. Essas são instruções práticas para o trabalho de condicionamento ou reprogramação que o *self* precisa realizar sobre si mesmo. No século XX, quando os pensadores positivos haviam, em grande medida, abandonado as questões de saúde nas mãos dos médicos, o objetivo de todo esse trabalho passou a ser alcançar a riqueza e o sucesso. O grande texto do pensamento positivo publicado na década de 1930, *Pense e enriqueça!*, de Napoleon Hill, estabeleceu a familiar metafísica do Novo Pensamento. "Os pensamentos são coisas" — de fato, eles são coisas que atraem sua própria realização. "TODOS OS IMPULSOS DO PENSAMENTO TÊM UMA TENDÊNCIA DE SE VESTIR COM SEUS PRÓPRIOS EQUIVALENTES FÍSICOS." Hill garantia a seus leitores que os passos necessários para alcançar essa transformação de pensamentos em realidade não exigiriam "trabalho árduo", mas, se qualquer passo fosse omitido, "*você fracassará!*" Em resumo, o buscador de riqueza precisava formular uma afirmação que incluísse a exata quantia de dinheiro que pretendia ganhar e a data em que isso aconteceria, e essa afirmação deveria ser lida "em voz alta, duas vezes por dia — uma à noite, logo antes de dormir, e outra de manhã, ao se levantar". Ao aderir estritamente a esse regime, a pessoa poderia manipular a "mente subconsciente", conforme Hill chamava a parte do *self* que precisava ser "trabalhada", e deixá-la em "um estado incandescente de DESEJO por dinheiro". A fim de dominar a mente subconsciente e conduzi-la à cobiça consciente, ele chegava a aconselhar que a pessoa deveria "LER TODO ESTE CAPÍTULO EM VOZ ALTA TODAS AS NOITES."[31]

O livro que apresentou à maior parte dos americanos do século XX — bem como às pessoas em todo o mundo — o trabalho incessante do pensamento positivo foi, é claro, *O poder do pensamento positivo* que Norman Vincent Peale publicou em 1952. Peale era um destacado ministro protestante que havia sido atraído pelo Novo Pensamento no início da carreira graças, escreveu ele mais tarde, a um proponente das novas ideias chamado Ernest Holmes. "Somente aqueles que me conheceram quando garoto", escreveu, "podem apreciar devidamente o que Ernest Holmes fez por mim. Ele me transformou num pensador positivo."[32] Se Peale via algum conflito entre o pensamento positivo e os ensinamentos da fé que adotara, a Igreja Reformada Holandesa, originária do calvinismo, isso não o perturbou. Um estudante medíocre, ele havia saído da escola de teologia com uma profunda aversão por debates teológicos — e determinado a fazer do cristianismo algo "prático" para resolver os problemas comuns das pessoas, financeiros, conjugais e empresariais. Como os líderes do Novo Pensamento do século XIX que o precederam, ele se via, em parte, como um curador; a diferença era que a doença do século XX não era a neurastenia, mas o que ele identificou como um "complexo de inferioridade", algo com que havia batalhado em sua própria vida. Em um de seus livros, escrito bem depois da publicação de seu perene best-seller, ele escreveu:

> Um homem me disse que estava tendo muitos problemas consigo mesmo. "Você não é o único", refleti, pensando nas inúmeras cartas de pessoas com problemas que me pedem

ajuda. E também pensando em mim mesmo; pois devo admitir que a pessoa que mais problemas tem me causado ao longo dos anos tem sido Norman Vincent Peale. (...) Se nós mesmos somos nosso principal problema, a razão básica tem de estar no tipo de pensamento que habitualmente ocupa e dirige nossa mente.[33]

Nós vimos o inimigo, em outras palavras, e somos nós mesmos, ou pelo menos nossos pensamentos. Mas, felizmente, os pensamentos podem ser monitorados e corrigidos até que, parafraseando o resumo de Peale feito pelo historiador Donald Meyer, os pensamentos positivos se tornem "automáticos" e o indivíduo se torne totalmente "condicionado".[34] Hoje, poderíamos chamar isso de um trabalho de "reprogramação", e, como os indivíduos facilmente recaem na negatividade — conforme Peale muitas vezes observava com desânimo —, precisa ser feito repetidamente. Em *O poder do pensamento positivo*, Peale oferece "dez regras simples e viáveis", ou exercícios, que começavam com:

1. Formule e imprima indelevelmente em sua mente uma imagem mental de si mesmo como tendo sucesso. Agarre-se a essa imagem com tenacidade. Nunca permita que a imagem desbote. Sua mente buscará materializá-la (...).
2. Sempre que um pensamento negativo relativo a suas capacidades pessoais lhe vier à mente, expresse em voz alta um pensamento positivo para anulá-lo.
3. Não construa obstáculos em sua imaginação. Menospreze cada um dos chamados obstáculos. Minimize-os.[35]

Peale confiava que o leitor produziria seus próprios pensamentos positivos, mas, ao longo do tempo, os pregadores da positividade passaram a achar cada vez mais necessário fornecer um tipo de roteiro sob a forma de "afirmações" ou "declarações". Em *Os segredos da mente milionária*, por exemplo, T. Harv Eker oferece ao leitor as seguintes instruções para superar qualquer resistência remanescente à riqueza merecida:

> Ponha as mãos sobre o coração e diga:
> *"Eu admiro os ricos!"*
> *"Eu abençoo os ricos!"*
> *"Eu amo os ricos!"*
> *"E eu também vou ser rico!"*[36]

Esse trabalho nunca termina. Há contratempos que podem precipitar recaídas na negatividade, requerendo o que um guru contemporâneo, M. Scott Peck, chama de "um contínuo e infindável processo de automonitoramento".[37] Ou, em termos mais positivos, pode ser necessário um trabalho sem fim à medida que a pessoa eleve seus objetivos. Se você estiver satisfeito com o que tem, precisa "afiar a serra", nas palavras de Stephen Covey, um autor de autoajuda, e admitir que o que já tem não é o bastante. Como diz o famoso motivador Tony Robbins: "Quando você estabelece uma meta, está assumindo um compromisso com a Melhoria Interminável e Constante! Você reconheceu a necessidade que têm todos os seres humanos de melhoria constante, sem fim. Existe uma força na pressão da insatisfação, na tensão do desconforto temporário. Esse é o tipo de dor que você *quer ter* em sua vida."[38]

Não existe nenhum relato mais detalhado do trabalho sobre si mesmo requerido pelo pensamento positivo do que a história do palestrante motivacional Jeffrey Gitomer de como alcançou e mantém sua atitude positiva. Nosso último encontro com Gitomer foi quando ele exigia que se fizesse o expurgo das "pessoas negativas" à nossa volta, de modo bem parecido ao de um calvinista dos velhos tempos que exigisse a expulsão de pecadores, mas Gitomer nem sempre foi tão autoconfiante e positivo. No início da década de 1970, seus negócios tinham apenas um "sucesso moderado", seu casamento estava "mal" e sua esposa, grávida de gêmeos. Então ele topou com uma empresa de marketing chamada Dare to Be Great, cujo fundador hoje alega haver antecipado *O segredo* em 35 anos. Ouvindo de seus novos colegas que "você vai conseguir uma atitude positiva (...) e vai ganhar um monte de dinheiro. Vá, vá, vá!", ele vendeu sua empresa e mergulhou no trabalho de autoaperfeiçoamento. Ele assistia ao filme motivacional *Challenge to America* (Desafio à América) mais de cinco vezes por semana e, junto com os novos colegas, relia obsessivamente o *Pense e enriqueça!* de Napoleon Hill: "Cada pessoa era responsável por escrever e apresentar uma resenha de um capítulo por dia. Havia 16 capítulos no livro, 10 pessoas na sala, e nós fizemos isso durante um ano. Basta fazer as contas para ver quantas vezes eu li o livro."[39] No início, o melhor que ele podia fazer era fingir uma atitude positiva: "Os amigos me perguntavam como iam as coisas e eu jogava os braços para cima e gritava 'Ótimas!', embora eu estivesse na merda." De repente, "um dia eu acordei e vi que tinha uma atitude positiva. (...) CONSEGUI! CONSEGUI!"[40]

Substitua *Pense e enriqueça!* pela Bíblia e você terá uma história de conversão tão dramática nos detalhes quanto qualquer coisa que o folclore cristão tem a oferecer. Como o herói de *O peregrino*, o grande clássico calvinista escrito por John Bunyan no século XVII, Gitomer se descobrira aprisionado pela família, profundamente deprimido e chafurdando em seu atoleiro — de mediocridade, em vez de pecado; como o herói de Bunyan, Gitomer livrou-se de seu antigo negócio e da primeira esposa a fim de se recriar. Assim como o calvinismo exigia não apenas uma breve experiência de conversão, mas uma vida inteira de autoexame, a atitude positiva de Gitomer requer uma "manutenção" constante, na forma de "ler algo positivo todas as manhãs, ter pensamentos positivos todas as manhãs, (...) dizer coisas positivas todas as manhãs", e assim por diante.⁴¹ Isso é trabalho, e, para que fique bem claro, o livro de Gitomer, *O livro de ouro da atitude Yes!* oferece uma fotografia do autor usando um macacão azul de mecânico com a legenda "Departamento de Manutenção da Atitude Positiva".

Recitar afirmações, marcar pontuação em tabelas de desempenho, compulsivamente reler livros sobre como ficar rico em pouco tempo — não era isso o que Emerson tinha em mente quando instava seus compatriotas a livrar-se dos grilhões do calvinismo e abraçar um mundo generoso cheio de "novas terras, novos homens e novos pensamentos". Ele tinha algo de místico e era dado a momentos de iluminação transcendente: "Eu me tornei um olho universal. Eu não sou nada; eu vejo tudo. (...) Todo o egoísmo mesquinho se desfaz."⁴² Em tais estados, o *self* não se duplica, não se divide entre aquele que trabalha e o que é o objeto do trabalho; ele desaparece. O universo não pode ser "fornecido", já que isso requereria um ego desejoso, calculista, e, tão logo o ego entra no cenário, o sentido de Unidade se estilhaça. A Unidade Transcendente não requer autoexame, autoajuda ou autotrabalho. Requer autodissolução, a perda do *self*.

Ainda assim, não há dúvida de que é melhor se obcecar com as próprias chances de sucesso do que com a probabilidade do inferno e da danação; melhor recorrer ao *self* interior para buscar forças do que para procurar pecados. A questão é por que alguém deveria se preocupar tanto com seu interior. Por que não estender a mão para outros em amor e solidariedade, ou perscrutar o mundo natural em busca de algum vislumbre de compreensão? Por que retirar-se para uma introspecção ansiosa quando, como poderia ter dito Emerson, existe um vasto mundo lá fora para ser explorado? Por que gastar tanto tempo trabalhando a si mesmo quando há tanto trabalho real a ser feito?

A partir de meados do século XX, havia uma resposta extremamente prática: um número cada vez maior de pessoas estava empregado em ocupações que pareciam requerer o pensamento positivo e todo o trabalho de autoaperfeiçoamento e manutenção que o acompanhava. Norman Vincent Peale deu-se conta disso melhor do que qualquer outro: o trabalho dos americanos, e especialmente o de seu crescente proletariado de colarinho-branco, é, em boa medida, trabalho feito sobre o *self* para tornar esse *self* mais aceitável e até mesmo atraente aos olhos de empregadores, clientes, colegas e clientes potenciais. O pensamento positivo havia deixado de ser apenas um bálsamo para os ansiosos ou uma cura para o afligido por males psicossomáticos. Estava começando a ser uma obrigação imposta a todos os americanos adultos.

QUATRO

Motivando os negócios e o negócio da motivação

Atualmente, não há nenhuma desculpa para se permanecer atolado no pântano da negatividade. Toda uma indústria se desenvolveu para promover o pensamento positivo, e o produto dessa indústria, disponível pelos mais variados preços, chama-se "motivação". Você pode comprá-lo na forma tradicional de um livro, junto com CDs e DVDs estrelados pelo autor, ou pode optar pela experiência mais intensa de ter um orientador pessoal ou participar de um "seminário" de uma semana. Se tiver o dinheiro requerido, pode escolher uma sessão de fim de semana em um local exótico com um poderoso palestrante motivacional. Ou pode consumir motivação em suas inúmeras formas inertes, fetichizadas — cartazes e calendários, canecas, acessórios de escritório, tudo isso decorado com mensagens inspiradoras. A empresa Successories, inteiramente devotada a produtos motivacionais, oferece uma linha de "Parceiros Positivos" que incluem um pufe em forma de estrela-do-mar usando um salva-vidas no qual estão as palavras "Alcance as Estrelas". Mais recentemente, um varejista esperto inventou a linha de produtos "A Vida é Boa", que inclui camisetas, lençóis, banners, etiquetas para bagagem, coleiras e capas para pneus.

Não importa em que ponto você começa a comprar: um produto tende a conduzir inevitavelmente a outro. Os gurus motivacionais escrevem livros a fim de conseguir contratos para fazer palestras, e estas, por sua vez, tornam-se oportunidades para vender os livros e talvez outros produtos que o guru esteja oferecendo, alguns deles não obviamente relacionados com a busca de uma atitude positiva. Tony Robbins, por exemplo, um palestrante motivacional que alcançou a celebridade, vende suplementos nutricionais em seu site na internet, junto com seus livros, e, em algum momento, esteve fortemente envolvido na comercialização do Q-Link, um pingente que supostamente protegia o portador contra radiações de celulares. Muitos milhares de clientes potenciais são arrastados para o mercado motivacional por meio dos trinta ralis "Get Motivated!" realizados todos os anos em várias cidades, nos quais, pela pechincha de cerca de 50 dólares, é possível ouvir celebridades palestrantes como Colin Powell ou Bill Cosby. Muitas coisas acontecem durante os ralis — "banalidades, conversas estimulantes, humor enlatado, infomerciais ao vivo, patriotismo pré-fabricado, cristianismo típico do Cinturão da Bíblia", de acordo com a matéria de um jornal —, mas esses eventos servem, principalmente, como mostruários para dezenas de outros produtos, incluindo livros, fitas, orientação pessoal e treinamentos adicionais na área do pensamento positivo.[1] De acordo com John LaRosa, da Marketdata Enterprises Inc., que faz o acompanhamento da indústria de autoajuda, "basicamente, o dinheiro é feito nos bastidores, como eles dizem", por meio da venda de "livros, fitas e pacotes multimídia".[2]

Milhões de pessoas compram esses produtos. As que estão enfrentando doenças graves são particularmente suscetíveis, bem como os desempregados e pessoas cujos empregos estão em risco. Em 2007, conheci Sue Goodhart, uma corretora que estava me mostrando casas, e em algum momento eu mencionei minha pesquisa em andamento sobre palestrantes motivacionais. Ela deu um sorriso melancólico e fez um gesto em direção ao banco de trás do carro, onde vi uma porção de CDs motivacionais. Quando brinquei, chamando-a de "viciada em motivação", ela me disse que viera de uma família de classe operária e nunca havia sido encorajada a definir objetivos elevados para si mesma. Então, em algum momento durante os anos 1990, sua imobiliária havia contratado uma empresa motivacional chamada Pacific Institute que ofereceu um trabalho de cinco dias sobre "estabelecimento de metas, pensamento positivo, visualização e como sair de sua zona de conforto", e ela começou a se conceber como uma pessoa autodeterminada e um sucesso potencial. Mas aquela primeira exposição dificilmente seria suficiente. Continuava a ouvir CDs motivacionais no carro enquanto ia de uma casa a outra, tanto porque "a vida de vendedora é um negócio solitário" quanto porque os CDs a ajudavam a passar para "o próximo nível".

Mas a indústria da motivação não teria se tornado o que é, um negócio multibilionário, se dependesse inteiramente de consumidores individuais.*

Ela cavou um nicho de mercado muito maior e mais inclinado ao consumo sem limites: o mundo dos negócios em geral, incluindo as maiores empresas americanas. As empresas compram produtos motivacionais por atacado — livros aos milhares, por exemplo —

---

*A Marketdata Enterprises estima que em 2005 o mercado total americano para "produtos de autoaperfeiçoamento" — incluindo fitas, livros e orientação sobre negócios, dieta e relacionamentos — alcançou US$9,6 bilhões, mas com a ressalva de que "ainda é muito difícil obter informações sobre o mercado e seus concorrentes privados. A maior parte das empresas ou organizações é muito relutante em fornecer qualquer informação a respeito de receitas, inscrições em seus programas, ou se estão crescendo e em que ritmo". Em 2004, a revista *Potentials* fez uma estimativa de US$21 bilhões por ano para o mercado de "todos os produtos motivacionais" (Steven Winn, "Overcome That Gnawing Fear of Success", *San Francisco Chronicle*, 24 de maio de 2004). A International Coach Federation estima que, em todo o mundo, os *coaches* coletaram US$1,5 bilhão em 2007 e que a maior parte deles era de *coaches* voltados para negócios (Executive Summary, ICF Global Coaching Study, revisto em fevereiro de 2008).

para distribuí-los gratuitamente aos funcionários. Elas podem pagar palestrantes motivacionais que, tipicamente, cobram honorários de cinco dígitos por sessão, e às vezes mais. Quase todas as grandes empresas americanas podem ser encontradas nas listas de clientes orgulhosamente exibidas nos sites de palestrantes motivacionais; um livro sobre o ramo das palestras motivacionais menciona Sprint, Albertsons, Allstate, Caterpillar, Exxon Mobil e American Airlines entre os clientes corporativos.[3] E as empresas podem comandar a atenção de seus funcionários, exigindo que participem de sessões de *coaching*, ouçam DVDs ou compareçam a eventos motivacionais. Muitas das pessoas que participam dos ralis "Get Motivated!" estão ali com ingressos fornecidos por seus empregadores.

Nas mãos dos empregadores, o pensamento positivo foi transformado em algo que seus proponentes do século XIX provavelmente nunca imaginaram: não uma exortação para se levantar e começar a agir, mas um meio de controle social no local de trabalho, uma incitação para ter desempenhos cada vez mais altos. Os editores de *O poder do pensamento positivo*, de Vincent Peale, estavam entre os primeiros a ver esse potencial já na década de 1950, instando, numa propaganda do livro: "EXECUTIVOS: deem este livro aos funcionários. Isso renderá dividendos!" Os vendedores ganhariam "uma fé renovada naquilo que vendem e em sua organização". Além disso, conforme prometia o anúncio, o livro resultaria numa "maior eficiência dos *funcionários de escritório*. Notáveis reduções no tempo gasto olhando o relógio".[4] Usando a "motivação" como chicote, o pensamento positivo tornou-se o atributo inconfundível do funcionário obediente, e, à medida que pioravam as condições nos empregos corporativos na era do *downsizing*, iniciada na década de 1980, a mão que manejava o chicote tornava-se cada vez mais pesada.

O Vendedor Solitário

As pessoas da área de vendas não precisavam de nenhum estímulo da gerência para aceitar o pensamento positivo, e por razões compreensíveis. Elas levam uma existência solitária, como me disse Sue Goodhart, tipicamente distantes da sede da empresa e vivendo em um exílio perpétuo de estradas, hotéis e aeroportos. Assim como qualquer pessoa na empresa, elas enfrentam uma vida de desafios constantes, na qual cada dia é um teste que poderá terminar em rejeição e derrota. Mas, por mais que esteja solitário e chateado, o vendedor precisa estar preparado para erguer-se e gerar um entusiasmo renovado a fim de enfrentar o próximo cliente, a próxima cidade, a próxima rejeição. Ele — e, com o transcorrer do século XX, cada vez mais, ela — precisava urgentemente de uma forma de superar as dúvidas pessoais e gerar otimismo.

Considere o testemunho dado na internet por um vendedor chamado Rob Spiegel, que se descreve como inicialmente cético a respeito do pensamento positivo: "Minhas dúvidas se centravam na reflexão de que o pensamento positivo não era muito diferente do pensamento mágico. (...) O que era mais perturbador ainda, eu me preocupava com a possibilidade de que o pensamento positivo pudesse ser uma forma desagradável de autoilusão que poderia, em última instância, envolver a pessoa em uma irrealidade que de fato poderia impedir o sucesso." Mas, uma vez que começou seu próprio negócio — ele não diz qual —, compreendeu a necessidade de uma reprogramação defensiva de sua mente:

> Quando você arregaça as mangas e começa o trabalho pesado de abrir uma empresa, os pensamentos sombrios rapidamente ocupam seu cérebro vazio. Todo "NÃO" recebido durante um esforço de venda é um poderoso golpe contra a própria ideia

de que você possa ter sucesso abrindo um negócio. Se você não pensar positivamente diante da rejeição, acabará acreditando naqueles que o rejeitam, e durante as fases iniciais há mais rejeição do que aceitação.[5]

Não se pode subestimar a relevância fundamental do esforço de vendas para a economia do consumo: se essa economia quiser florescer, as pessoas terão de ser persuadidas a comprar coisas de que não precisam ou que não sabem que precisam, e essa persuasão é tarefa da força de vendas, bem como das agências de publicidade. Mas, apesar de suas contribuições para o crescimento econômico, os vendedores recebem muito pouco respeito. Num filme de Woody Allen, *Um assaltante bem trapalhão*, seu personagem é submetido à tortura de ficar trancado em uma sala com um vendedor de seguros. Nós achamos que o entusiasmo dos profissionais de vendas é falso; pensamos neles como a quintessência dos homens vazios. O século XX assistiu a duas grandes peças sobre vendedores — *A morte do caixeiro-viajante*, de Arthur Miller, e *Sucesso a qualquer preço*, de David Mamet —, e em cada uma delas o drama gira em torno do fato de que alguma centelha de humanidade ainda perdura nas almas ressequidas dos vendedores.

Foi a esse grupo de desprezados que Norman Vincent Peale levou sua pregação na década de 1950. Embora ele apreciasse a convivência com altos líderes empresariais, gostava especialmente de falar para vendedores humildes, a ponto de ver a si mesmo como um deles — "o vendedor de Deus", como costumava dizer. Sem dúvida, exceto pela rejeição constante, sua vida se parecia com a daqueles vendedores aos quais pregava o pensamento positivo. Depois do sucesso de *O poder do pensamento positivo*, Peale nunca mais parou de viajar e fazer palestras, deixando os filhos para serem criados por sua esposa e a igreja para ser cuidada por seus funcionários, de modo que ele partilhasse com os vendedores suas "vidas nômades, eternamente itinerantes, conscientes de que toda transação era um desempenho individual e um desafio pessoal", conforme descrito por um biógrafo.[6] Em *O poder do pensamento positivo*, a maior parte dos casos contados acontece em hotéis ou auditórios, onde ansiosos ou abalados vendedores o cercavam em busca de conselhos pessoais. Era esse o público escolhido por Peale — "o homem solitário num quarto de hotel".[7]

Os vendedores de hoje dificilmente estão sozinhos em seus esforços de atingir um estado de frenético entusiasmo; recebem grande ajuda de seus empregadores, que se tornaram cada vez mais criativos em suas iniciativas motivacionais. Uma das abordagens, lançada pelas empresas farmacêuticas, é começar contratando pessoas que já são, em certo sentido, grandes motivadoras: líderes de torcidas em faculdades. Como essas pessoas se revelaram representantes comerciais de muito sucesso, surgiu um fluxo regular de recrutamento das farmacêuticas nas faculdades. "Eles não perguntam a área de especialização", disse um consultor de líderes de torcida na Universidade de Kentucky a respeito dos recrutadores; basta que o candidato seja um líder de torcida experiente. "Gestos exagerados, sorrisos exagerados, entusiasmo exagerado", continuou o consultor, "esses estudantes aprendem essas coisas e podem levar as pessoas a fazer o que eles querem".[8] Outro modo objetivo de motivar uma força de trabalho é oferecendo recompensas para os que têm melhor desempenho. Quem vende mais cosméticos na Mary Kay recebe Cadillacs cor-de-rosa; o "funcionário do mês" em qualquer empresa pode ganhar um espaço mais conveniente no estacionamento. Um consultor administrativo observou em 2006 que "os empregadores americanos gastam US$100 bilhões por ano em incentivos como camisetas, jogos de golfe e viagens gratuitas à Flórida na crença de que isso, de alguma forma, motiva e inspira seus funcionários".[9]

Nem todos os métodos motivacionais aplicados a vendedores incluem recompensas e incentivos. Num ambiente de trabalho em que os funcionários têm poucos direitos, ou nenhum, algumas empresas adotam formas de motivação cruéis ou mesmo pervertidas. A Alarm One, por exemplo, uma empresa de equipamentos de segurança para casas sediada na Califórnia, foi processada em 2006 por uma vendedora que havia sido submetida ao que se poderia chamar de espancamento motivacional. Os espancamentos, geralmente feitos com pequenas placas de metal que empresas concorrentes exibiam no jardim de uma casa para anunciar seu produto, destinavam-se a acirrar a competição entre equipes de vendedores. Conforme o depoimento de um vendedor, "Basicamente, a pessoa ficava na frente da sala, punha as mãos na parede, curvava-se e era espancada com a placa". Outras punições para vendedores que não atingiam as metas incluíam quebrar ovos em suas cabeças, borrifar chantilly no rosto, ou a obrigação de usar fraldas. (Como não só as mulheres eram submetidas a isso, mas também os homens, os espancamentos não foram classificados como assédio sexual, e a mulher perdeu a causa.)

Um caso mais perturbador ainda veio da Prosper Inc, uma empresa em Provo, Utah, onde, em maio de 2007, um supervisor submeteu um funcionário a um afogamento simulado como parte de um "exercício motivacional". O funcionário, que havia se voluntariado para participar da experiência sem saber do que se tratava, foi levado para fora, mandado deitar-se na grama com o rosto para cima e a cabeça voltada para a parte mais baixa da colina, e segurado fortemente por outros colegas enquanto o supervisor jogava água em todo o seu rosto. "Vocês viram o enorme esforço feito por Chad aqui para conseguir respirar", teria dito o supervisor, segundo testemunhas, à equipe de vendas. "Agora, quero que vocês voltem para suas salas e lutem com a mesma garra para fazer suas vendas."[10] Embora insista em que a empresa não tolera tortura, a direção da Prosper não teve nada a dizer a respeito de outras práticas motivacionais mais rotineiras usadas por esse supervisor, como desenhar bigodes nos rostos dos funcionários e obrigá-los a trabalhar o dia todo de pé. Por incrível que pareça, a própria Prosper está no mercado de vender "motivação" para outras empresas.

Muito mais frequentemente, é claro, as empresas têm mantido intocados os corpos de seus vendedores e buscado apenas controlar suas mentes. Quando o sociólogo Robin Leidner passou por um treinamento como vendedor numa empresa chamada Combined Insurance em 1987, descobriu uma "ênfase em vender atitudes adequadas e técnicas de venda, e uma relativa falta de atenção em transmitir aos vendedores informações sobre seguros de vida". O primeiro dia de aula começou com os trainees de pé, cantando "EU ME SINTO SAUDÁVEL, EU ME SINTO FELIZ, EU ME SINTO O MÁXIMO!", e dando murros no ar. Na Combined Insurance, isso fazia parte da filosofia da "Atitude Mental Positiva" desenvolvida pelo fundador da empresa, W. Clement Stone, um grande doador republicano e coautor, com Napoleon Hill, de *Sucesso através de uma atitude mental positiva*. Os lemas com que eram inundados os trainees por meio de vídeos incluíam "Eu desafio você a desenvolver uma personalidade vencedora." Leidner comenta: "Como esse lema deixa claro, os trainees eram encorajados a ver suas personalidades como algo a ser trabalhado e ajustado para promover o sucesso."[11]

Poucas empresas se empenharam tanto quanto a Amway, fornecedora de produtos de limpeza, purificadores de água e cosméticos, para instilar o pensamento positivo em seus vendedores. Os recrutas da Amway passam por uma intensa doutrinação, paga de seus próprios bolsos, e compram fitas, livros, seminários e ralis. No início dos anos 1980, os vendedores deveriam comprar um livro por mês de uma lista que incluía clássicos como *O poder do pensamento positivo* e *Pense e enriqueça!*, de Napoleon Hill.[12] Nos seminários, também pagos pelos próprios vendedores, eles aprendiam que "Deus é Positivo e o Demônio é Negativo". Como explica um ex-vendedor da Amway, "Qualquer influência que enfraqueça sua crença e seu compromisso com o negócio é Negativa. (...) A recusa de comprar uma fita recomendada por um *upline* [alguém superior na hierarquia de vendas] é Negativa". Esse vendedor descreve um rali de vendas da Amway como algo parecido a um concerto de rock:

> Ondas de cantos alternados atravessam o salão de ponta a ponta, indo e vindo, um lado gritando "Não é Demais?!" e o outro respondendo "Não é Mesmo?!" Em um evento regional, milhares de pessoas acendem seus isqueiros (a Amway ainda não fabricou um com sua marca) e giram as chamas em círculo para simbolizar a força mística do atual plano de vendas da empresa. (...) Os lemas e os círculos são projetados em imagens rápidas sobre um enorme telão na frente do anfiteatro, no ritmo da música.[13]

Não se entregar de corpo e alma ao frenesi seria, é claro, "Negativo". Como sabe qualquer pessoa que tenha participado de um evento esportivo, um encontro de avivamento ou um concerto de rock real, é difícil resistir à excitação de uma multidão. Quando a música está arrebentando e as outras pessoas estão de pé, cantando ou se balançando, somos involuntariamente arrastados e podemos experimentar, por alguns instantes, uma sensação de exaltação, de sermos parte de "algo maior do que nós". Os palestrantes motivacionais — e os planejadores de eventos — compreendem e exploram essa capacidade humana, muitas vezes instando o público a ficar de pé e talvez cantar ou dançar. Em seu livro sobre o ramo dos palestrantes motivacionais, Jonathan Black descreve o público de um palestrante como "funcionários *transformados*" que às vezes "irrompem em soluços". Depois do espetáculo, "eles agarram as mãos do palestrante e lhe dizem que é um salvador. Eles o abraçam, tremendo e chorando".[14] Para um vendedor ansioso ou alguém que trabalhe o dia todo num cubículo, um evento como esse pode ser uma eletrizante experiência catártica — não alguma coisa contra a qual alguém deva se ressentir como sendo uma tentativa de controle da mente, mas algo a se esperar em qualquer grande reunião de empresas e mesmo algo a que se tem direito, como um alívio temporário da pressão constante.

Por volta do início do século XXI, a motivação enlatada deixara de ser um espetáculo secundário ao drama central do mundo corporativo e havia começado a penetrar no coração dos negócios americanos. Não apenas vendedores, mas outros trabalhadores de colarinho-branco, pessoal de TI, engenheiros e contadores são vistos hoje, e cada vez mais, como necessitando de motivação e de seus resultados prometidos — o pensamento positivo e um melhor desempenho. Parece que todas as pessoas no mundo corporativo estão em risco de despencar num fosso de improdutividade a menos que sejam continuamente sustentadas com doses frescas de adrenalina motivacional. E talvez os mais surpreendentes convertidos ao pensamento positivo sejam os reais tomadores de decisões — os executivos e gerentes.

A Era da Irracionalidade

Quando converso sobre o mercado corporativo da motivação com pessoas relativamente conhecedoras do assunto, elas muitas vezes parecem desconfortáveis com seus aspectos mais tortuosos — reuniões de vendas que lembram comícios políticos ou encontros de avivamento, por exemplo, e a promessa de onipotência por meio da lei da atração. James Champy, consultor administrativo e coautor de *Reengenharia da gerência*, sucesso de vendas em 1993, disse que acha grande parte da obra motivacional "enganosa" e que seus praticantes são, muitas vezes, "pessoas sem instrução". Clarke Caywood, professor de marketing na Universidade de Northwestern, admitiu ser "excessivamente bem-educado e cínico" para truques motivacionais como visualização, mas insistiu que "não podem fazer mal": "Se você aprende apenas um pequeno truque — como colar em seu espelho uma foto do barco que deseja —, pode ser que isso seja o que resultará numa venda." Ele e eu — um professor e uma escritora — poderíamos entender que visualizar um barco não o trará para nós, mas seria "arrogante", disse-me ele, negar que a maior parte dos funcionários de empresas, especialmente os vendedores, precisa contar com esses "truques" simplesmente para conseguir atravessar o dia.

Durante grande parte do século XX, os gerentes corporativos se imaginavam como profissionais de sangue-frio treinados na "ciência administrativa" e desempenhando um serviço público: cabia a eles fazer com que as empresas funcionassem sem problemas e com eficiência. Surgindo na primeira parte do século, ao mesmo tempo que a medicina e a engenharia estavam se organizando como profissões, a administração profissional refletia uma disseminada fé da classe média — antitética aos princípios do pensamento positivo — de que todos os problemas se solucionariam com uma abordagem racional, científica. Por que se preocupar com pensamentos ilusórios quando a ciência e a tecnologia já estavam gerando aquelas inovações fabulosas como o automóvel, o telefone e o rádio? A classe média americana com diplomas universitários atinha-se a uma crença central: a meta era o progresso para todos, não apenas o sucesso individual, e isso seria alcançado por meio do trabalho de especialistas altamente treinados, racionais e imparciais.

Nunca houve um corpo de conhecimentos "científicos" relativos à administração que fosse comparável, por exemplo, a um corpo de ciência médica; havia apenas estudos de caso sobre os quais se poderia refletir e experiências com o que hoje chamamos de "melhores práticas" que poderiam ser examinadas. Mas a noção da administração como um empreendimento racional que qualquer um poderia dominar por meio do estudo continua uma poderosa carga meritocrática, desafiando a antiga prática de substituir líderes de negócios por seus filhos e genros. O número de pessoas empregadas como diretores de empresas inchou no período pós-guerra; a administração de empresas tornou-se a área mais popular de especialização nos cursos de graduação, e o MBA passou a ser o título de pós-graduação mais procurado — tudo isso com base na ideia de que a gestão era um encargo impessoal, racional.

Então, na década de 1980, veio o paroxismo do *downsizing*, e a própria natureza da corporação foi posta em dúvida. Num processo que começou quase como uma mania passageira e rapidamente se consolidou como um hábito inabalável, as empresas começaram a "reestruturar", a "fazer a reengenharia" e, em geral, a cortar o maior número possível de empregos, tanto nas atividades de escritório quanto nas fábricas. Entre 1980 e 1985, o CEO da General Electric, Jack Welch, ganhou o apelido de "Jack Neutrônio" por despedir 112 mil empregados e anunciar sua intenção de eliminar a cada ano os 10% de menor desempenho na empresa. Em pouco tempo, os acionistas em todo o mundo corporativo estavam demandando constantes "reduções na força" como forma de elevar os preços das ações, pelo menos no curto prazo. O *New York Times* captou a nova ordem corporativa sucintamente em 1987, escrevendo que "ela rechaça a lealdade a trabalhadores, produtos, estruturas corporativas, negócios, fábricas, comunidades, até mesmo à nação. De acordo com as novas regras, todas essas lealdades são vistas como dispensáveis. Quando a sobrevivência está em jogo, somente a liderança no mercado, os altos lucros e as ações em alta podem ter a permissão de ser importantes".[15]

Criadas no século XIX para realizar projetos específicos como a construção de canais ou ferrovias, as corporações haviam sido entidades orientadas para o cumprimento de tarefas. A palavra "corporativo" ainda sugere um grupo engajado em algum empreendimento coletivo que vai além de produzir dinheiro para acionistas. Muitos anos depois do período pós-guerra, as corporações continuavam a se definir em termos de seus produtos e de sua contribuição geral para a sociedade. Mas, com o advento do "capitalismo financeiro" nos anos 1980, os lucros dos acionistas puseram abaixo todas as outras considerações, inclusive o orgulho que acompanhava o produto. Rakesh Khurana, professor na Faculdade de Administração de Harvard, que registrou e narrou o declínio da administração profissional, traça a mudança na concepção da corporação através de declarações de políticas feitas pela Business Roundtable. Em 1990, esta entidade que representava as grandes corporações da América afirmou que "as corporações são criadas para servir tanto a seus acionistas quanto à sociedade como um todo", incluindo as partes interessadas, como funcionários, clientes, fornecedores e comunidades. Em 1997, contudo, a Roundtable explicitamente negou qualquer responsabilidade perante partes interessadas que não fossem os acionistas, afirmando que "a noção de que o Conselho precisa, de alguma forma, equilibrar os interesses de outros interessados representa, fundamentalmente, uma interpretação equivocada do papel dos diretores". Liberadas de qualquer consideração por funcionários, clientes e "a sociedade como um todo", as corporações degeneraram em meros "agregados de ativos financeiros" que podiam ser saqueados, desagregados ou fundidos conforme se desejasse. Alguns teóricos da administração começaram mesmo a descrever a corporação como "uma ficção legal, um fantasma na mente", porque o produto ficava cada vez mais secundário e os vínculos entre os funcionários de uma empresa eram cada vez mais frágeis.[16] O livro de conselhos empresariais *Como nadar entre os tubarões sem ser comido vivo* enfatizava que, no novo cenário corporativo, era cada um por si.

Os gerentes de alto nível logo perceberam que eram tão dispensáveis quanto qualquer outro. Uma aquisição hostil ou a decisão súbita de eliminar uma linha de produto ou uma divisão poderiam obrigá-los a arrumar a mala a qualquer momento; até os CEOs estavam entrando e saindo de empregos o tempo todo. Mas o pessoal dos escalões mais altos tinha uma grande vantagem sobre os funcionários comuns que viviam sob a ameaça de dispensa: como eram premiados, cada vez mais, com participações acionárias — muitas vezes acompanhadas de indenizações generosas chamadas *paraquedas dourados* —, tinham a chance de enriquecer em pouco tempo no meio daquela agitação permanente.

A combinação de grande risco e recompensas potencialmente deslumbrantes cria um potente coquetel — conduzindo, nesse caso, a uma onda de leviandade que varreu toda a classe gerencial americana. Rejeitando os velhos, lentos e reflexivos métodos da administração profissional, os gerentes americanos apaixonaram-se pela intuição, por julgamentos impensados e pressentimentos. Como observou Tom Peters, guru dos negócios, "As coisas estão se movimentando com uma rapidez excessiva que nos impede de aclarar e classificar logicamente o que está acontecendo".[17] Um artigo em *Fast Company* reclamou que "existe uma grande dificuldade com relação aos livros de administração — mesmo os mais vendidos e os recheados com dados. O mundo que buscam descrever é tão complexo, tão tumultuado, muitas vezes tão errático, que desafia a previsibilidade e até a racionalidade".[18] Ou, como disse a *Business Week* em 1999: "Quem é que ainda tem tempo para fazer árvores de decisão e planos quinquenais? Diferentemente do mercado de 20 anos atrás, a economia de hoje, dominada pela informação e pelos serviços, resume-se a tomadas de decisão instantâneas" — e que tinham de se basear em pressentimentos ou revelações súbitas e inexplicáveis.[19] A hesitação ou o dedicar um longo tempo a uma decisão eram agora coisas condenadas como "excesso de análise" ou "excesso de intelectualização". O único "paradigma" que funcionava era o da própria mudança, e o único modo de sobreviver era abraçá-la incondicionalmente ou, nas palavras de Peters, aprender a "prosperar no caos".

No topo da hierarquia administrativa, os CEOs inventaram uma nova autoimagem de líderes carismáticos dos quais se poderiam esperar as intuições e os pressentimentos corretos num mundo em rápida transformação. O CEO do tipo antigo havia crescido nas fileiras da empresa, dominando todos os aspectos do negócio antes de ascender ao topo; o novo CEO provavelmente tinha sido contratado por seu status de celebridade no mundo empresarial, mesmo que isso derivasse de áreas de negócio sem a menor relação com a empresa. Assim Khurana descreve a transformação: "A imagem de um CEO mudou: deixou de ser um administrador capaz e tornou-se um *líder* — um líder estimulante, exuberante" — muito parecido com um palestrante motivacional, de fato.[20] Alguns acadêmicos das faculdades de administração encontram um perturbador elemento de divindade na autoimagem do novo CEO. De acordo com um artigo de 2002 na revista *Human Relations*, muitos líderes empresariais "desenvolvem uma convicção monomaníaca de que existe um único modo correto de fazer as coisas e acreditam que possuem uma percepção quase divina da realidade". Eles estavam convencidos agora, em não pequena medida pelos gurus motivacionais que vinham substituindo os antigos "consultores" empresariais, de que eram "visionários carismáticos, e não pessoas que usam ternos".[21]

Abandonando a "ciência" da administração, os líderes empresariais começaram uma agitação frenética em busca de novos modos de explicar um mundo cada vez mais instável — passando da teoria do caos à sabedoria dos índios americanos, da "excelência" às religiões orientais. Não bastava rejeitar as velhas abordagens; um tipo de antirracionalidade tomou conta do mundo empresarial americano. Com uma inclinação de cabeça em reconhecimento ao antigo compromisso da administração com a análise racional, a *Business Week* admitiu que "o pensamento espiritual na América corporativa pode parecer tão deslocado quanto uma máquina de escrever numa empresa de alta tecnologia". Mas, como a matéria de capa prosseguia demonstrando, estava em toda parte. Um encontro realizado em 1999, por exemplo, de "alguns dos mais jovens e mais poderosos altos executivos do mundo" incluiu uma "jornada de cura xamânica":

> Lá, em um espaço iluminado por velas, e respirando uma densa nuvem de incenso, 17 capitães da indústria, com os olhos vendados, deitaram-se sobre toalhas no chão, inspiraram profundamente e mergulharam no "mundo inferior" ao som de um tambor tribal solitário. Conduzindo o grupo estava Richard Whiteley, um escritor de sucesso formado pela Faculdade de Administração de Harvard e consultor empresarial que faz um bico como xamã urbano. "Visualize uma entrada na terra, um poço ou um lugar profundo onde você possa nadar", murmurava Whiteley sobre o mar de peitos arfantes. Em seguida instruiu os executivos a resgatar do fundo de si mesmos seus "animais de poder, que conduzirão suas empresas ao sucesso no século XXI".[22]

Não apenas a cura xamânica, mas dezenas de formas de práticas espirituais proliferaram na América corporativa nas décadas de

1990 e 2000. Havia altos executivos que participavam de "buscas de visão" e círculos de cura que usavam os conhecimentos dos nativos americanos, bem como grupos de oração, seminários budistas, caminhada sobre brasas, exercícios de "contar histórias tribais" e "escuta atenta e profunda". No início da década de 1990, Esalen, o spa do Big Sur que havia sido um bastião da contracultura nos anos 1960 e 1970, levantou dinheiro para transformar seu prédio principal em um luxuoso retiro corporativo, e grandes empresas como AT&T, DuPont, TRW, Ford e Proctor and Gamble estavam comprando experiências espirituais para seus gerentes de alto nível. "As empresas estão cheias de místicos", declarou em 1996 um livro de autoajuda para empresários. "Se você quiser achar um genuíno místico, tem maior probabilidade de encontrá-lo numa sala de reunião de diretoria do que num monastério ou numa catedral."[23]

Na cultura corporativa recentemente "espiritualizada", não havia absolutamente nada perturbador a respeito do pensamento positivo e de sua promessa de que a lei da atração lhe permite controlar o mundo com seus pensamentos. Como observou a *Fortune*, a nova espiritualidade dos negócios oferecia "uma visão de mundo na qual (...) a realidade não é absoluta, mas um subproduto da consciência humana".[24] Os consultores administrativos tradicionais, que lidavam com montanhas de dados, começaram a ser substituídos por autodenominados gurus empresariais como Peters e Tony Robbins — celebridades em vendagem de livros que podiam pôr todo o auditório de pé com interpretações animadas de velhas panaceias do pensamento positivo.

O declínio da administração como um empreendimento racional pode ser traçado em paralelo com a carreira meteórica de Peters, apelidado de "*überguru*" da administração pelo *Los Angeles Times*. Ele começara como analista na tradicional e hiper-racional empresa de consultoria McKinsey, até descobrir o "elemento humano" na administração em seu grande sucesso publicado em 1982, *In Search of Excellence* (*Vencendo a crise*). Não bastava gerenciar "de acordo com uma fórmula", ele e seu coautor argumentavam com bastante sensatez. Os funcionários precisavam ser motivados e recompensados pelo esforço extra que fizessem para satisfazer os clientes, e isso envolvia engajar suas emoções. As corporações eram feitas de pessoas, as pessoas são seres emocionais, então a gerência teria simplesmente de se embrenhar por esse nebuloso novo território. Peters, em outras palavras, criou um argumento racional para uma nova abordagem à administração, menos do que racional e baseada na motivação, na elevação do moral e no pensamento positivo.

Mas, à medida que a era do *downsizing* ia chegando ao fim, um tom ameaçadoramente niilista infiltrou-se em sua mensagem. Já não bastava "prosperar no caos", como aconselhara seu livro de 1988: o gerente visionário precisava, na verdade, gerar o caos. "Destrua sua empresa antes que um concorrente o faça!", escreveu ele em 1992 no livro *Liberation Management*. "Desorganize! E continue desorganizando!"[25] Ele não fazia nenhuma afirmação sem os pontos de exclamação em vermelho que eram sua marca registrada; posou para fotos usando uma cueca. Um artigo sobre Peters publicado na *Fortune* em 2000 começava assim: "Se você sabe uma coisa sobre Tom Peters, é sobre seu primeiro livro; se você sabe duas coisas, a segunda é que ele não escreveu nenhum outro livro tão bom como aquele, e se você sabe três coisas, a terceira é que em algum momento nos 18 anos transcorridos desde aquele primeiro livro precioso ele pirou."[26]

Talvez tenha sido a cueca e a fala cada vez mais excêntrica de Peters que tenham feito a *Fortune* virar-se contra ele, porque, não importa quão pirado estivesse, não havia de fato perdido o contato com a América corporativa. *Downsize!* foi sua mensagem para os anos 1990 — destruam a empresa, tal como a conhecemos. E foi exatamente isso o que os CEOs fizeram. Quando Jack Welch aposentou-se da direção da GE em 2001, concluiu seu discurso de despedida com uma nota em tudo semelhante à mensagem niilista de Peters, "dizendo a todos para virar a organização de cabeça para baixo, sacudi-la e explodir o telhado".[27] Será que as demissões fortaleceram ou enfraqueceram a corporação? Um estudo feito em meados dos anos 1990 pela American Management Association não descobriu nenhum impacto positivo sobre a produtividade.[28] Mas dificilmente isso teria alguma importância, já que as dispensas claramente levaram ao aumento do preço das ações, pelo menos no curto prazo. Se havia uma deidade no centro da nova "espiritualidade empresarial" da América corporativa, era Shiva, o deus da destruição.

Administrando o Desespero

Entre 1981 e 2003, cerca de trinta milhões de trabalhadores americanos regulares perderam seus empregos durante os *downsizings* das empresas.[29] As instituições americanas — empresariais e governamentais — tinham muito pouco de valor concreto a oferecer às vítimas dessa maciça perturbação social. Os auxílios-desemprego geralmente duravam apenas seis meses; o seguro-saúde terminava na data da demissão. Muitos dos trabalhadores de colarinho-branco despedidos conseguiram se reerguer, encontrando novos empregos — embora com salários que eram, em média, 17% menores do que os anteriores — ou ajustando-se à vida como trabalhadores temporários ou "consultores" de algum tipo.[30] Mas, sem contar com uma rede de segurança, pessoas de classe média muitas vezes caíam em empregos com baixos salários e acabavam na pobreza. Conheci muitos desses antigos administradores e profissionais que estavam vivendo uma mobilidade descendente e ouvi muitas histórias a respeito de outros: a vendedora de TI em Atlanta que trabalhou seis meses como zeladora de um prédio antes de conseguir outro emprego; o motorista de táxi de Minneapolis que dá aos passageiros seu antigo cartão de visita, do tempo em que era um executivo da mídia, caso possam estar interessados em empregar algum; o engenheiro químico cuja demissão resultou num período passado num abrigo para pessoas destituídas. A antiga classe média estável de trabalhadores de colarinho-branco, criada para acreditar que suas habilidades e sua educação lhe garantiriam segurança, estava reduzida a um esforço constante e ansioso para "ir se virando".

É claro que o *downsizing* não aumentou o número de vendedores, mas fez crescer o número de pessoas que eram encorajadas a *se pensar* como vendedores. Nas perigosas condições do novo local de trabalho empresarial, todo mundo era instado a se envolver num contínuo esforço de venda, vendendo a si mesmo. Como disse o antropólogo Charles N. Darrah, o trabalhador de colarinho-branco transformou-se num "pacote de habilidades (…) que pode se movimentar livremente entre diferentes locais de trabalho, carregando suas qualificações como quem carrega uma bagagem".[31] Mas essa pessoa só podia esperar mover-se "livremente" se estivesse constantemente aperfeiçoando e polindo o que Tom Peters chamou de "a marca chamada você". Você já não deveria se pensar como um "funcionário"; você era "uma marca que apregoa excelência, compromisso e paixão!".[32] Todo mundo, do criador de software ao contador, estava agora submetido às mesmas inseguranças que o "vendedor solitário" que antes constituía o alvo de Norman Vincent Peale.

A indústria da motivação não podia consertar essa nova realidade. Tudo o que podia fazer era oferecer-se para mudar o modo como a pessoa *pensava* a nova situação, insistindo que a reestruturação corporativa era uma "mudança" emocionantemente progressista a ser adotada, que a perda do emprego representava uma oportunidade de autotransformação e que uma nova fornada de "vencedores" surgiria daquela desordem. E era isso que as empresas estavam pagando à indústria da motivação para fazer. Conforme relatou o *Washington Post* num artigo de 1994 sobre produtos motivacionais, "As grandes empresas estão buscando formas inovadoras e baratas de incentivar os funcionários desencorajados pelas demissões maciças".³³ De acordo com uma "história de *coaching*" que está na internet, a indústria do *coaching* devia seu enorme crescimento na década de 1990 à "perda de 'carreiras vitalícias'".³⁴ A AT&T mandou seu pessoal para um grande evento motivacional chamado "Sucesso 1994" no mesmo dia em que a empresa anunciou que demitiria 15 mil trabalhadores nos dois anos seguintes. Conforme Richard Reeves divulgou no *Times*, a mensagem do palestrante convidado — o frenético motivador cristão Zig Ziglar — era: "A culpa é sua; não culpe o sistema; não culpe o patrão — trabalhe mais e reze mais."³⁵

Produtos como cartazes e calendários motivacionais também deviam seu mercado ao que a porta-voz da Successories descreveu, de forma cuidadosamente abstrata, como "um monte de negatividade no mundo". "Precisamos [dos produtos da Successories] porque existem muitas empresas fazendo *downsizing* e muitas outras que não podem pagar a seus funcionários o aumento que eles estão esperando", disse ela, e os produtos que sua empresa oferecia eram "uma das formas de atenuar a situação".³⁶ Conforme observou Ralph Whitehead, professor de jornalismo na Universidade de Massachusetts em Amherst, "Os encarregados do *downsizing* nas empresas demitem uma pessoa em cada três e depois colam cartazes inspiradores nas paredes para cobrir as feridas psíquicas."³⁷

Pense isso como um experimento maciço de controle da mente. "A realidade é muito dura", disse-me um cientista da computação que tem um mestrado e só consegue encontrar empregos temporários, sem benefícios. Mas você não pode mudar a realidade, pelo menos não de uma forma fácil e óbvia. Você pode se juntar a um movimento social que defenda a criação de uma rede de segurança adequada ou políticas empresariais mais humanas, mas esses esforços podem durar uma vida inteira. Por enquanto, você só pode mudar sua percepção da realidade, de negativa e amarga para positiva e tolerante. Esse foi o grande presente do mundo corporativo para seus funcionários demitidos e para os sobreviventes que tiveram sua carga de trabalho aumentada — o pensamento positivo.

As empresas levavam palestrantes motivacionais a um número cada vez maior de encontros corporativos.[38] Independentemente do que também aconteça nesses encontros — a distribuição de prêmios, a apresentação de novos executivos —, o "divertimento" é em geral propiciado por palestrantes motivacionais. Como disse Vicky Sullivan, que monitora o mercado para esses palestrantes, durante a reunião da Associação Nacional de Palestrantes em 2007, as empresas são os "amantes velhos e ricos" da indústria de palestras motivacionais. "Em algum momento", disse-me ela em uma entrevista, os empregadores perceberam que não bastava expor as pessoas às conhecidas panaceias do pensamento positivo, como "Não leia jornais nem converse com pessoas negativas". "O que elas aprenderam", disse ela, "foi que precisam ir além disso, pois as mudanças acontecem cada vez mais rapidamente. Você tem de usar palestrantes motivacionais para ajudar as pessoas a permanecerem onde estão."

Os palestrantes motivacionais e os *coaches* promoveram-se como uma ferramenta para administrar "mudanças", ou seja, as demissões e a carga extra de trabalho imposta aos sobreviventes. Uma empresa de *coaching*, por exemplo, prometia curar a atmosfera contagiosa produzida pelo *downsizing*: "Este programa é perfeito para organizações e empresas que estão passando por mudanças como *downsizing*, fusões ou aquisições. Se as pessoas em sua organização estão reagindo à mudança com resistência, fofocas durante o cafezinho, desempenho decrescente, menos comunicação entre elas ou um estresse crescente, esse treinamento para o gerenciamento da mudança ensina como permanecer positivamente motivado e centrado."[39] Uma palestrante motivacional singularmente acessível expressou algum desconforto com seu papel, dizendo-me que os empregadores, em certa medida, usam pessoas como ela para "atacar os funcionários" quando eles não atingem as metas estabelecidas. "Eles podem dizer: 'Você não ouviu a palestrante que nós trouxemos?'"

O florescente gênero de livros de autoajuda sobre negócios forneceu outra ferramenta para fazer com que os trabalhadores de colarinho-branco se adaptassem ao *downsizing*. Dentre esses livros, o clássico da propaganda do tema foi *Quem mexeu no meu queijo?*, que já vendeu dez milhões de exemplares, grande parte deles a empresas que compraram no atacado para seus funcionários. Talvez reconhecendo que poderia cair nas mãos de muitos leitores relutantes, o livro é minúsculo, apenas 94 páginas em letras grandes, e oferece o tipo de fábula adequada para um livro infantil. Dois duendes que moravam num labirinto e comiam queijo, chamados Hem e Haw — numa alusão à tendência humana de pensar e refletir —, chegaram um dia ao Posto C, onde sempre havia queijo, e descobriram que a provisão havia sumido. Os duendes gastaram seu tempo vociferando e arrancando os cabelos "pela injustiça daquilo", como sugere o título do livro. Mas havia também dois ratinhos no labirinto, que farejavam sem hesitar para localizar uma fonte alternativa de queijo porque, sendo roedores, "mantinham a vida simples. Não ficavam analisando demais e complicando as coisas".[40]

Por fim os duendes aprenderam com os ratinhos que talvez tivessem de se adaptar a um *novo* queijo. Haw usa o que equivale à lei da atração para encontrá-lo: começa a "pintar um quadro em sua mente (…) em detalhes muito realistas [de si mesmo] sentado no meio de uma pilha de seus queijos favoritos — de cheddar a brie!"[41] Em vez de se ressentir com a perda de seu antigo queijo, ele compreende, de forma mais positiva, que "a mudança pode levar a algo melhor", e em pouco tempo está degustando um "delicioso" queijo novo. Lição para as vítimas das demissões: as perigosas tendências humanas de "analisar demais" e reclamar devem ser superadas e substituídas por uma forma de abordar a vida mais semelhante à dos ratos. Quando você perde um emprego, simplesmente cale a boca e saia correndo em direção ao próximo.

As empresas usaram diversos eufemismos de tom positivo para designar as demissões, descrevendo-as como "liberação de recursos" ou "oportunidades para mudar de carreira", mas o processo foi rápido e brutal.[42] Por volta dos anos 1990, o gerenciamento das demissões havia se tornado uma arte especializada, muitas vezes praticada por especialistas em reestruturação trazidos de fora. Em primeiro lugar, as dispensas tinham de ser anunciadas subitamente e todas de uma vez; assim, os queixumes das vítimas não teriam tempo de infectar os funcionários sobreviventes. Tipicamente, eram as forças de segurança da empresa que administravam o processo concreto de remover as pessoas e garantir que os trabalhadores descartados saíssem sem fazer confusão. No cenário mais comum, uma pessoa era informada de sua demissão e rapidamente acompanhada por um guarda de segurança até a porta. Às vezes os funcionários descartados tinham permissão de recolher seus objetos pessoais — fotos da família, por exemplo — antes de sair, e em outras vezes essas coisas eram simplesmente despachadas para eles mais tarde.

Para limitar a má vontade, a difamação por ex-funcionários ou para tentar impedir que fossem processados por demissão ilegal, os empregadores recorriam a empresas de recolocação no mercado; além de ensinar a escrever currículos, elas ofereciam serviços motivacionais para consolar os demitidos. O dono de uma empresa de recolocação em Portland, no Oregon, afirmou em 1994 que, com sua ajuda, as pessoas compreendiam que "perder um emprego era um passo adiante em suas vidas, (...) uma experiência de crescimento, um tempo para se recolher, um tempo de espera". O *Los Angeles Times* noticiou o caso de Primalde Lodhia, um cientista da computação nascido na Índia que tinha um MBA em engenharia mecânica e havia sido demitido em 1991 sem nenhuma explicação além de "Estamos muito satisfeitos com seu trabalho, mas temos de abrir mão de você. Seu perfil não se encaixa em nossa empresa". Ofereceram a ele serviços de recolocação; ele pediu uma indenização em dinheiro, mas a empresa manteve-se firme. No "centro de reabilitação" motivacional especializado em recolocação Lodhia foi aconselhado a não falar com ninguém sobre sua perda do emprego durante um mês. Ele concordou, e disse mais tarde ao *Times*: "Foi um bom conselho. Eu estava tão amargurado, que teria dito coisas que possivelmente me prejudicariam."[43]

Nem todas as empresas usam firmas de recolocação, que muitas vezes cobram mais de US$10.000 por cada vítima da demissão; em vez disso, elas esperam que os funcionários descartados busquem seus próprios serviços motivacionais e paguem por eles. Em 2005, participei de cerca de uma dúzia desses eventos de networking e de "acampamentos" para profissionais de escritório em busca de emprego, e descobri que a mensagem central era o pensamento positivo: o que quer que lhe aconteça é um resultado de sua atitude; superando a amargura e convertendo-a em uma atitude positiva, ou "vencedora", você pode atrair o emprego de seus sonhos. Em sua pesquisa sobre pessoal técnico dispensado no início da década de 2000, Carrie Lane, uma professora de estudos americanos, encontrou a mesma coisa. Os eventos voltados para trabalhadores demitidos "sutilmente os instavam a dar a volta por cima e começar a agir como um bom (otimista e esforçado) buscador de emprego".[44]

Depois que as vítimas das demissões já haviam sido postas de lado e talvez ficado mais isoladas ainda, como Lodhia, aconselhadas a não se comunicar com outras, a empresa precisava lidar com os chocados e ansiosos sobreviventes, e, mais uma vez, a administração recorreu à indústria da motivação. O jornalista de economia Jill Andresky Fraser chama esse esforço motivacional de "relações públicas internas", usadas para criar "convertidos inflados, motivados, prontos para prosseguir sob as mais duras e mesmo hostis condições de trabalho". Por exemplo, em plena era do *downsizing*, em meados dos anos 1990, a NYNEX submetia seus funcionários a exercícios obrigatórios, como um em que a pessoa tinha de mostrar de quantos modos podia pular em volta de uma sala: "E os funcionários pulavam — em uma perna só, em duas pernas, com as mãos no ar, com uma mão cobrindo um olho. Eles pulavam e pulavam e pulavam (...) Então os líderes diriam coisas como: 'Veja como você é criativo, de quantos modos diferentes você consegue pular em volta da sala.'"[45]

Mas a técnica mais popular para motivar os sobreviventes do *downsizing* era a "formação de equipe" — um esforço tão maciço que gerou uma "indústria de formação de equipe" superposta à indústria da motivação. Ao mesmo tempo que as dispensas ridicularizavam o conceito de equipe, os funcionários eram instados a encontrar a camaradagem e o sentimento de propósito coletivo no nível micro da "equipe". E quanto menos a organização se parecesse com uma equipe, mais a administração insistia na devoção individual a essas unidades basicamente fictícias. "Em vez de eliminar ou adiar a formação de equipes, as organizações devem considerar os benefícios que as equipes podem oferecer durante uma fase de *downsizing*", escreveu um consultor empresarial especialista em "mudança organizacional". "O sistema de equipe oferece uma forma de camaradagem que ajuda a promover o esforço conjunto para realizar o trabalho e permite que as pessoas se sintam vinculadas a algo de menor porte e mais seguro do que uma grande organização. As pessoas em geral têm uma necessidade inata de sentir-se ligadas a um pequeno grupo (...) As equipes oferecem isso no ambiente de trabalho."[46]

Em busca do espírito de grupo, empresas especializadas em formação de equipes ofereciam dezenas de exercícios "divertidos" para criar vínculos, tanto em lugares fechados quanto ao ar livre — alguns mais simples, que envolviam balões, cabra-cega ou baldes com água, e outros intensivos, como uma semana de excursão na natureza selvagem. A ideia era estimular uma fervorosa devoção à empresa, mesmo que ela estivesse ameaçando limá-lo. Como disse ao programa *PBS Evening News Hour* um trabalhador cortado da AT&T em 1996: "Nós fomos para a Outward Bound, o pessoal do centro de telefonia, durante uma semana, e você se ligava a pessoas de todo o país. Foi a coisa mais incrível pela qual eu já passei. Éramos uma família! Éramos as pessoas mais dedicadas do mundo! Mas se seus filhos não ficassem de pé e não fizessem o Juramento à Bandeira para um comercial da AT&T, já viu..."[47]

A criação de equipe é, em outras palavras, mais uma forma de motivação, com a diferença de que, no desolado ambiente da empresa que passou por um *downsizing*, esperava-se que essa motivação fosse gerada de dentro do grupo de trabalho, ou "equipe". Um grupo que oferece tanto serviços motivacionais quanto de criação de equipe deixa isso claro em seu site — embora não muito claro, dado o inglês confuso que também caracteriza o mundo corporativo pós-racional: "Neste seminário de formação de equipe você aprenderá tanto as técnicas de construção de equipe quanto as de motivação que garantem fazer sua equipe mais coesa, aumentar o moral do funcionário, e motivá-lo. Você aprenderá como criar uma equipe que resmunga menos e trabalha mais, como disciplinar menos e recompensar mais, criar encontros mais focados e produtivos e ser reconhecido pela organização."[48]

Quanto à conexão com o pensamento positivo antiquado, no estilo Peale, a literatura e os *coaches* enfatizam que um bom "membro de equipe" é, por definição, uma "pessoa positiva". Sorri frequentemente, não reclama, não é muito crítica, e airosamente se submete ao que quer que o patrão mande.

Algumas vezes o esforço motivacional tinha resultados contrários ao desejado, especialmente quando combinado com demissões em andamento. Em meados da década de 1990, enquanto extirpava 20% da sua força de trabalho, a NYNEX iniciou um programa "Winning Ways" ("Modos de vencer") destinado a instilar nos funcionários "a mentalidade de um vencedor", mas os funcionários zombeteiramente o rebatizaram de "Whining Ways" ("Modos de reclamar").[49] Quando E. L. Kersten estava trabalhando para um provedor de internet em Dallas, observou os produtos motivacionais preferidos pelo presidente da companhia e teve a brilhante ideia de abrir um negócio que vendia paródias daquilo. Um dos cartazes "desmotivacionais" oferecidos no site de Kersten — despair.com — mostra um urso prestes a abocanhar um salmão que sobe a correnteza. A legenda diz: "A viagem de mil milhas às vezes termina mal, muito mal." Um outro mostra uma bela praia ao pôr do sol com a legenda: "Se um cartaz bonito e uns dizeres simpáticos são tudo que se requer para motivá-lo, você provavelmente tem um emprego muito fácil. Do tipo que os robôs estarão fazendo em breve."

Mas tal cinismo criativo era raro. De um modo geral, a força de trabalho corporativa americana de colarinho-branco "engoliu a isca", conforme a expressão popular, e aceitou o pensamento positivo como um substituto de sua antiga afluência e segurança. Essas pessoas não foram protestar nas ruas, não mudaram sua lealdade política em massa nem apareceram no trabalho empunhando armas automáticas. Como me disse um executivo demitido, num tom de calmo orgulho, "Eu superei meus sentimentos negativos, que eram muito disfuncionais". O pensamento positivo lhes prometia um sentimento de controle em um mundo onde o "queijo" estava sempre em movimento. Elas podem ter tido cada vez menos poder para traçar seu próprio futuro, mas haviam recebido uma visão de mundo — um sistema de crença, quase uma religião — segundo a qual elas eram, de fato, infinitamente poderosas, desde que conseguissem dominar suas próprias mentes.

CINCO

Deus quer que você seja rico

O acontecimento religioso que mais chamou a atenção no final do século XX foi a revitalização do calvinismo apocalíptico conhecido como direita cristã. Mas enquanto seus mais destacados representantes, os televangelistas Jerry Falwell e Pat Robertson, lançavam acusações contra "pecadores" como gays e feministas e previam o iminente fim do mundo, uma abordagem mais amigável estava gradualmente ganhando terreno — o pensamento positivo, agora disfarçado de cristianismo. O calvinismo e o pensamento positivo haviam se enfrentado pela última vez no século XIX, quando o pensamento positivo ainda era conhecido como o Novo Pensamento, e o mesmo aconteceu novamente na passagem para o século XXI, não em embates públicos, mas numa luta silenciosa por fatias do mercado — audiências de televisão, venda de livros, congregações sempre crescentes. Promulgada dos púlpitos, a mensagem do pensamento positivo alcançou os habitantes de colarinho-branco dos subúrbios — que, até então, só a haviam encontrado nos locais de trabalho — e também chegou a milhões de operários de baixa renda que nunca tinham ouvido falar daquilo.

Qualquer que seja o critério de medida usado, os pregadores atuais mais bem-sucedidos são os do pensamento positivo, que já não mencionam o pecado e geralmente têm pouco a dizer sobre o aborto e a homossexualidade, os usuais bodes expiatórios da direita cristã. Desapareceram a ameaça do inferno e a promessa da salvação, e com elas foi-se também a história sinistra dos tormentos de Jesus na cruz; na verdade, a cruz foi totalmente banida dos maiores e mais populares templos do novo evangelismo, as megaigrejas. Entre 2001 e 2006, o número de megaigrejas (definidas como tendo uma frequência semanal de duas mil pessoas ou mais) dobrou para 1.210, dando-lhes uma congregação combinada de quase 4,4 milhões.[1]

Em vez de julgamentos implacáveis e angustiantes histórias de sofrimento e redenção, a nova teologia positiva disseminada nas megaigrejas oferece promessas de riqueza, sucesso e saúde nesta vida agora, ou pelo menos muito em breve. Você *pode* ter aquele carro novo ou aquela casa ou aquele colar porque Deus quer "prosperar você". Numa pesquisa de opinião feita pela *Time* em 2006, 17% de todos os cristãos americanos, de qualquer denominação ou tamanho de igreja, disseram que se consideram parte de um movimento que chamam de "evangelho da prosperidade", e 61% concordaram com a afirmação de que "Deus quer que as pessoas sejam prósperas".[2] Como fazer para que a prosperidade se "manifeste" em sua vida? Não pela técnica antiga de orar, mas pelo pensamento positivo. Como observa um repórter a respeito da mensagem das megaigrejas:

> Frequentemente parecidos com os discursos motivacionais, os sermões em geral tratam de como viver uma vida bem-sucedida — ou "o encontro entre Jesus e o poder do pensamento positivo". Eles são encorajadores, otimistas e, em geral, feitos imediatamente depois de uma música e de uma apresentação de vídeo. (Afinal, a última coisa que o público quer ouvir é

um sermão sobre "perdição e condenação"). Muitas vezes se ouvem frases como "Mantenha uma atitude elevada", "Não se torne negativo nem amargo", "Seja decidido" e "Sacuda a poeira e vá em frente".[3]

A televangelista Joyce Meyer escreve que "Eu acredito que, acima de qualquer outra coisa, nossa atitude é o que determina o tipo de vida que vamos ter" — não nossa piedade ou fé, mas nossa *atitude*. "É especialmente importante manter uma atitude positiva", explica ela em seu site, "porque Deus é positivo."

Como muitos outros defensores da nova teologia, Meyer tem boa razão para ser "positiva". Suas pregações — que abrangem temas como perda de peso e autoestima — fizeram dela a centimilionária proprietária de um jato particular e de um vaso sanitário antigo de mármore comprado por 23.000 dólares. Tão extraordinária é a riqueza dos principais evangelistas do pensamento positivo — grande parte dela, é claro, dedutível do imposto —, que em 2007 o senador republicano Chuck Grassley iniciou uma investigação, não de Meyer, mas dos televangelistas Creflo Dollar, Benny Hinn e do casal Kenneth e Gloria Copeland. Se esses pastores não se preocuparam em ocultar sua riqueza é porque, como ocorre com palestrantes motivacionais seculares, eles se apresentam como modelos de sucesso. Siga-me, é a mensagem — mande dinheiro, pague o dízimo à minha igreja, empregue os métodos descritos em meus livros —, e você se tornará como eu.

Joel Osteen, da Igreja Lakewood em Houston, dificilmente é um apostador perdulário entre os evangelistas positivos. Viaja em aviões comerciais e tem apenas uma casa, mas foi apelidado de o "astro do rock" do novo evangelho e chamado de "o mais influente cristão da América" pela revista *Church Report*.[4] Diferentemente de muitos outros que ganham seu dinheiro motivando pessoas, Osteen não tem nenhuma história de obstáculos dolorosos superados com pura coragem e determinação. Ele herdou a igreja de seu pai, assumindo o púlpito sem nenhum estudo teológico depois de abandonar a Universidade Oral Roberts. Uma vez estabelecido, ele "desenvolveu" a igreja num ritmo frenético, e hoje ela se vangloria de ter um público semanal de 40 mil pessoas e uma renda semanal de um milhão de dólares. Osteen não recebe um salário da igreja — já existem 300 pessoas na folha de pagamento — porque ele aparentemente se contenta em viver de direitos autorais. Seu primeiro livro, *O momento é este*, vendeu cerca de quatro milhões de exemplares, resultando no que se comenta ser um adiantamento de 13 milhões para o segundo, *Become a Better You*.

Ler os livros de Osteen é fácil — tão fácil como lamber algodão-doce. Não existe nenhum argumento, nenhum arco narrativo, apenas uma historinha atrás da outra, estrelada por Osteen e membros de sua família, por várias figuras bíblicas e por um monte de pessoas identificadas apenas pelo primeiro nome. Uma crítica dirigida a Norman Vincent Peale na década de 1950 aplica-se igualmente à obra de Osteen: "Os capítulos de seus livros poderiam facilmente ser transpostos do início para o meio, ou do fim para o começo, ou de um livro para outro. Os parágrafos poderiam ser embaralhados e rearranjados em qualquer ordem."[5] Uma das melhores historinhas de Osteen envolve um homem que embarca num cruzeiro levando uma mala cheia de biscoitos e queijo porque não entende que as refeições estão incluídas no preço da passagem. Em outras palavras, existe o bastante para todo mundo — riqueza, comidas deliciosas — desde que a pessoa esteja preparada para demonstrar sua fé, pagando dízimos generosos à igreja. Seus piores casos, no entanto, fazem os olhos se arregalar de espanto ou então se fechar pesadamente, como um que começa assim: "Quando eu era garoto, minha família tinha um cachorro chamado Scooter. Ele era um grande pastor-alemão, e era o rei da vizinhança. Scooter era forte e rápido, sempre caçando esquilos aqui e ali, e sempre em atividade. Todo mundo sabia que não devia se meter com Scooter. Um dia, meu pai estava na rua, andando na sua bicicleta...".[6]

Como alcançar o sucesso, a saúde e a felicidade que Deus quer que você tenha? A técnica predileta de Osteen é extraída diretamente dos pensadores positivos seculares: visualização. Outros evangelistas positivos muitas vezes enfatizam também a palavra falada e a necessidade de verbalizar seus sonhos para que ganhem existência por meio de "confissões positivas de fé e vitória sobre sua vida". Como disse Kenneth Hagin, um dos primeiros pregadores positivos e um modelo para Osteen: "Em vez de falar de acordo com as circunstâncias naturais, sem refletir, aprenda a falar a Palavra de Deus diretamente de seu espírito. Comece a manifestar as promessas de Deus, de vida e saúde e vitória, em sua própria situação. Então você pode começar a desfrutar a abundante vida de Deus à medida que for tendo aquilo que falar!"[7] Para Osteen e Hagin, bem como para Napoleon Hill e Norman Vincent Peale antes deles, o sucesso vem principalmente como resultado da "reprogramação" de sua mente em imagens mentais positivas, com base no que equivale à lei da atração: "Você produzirá aquilo que estiver vendo continuamente em sua mente", é a promessa de Osteen. "Quase como um ímã", escreve ele, ecoando Hill, "nós atraímos aquilo que pensamos constantemente." Como evidência, Osteen oferece muitas pequenas "vitórias" em sua vida, como quando escapou de uma multa por excesso de velocidade ou encontrou uma vaga no estacionamento — não uma qualquer, mas "a melhor vaga naquele estacionamento". Ele sugere que a técnica também funcionará "em um restaurante lotado": "Você pode dizer, 'Pai, eu lhe agradeço porque receberei a atenção desta atendente e ela logo me arranjará uma mesa.'"[8]

Mas o universo de Osteen não está inteiramente livre de tensão. Dentro de seu mundo de fácil atendimento dos desejos, espreita um "inimigo", o pensamento negativo: "O inimigo diz que você não consegue ter sucesso; Deus diz que você pode fazer todas as coisas por meio de Cristo. (...) O inimigo diz que você nunca chegará a ser nada; Deus diz que Ele o elevará e tornará sua vida significativa. O inimigo diz que seus problemas são grandes demais, sem esperança; Deus diz que Ele em breve resolverá esses problemas."[9] Robert Schuller, outro destacado pastor positivo, invoca o mesmo "inimigo", aconselhando seus leitores a *"nunca verbalizar uma emoção negativa"* porque fazer isso significaria "desistir e entregar sua vontade a um inimigo".[10] Nenhum desses pregadores personifica o "inimigo" como Satanás ou condena o pensamento negativo como um pecado; na realidade, eles nunca se referem a Satanás ou ao pecado. Mas o velho maniqueísmo calvinista persiste em suas concepções que, de outro modo, são radiantes: de um lado há bondade, coisas divinas e luz; de outro há escuridão e... dúvida.

O Deus da Vitória

Não há nada que identifique a Igreja Lakewood de Osteen, que visitei no verão de 2008, como um território sagrado — nada de cruzes, janelas com vitrais ou imagens de Jesus. Do meu quarto no hotel, separado da igreja apenas por uma rodovia de seis pistas, eu a via como uma estrutura baixa e sólida, como um grande armazém, completamente à vontade entre os altos edifícios de escritório à sua volta. Ali havia sido o Compaq Center, o estádio principal do time de basquete dos Houston Rockets, até que Osteen comprou a propriedade em 1999 e transformou o interior em uma megaigreja com 16 mil assentos. Entrando por um estacionamento no subsolo, cheguei a uma creche de aparência alegre decorada com personagens de desenho animado e onde só faltava a pipoca para completar a semelhança com o saguão de um cinema multiplex. Até o santuário, onde antes era a quadra de basquete, tem o mesmo aspecto ímpio. Em vez de um altar, há um palco com um globo giratório ladeado por pedras artificiais avivadas por fluxos do que parecia ser água corrente. Não pude encontrar nada sugestivo de cristianismo até que subi à livraria no segundo andar — um tipo de Barnes and Nobles numa versão desnaturada e fortemente censurada, exibindo, destacadamente, os trabalhos de Joel Osteen ao lado de grande quantidade de produtos como velas aromatizadas e louças ilustradas com citações das escrituras. Aqui, pelo menos, há cruzes — algumas grandes para pendurar na parede e outras discretas, em vasos, chaveiros e canecas, ou bordadas em gravatas e meias.

Os Osteen — Joel e Victoria, sua copastora e esposa —, quando surgem no palco para o serviço de domingo e recebem uma ovação entusiástica, são um casal atraente na faixa dos 40 anos, mas ele não é exatamente "a propaganda ambulante do credo do sucesso" que vi descrita em algum lugar.[11] É mais baixo do que ela, embora na capa do livro pareça pelo menos cinco centímetros mais alto; seu terno parece grande demais; e, o que também não é evidente nas fotos da capa, seu cabelo preto, anelado e emplastado de gel, é claramente modelado. Ela veste uma blusa branca preguada, um colete preto e calças também pretas que não se ajustam bem na cintura, deixando aparecer uma perturbadora nesga de tecido branco. De certo modo os dois parecem combinar, ou pelo menos são simétricos: a boca de Joel está imóvel no triângulo invertido de seu sorriso característico, enquanto as pesadas sobrancelhas escuras de Victoria marcam seu rosto com uma tensão exasperada, mesmo quando a boca está sorrindo.

A produção do espetáculo é mais sofisticada do que os próprios pastores. A música ao vivo, um rock cristão num volume extremamente alto e despido de qualquer batida remotamente africana, alterna-se com rápidas falas, num padrão cuidadosamente coreografado. Joel, Victoria ou um pastor graduado falam durante três a cinco minutos — suas faces imensamente ampliadas em três telões acima e aos lados do palco —, talvez terminando com uma suave transição verbal para a próxima canção. Então se afastam e cedem o centro do palco para o coro e os vocalistas. Durante todo o tempo, as luzes no teto mudam de cor, ficam mais fracas ou mais intensas e às vezes piscam no ritmo da música. Não é uma música do tipo que leva as pessoas a ficar de pé e dançar, mas a maior parte da congregação pelo menos se levanta, balança o corpo e agita um ou dois braços durante os intervalos musicais, talvez esperando se ver de relance nos telões enquanto as câmeras escaneiam a plateia. "Disney", murmura a amiga que me acompanha, esposa de um ministro batista local. Mas isso é apenas uma gravação, e as aproximadamente 12 mil pessoas no santuário (as cadeiras não ficam todas ocupadas nos serviços de domingo de manhã) são apenas uma audiência de estúdio. O show verdadeiro, uma versão editada do que estamos assistindo, estará nas televisões de cerca de sete milhões de espectadores.

Sem ter tido essa intenção, eu estava ali num domingo de imensa importância para os Osteen, uma das maiores viradas em suas vidas, como afirmam eles. Na semana anterior, um tribunal havia retirado as acusações contra Victoria por agredir e ferir uma comissária de bordo. O incidente ocorrera em 2005, quando entraram na primeira classe de um voo para Vail, a estação de esqui, e pouco depois saíram — ou foram postos para fora — porque Victoria havia criado um caso por conta de uma pequena "mancha" ou "nódoa" no braço de seu assento. Ela exigiu que a mancha fosse imediatamente removida pela comissária, e quando esta se recusou, porque estava ocupada ajudando outros passageiros que embarcavam, Victoria insistiu, supostamente tentando entrar na cabine e reclamar com os pilotos.

Acabou tendo de pagar uma multa de US$3.000 imposta pela Agência Federal de Aviação, e o assunto teria terminado ali se a recalcitrante comissária não tivesse entrado com um processo demandando 10% do patrimônio líquido de Victoria como indenização por supostos ferimentos, inclusive hemorroidas, e uma "perda de fé" por ter sido maltratada por uma importante evangelista.

O marido de minha amiga, o ministro batista, havia previsto, durante o café na véspera, que o serviço dos Osteen no domingo não faria nenhuma menção a todo esse lamentável episódio. Por que quereriam eles reviver a imagem de Victoria se comportando, como havia testemunhado outra comissária, como uma "diva combativa"? Ele estava enganado. Os dois serviços daquele domingo foram dedicados à "vitória" de Victoria no tribunal. Quando Joel se apresenta no início do serviço, cobre o rosto com as mãos durante vários segundos, como se estivesse se escondendo, e quando as retira os olhos estão vermelhos, e o sorriso, temporariamente suspenso. Então tira um grande lenço branco do bolso e esfrega os olhos vigorosamente, embora não se veja nenhuma lágrima na imagem ampliada no telão. "Não é apenas uma vitória para nós", anuncia, "é uma vitória para o reino de Deus", e por isso todo o serviço será uma "celebração". À medida que o serviço prossegue, ele nos diz que passara o tempo no tribunal escrevendo citações das escrituras, e nos mostra o bloco amarelo que usou. Então conta uma história longa e confusa sobre como havia acabado vestindo o terno com o qual pretendia ir ao julgamento, embora não soubesse que iria prestar depoimento justamente naquele dia, porque "não conseguiu achar outro terno", levando-nos a pensar que possui apenas dois. Mais lamentavelmente ainda, ele nos diz que Deus "está contra aqueles que estão contra nós".

Quando Victoria ocupa o centro do palco, está tão triunfante quanto David em sua dança da vitória pelas ruas de Jerusalém, chegando mesmo a dar uns pulinhos de alegria. A "situação", como a chama, foi difícil e humilhante, mas "eu pus uma bandeira de vitória na minha cabeça" — figurativamente, presumo, e não como uma echarpe de verdade. Estranhamente, não havia lições aprendidas, nenhuma humildade ganha por meio da adversidade, nem mesmo expressões convencionais de gratidão ao marido por estar a seu lado. Isso parece pouco até para os padrões daquele outro pregador positivo, Robert Schuller, da megaigreja do condado de Orange, a Catedral de Cristal. Em 1997, quando teve uma altercação semelhante com uma comissária da primeira classe — são esses os riscos de viajar em aviões comerciais quando se está acostumado a ter seus próprios criados —, ele acabou pedindo desculpas no tribunal. Mas, para Victoria, as únicas conclusões são que "não podemos ser enredados por circunstâncias" e "não fique se lamentando", o que ecoa as constantes exortações de Joel para que você seja "um vitorioso, não uma vítima". De fato, em algum momento depois daquele incidente, Deus havia revelado Seu desejo de que ela escrevesse um livro, e — boas novas! — será publicado em outubro, seguido por um livro infantil alguns meses depois.

Olhei em volta cautelosamente para ver como todas as outras pessoas estavam reagindo a essa celebração da vitória de uma milionária nos tribunais contra uma mulher que trabalha e que acontecia de ser, no caso, uma afro-americana. A multidão, cujos dois terços são de negros e latinos e parece conter poucas pessoas que alguma vez assinaram um lucrativo contrato para um livro ou voaram de primeira classe, aplaude Victoria entusiasticamente, muitas delas levantando os braços, mãos viradas para cima, para a deidade que orquestrou aquele triunfo. Talvez não tenham acompanhado o caso, ou talvez estejam apenas tentando agarrar um pedacinho da vitória da pastora para si mesmas, pois a mensagem para essa congregação formada basicamente por operários parece ser que eles também triunfarão, assim como Victoria, porque essa é a promessa que Deus lhes fez. Pode ser que leve um tempinho, porque, aparentemente, esse é um Deus desmemoriado, que tem de ser "relembrado" de suas promessas, conforme nos disse Joel. "Lembre-se de suas promessas", diz uma das canções, "lembre-se de seu povo, lembre-se de seus filhos", como se estivesse se dirigindo a um pai que deixa de pagar a pensão dos filhos. Em outras palavras, concentre-se no que você quer e, em algum momento, depois de ser muito importunado, Deus lhe concederá o que foi pedido.

Existem traços do velho cristianismo na Igreja de Lakewood — ou talvez eu deva dizer traços de religião em geral — que persistem como ecos de arcaicos cultos tectônicos encontrados na mitologia clássica grega e nos rituais. "Deus" aparece sob muitas formas, muitas vezes como "Deus em Jesus Cristo", e Victoria refere-se com frequência a unções com óleo — algo que ela diz ter desejado fazer "em todo mundo que estava naquele tribunal". Joel dá grande importância ao fato de que uma virada crucial no julgamento ocorreu no dia "8/8/08", que ele afirma ter um significado numerológico bíblico. Numa reunião de um pequeno grupo (muito pequeno, apenas 12 pessoas numa sala com 108 cadeiras) da qual participei no sábado à noite, o palestrante endossou as leis alimentares judaicas, ou pelo menos a regra de evitar carne de porco e mariscos, embora a maior parte dos cristãos acredite que aquelas leis tenham sido suspensas há dois mil anos por Pedro e Paulo. Mas onde está o cristianismo em tudo isso? Onde está a demanda por humildade e amor sacrificatório por outros? Onde, especificamente, está o Jesus que disse: "Se um homem processa você e toma seu casaco, deixe que ele leve também sua capa"?

No universo dos Osteen, o próprio Deus tem apenas um papel secundário, e nem um pouco indispensável. Foram-se o mistério e o assombro; Deus foi reduzido a um tipo de mordomo ou assistente pessoal. Ele me livra de multas por excesso de velocidade, garante uma boa mesa no restaurante, me conduz a contratos editoriais.

Mesmo nessas tarefas menores, a invocação a Deus parece mais uma cortesia do que uma necessidade. Uma vez que você tenha aceitado a lei da atração — que a mente age como um ímã atraindo qualquer coisa que visualizar —, terá conferido aos humanos a onipotência.

Todos esses afastamentos da tradição cristã já foram observados com desaprovação e choque — por cristãos. Meus amigos batistas em Houston só podem balançar a cabeça, consternados, diante da teologia em causa própria de Osteen. Em inúmeros sites cristãos na internet podemos encontrar Osteen e outros pastores positivos denunciados como "hereges", "falsos cristãos", mesmo como associados do demônio, às vezes com base em argumentos altamente técnicos (Joyce Meyer apresentou a excêntrica ideia de que Jesus passou um tempo no inferno para nos livrar daquela experiência), mas, com maior frequência, pelas razões óbvias: eles põem a Riqueza acima de Deus; ignoram a realidade do pecado; reduzem Deus a um servo do homem; trivializam uma tradição religiosa que exige grande esforço espiritual. Num segmento de *60 Minutes* sobre Osteen em 2007, um professor de teologia, o reverendo Michael Horton, repudiou a visão de mundo de Osteen como "um evangelho de algodão-doce" que omite os antigos e poderosos temas cristãos do pecado, do sofrimento e da redenção. Quanto à noção central da teologia positiva — que Deus está pronto para lhe dar qualquer coisa que você queira —, Horton a descreve como "heresia", pois "faz com que a religião refira-se a nós, e não a Deus".

Raízes Seculares

Independentemente de quaisquer toques decorativos que a pregação positiva mantenha da tradição cristã, sua genealogia pode ser traçada mais ou menos diretamente até o Novo Pensamento do século XIX.

O Novo Pensamento ainda tem suas próprias seitas, como a Ciência Cristã e a Igreja Unitária (um grupo menor que surgiu em 1891 e que, como a Ciência Cristã, baseava-se nos ensinamentos de Phineas Parkhurst Quimby). Will Bowen, um pastor de Kansas, autor de *A Complaint Free World* (Um mundo sem reclamações) e inventor da pulseira roxa que serve como lembrete para não vivermos reclamando, é um ministro da Igreja Unitária, assim como Edwene Gaines, que ilustra em seu livro, *The Four Pillars of Prosperity* (Os quatro pilares da prosperidade), uma atitude assombrosamente autoritária com relação a Deus. Quando os 200 dólares de que precisava para uma passagem de avião não se materializaram, conta ela, "Eu me sentei e tive uma conversa séria com Deus. Eu disse, 'Agora, olhe aqui, Deus!... Pelo que sei, eu fiz tudo que sabia a fim de manifestar essa viagem à Cidade do México. Cumpri minha parte na barganha. Então, agora eu vou diretamente àquela agência de viagem e, quando chegar lá, é melhor que esse dinheiro esteja me esperando!'"[12]

Outras correntes que deságuam na moderna teologia positiva também podem ser traçadas, em última instância, até os ensinamentos daquele relojoeiro do século XIX do Maine, Phineas Quimby. Como já vimos, Norman Vincent Peale baseou-se em fontes do Novo Pensamento, e seu mais destacado sucessor atual é Robert Schuller, que em 1958 recrutou o próprio Peale para ajudar a impulsionar sua congregação da Catedral de Cristal. Assim como Peale, Schuller ensina uma forma de reprogramação mental baseada em visualização, afirmação e repetição, com a diferença de que a atribui a si mesmo, chamando-a de "pensamento de possibilidades", em vez de "pensamento positivo". Mas, nas décadas de 1960 e 1970, outros pastores estavam chegando ao Novo Pensamento sem qualquer ajuda de Peale. Kenneth Hagin, considerado o pai do movimento Palavra de Fé, às vezes chamado de "evangelho da prosperidade", derivou suas ideias do trabalho do evangelista E. W. Kenyon, que escreveu durante a passagem do século XIX para o século XX e cujas ideias, por sua vez, tiveram suas origens detalhadamente traçadas por D. R. McConnell até o Novo Pensamento secular.[13] Entre os acólitos de Hagin estava o pai de Joel Osteen, John Osteen, bem como o primeiro televangelista afro-americano, Fred Price. Apresentado ao trabalho de Hagin por um amigo, Price posteriormente escreveu: "Voltei para casa naquela noite e li todos os livros [escritos por Hagin] e fui transformado para sempre. Era como se uma venda tivesse sido tirada dos meus olhos."[14] A mensagem da Palavra de Fé repercutiu poderosamente nos afro-americanos, que estavam ansiosos para ver os ganhos do movimento dos direitos civis transformados em mobilidade ascendente. Outro destacado pregador da prosperidade era Frederick Eikerenkoetter, ou "Reverendo Ike", que tinha sua base no Harlem e havia sido um fundamentalista tradicional até meados dos anos 1960, quando descobriu o que chamou de "Ciência da Mente", derivada de sua leitura dos textos do Novo Pensamento.[15] Exibindo um imenso topete, ele ensinava que a pobreza era resultado de uma atitude errada, e provou o acerto de seu próprio pensamento adquirindo uma frota de Cadillacs forrados com pele de marta.

Os atuais pregadores da Palavra de Fé encorajam um ousado sentimento de "direitos adquiridos", como neste comercial para a série de vídeos de Creflo Dollar, *Laying Hold of Your Inheritance: Getting What's Rightfully Yours* (Tomando posse de sua herança: recebendo aquilo a que tem direito), descrito por Milmon Harrison, um especialista em religiões:

> "Yo quiero lo mio!", uma jovem hispânica exige obstinadamente. Ela parece estar olhando diretamente para mim através da distância entre sua imagem na televisão e mim, que tenho os olhos ainda turvos de sono e estou surfando pelos canais num domingo de manhã antes de ir para a igreja. "Eu quero o que

é meu — AGORA!", exige um afro-americano bem-vestido, gingando na ponta dos pés como um boxeador, para dar mais ênfase. Uma afro-americana canta a frase com uma intensidade semelhante à das palavras faladas. O vigor com que passam um sentimento de autoridade e *urgência* à medida que exigem "o que é deles" envolve-me na efervescência coletiva do momento. Estou prestes a juntar minha voz àquele coro. "SIM, EU TAMBÉM QUERO O QUE É MEU AGORA, IMEDIATAMENTE!"[16]

Mary Baker Eddy não teria expressado isso tão francamente, porém, mais de um século antes, ela havia articulado a visão de um Deus, ou universo, dadivoso, sempre à espera de nossas ordens.

Fazia mais de um século que, por meio da Ciência Cristã e da Igreja Unitária, o pensamento positivo abrira um espaço no âmbito do protestantismo americano. Então, o que fez com que se tornasse uma força tão importante no final do século XX? Uma possível explicação é o mero contágio: as igrejas são influenciadas por tendências seculares, e à altura da década de 1990 certamente não havia como escapar do pensamento positivo disponível na literatura sobre negócios, nos livros de autoajuda e mesmo nas dietas para perder peso. Joel Osteen, por exemplo, pode haver colhido de seu pai os princípios do pensamento positivo, em conversas com empresários em Houston ou em quaisquer dos inúmeros livros disponíveis nas seções de negócios das livrarias de aeroportos. No entanto, a maior parte dos observadores concorda que houve uma tendência *dentro* do protestantismo que o inclinou, cada vez mais, em direção ao Novo Pensamento, e essa tendência é o "movimento de crescimento da igreja". Começando nos anos 1980 e ganhando impulso nas duas últimas décadas, as igrejas têm, cada vez mais, sacrificado a tradição doutrinária em troca do crescimento puro e simples, e o pensamento positivo resulta ser um catalisador crucial para o crescimento. Das quatro maiores megaigrejas nos Estados Unidos, três oferecem o "evangelho da prosperidade".[17] A outra, a Igreja de Saddleback, de Rick Warren, embora hostil ao grosseiro evangelho da prosperidade, está, sem sombra de dúvida, dentro do campo da teologia positiva — plena de "propósito" e oportunidade, parca em pecado e redenção.

Igrejas Empresariais

O tamanho sempre foi um critério para medir o sucesso de uma fé, embora não seja o único. Especialmente nas seitas predominantes, os ministros pareciam satisfeitos em passar anos pregando o mesmo evangelho nas mesmas instalações e acompanhados pela mesma música, ainda que isso significasse dedicar-se, cada vez mais, a oficiar enterros de uma congregação em lento desaparecimento. O declínio da afiliação à igreja convencional nos últimos tempos do século XX estimulou uma nova geração de autoproclamados "pastores empreendedores" a tentar uma nova abordagem baseada no "pensamento estratégico" e nas "metas agressivas dos negócios".[18] Voltando a atenção para os subúrbios americanos, eles se sentiram como missionários diante de uma população pagã. Ali estavam milhões de pessoas que afirmavam ser crentes e que, no entanto, permaneciam "excomungadas", afastadas da igreja. No "movimento de crescimento da igreja" que havia começado a surgir em meados dos anos 1950, pastores energéticos inspiraram-se na experiência de missionários verdadeiros que, em lugares como a Índia, se perguntavam "Como podemos tornar nossa religião mais compatível com os nativos?" — ou, no contexto americano, "O que é preciso fazer para encher nossos estacionamentos?" Respondendo aos críticos do crescimento puro e simples (e existem muitos, como, por exemplo, a série "Is Church Growth the Highway to Hell?" ["O crescimento da igreja é a rodovia para o inferno?"] no site Church Marketing Sucks), uma igreja batista de Atlanta escreveu num panfleto: "Uma igreja fica grande porque seu espírito é grande. (...) Ninguém nunca iniciou um negócio sem esperar que, em algum momento, caso trabalhasse com suficiente empenho, ele se tornasse um grande sucesso. Não é esse o sonho americano?"[19]

Na nova abordagem empresarial ao cristianismo, não se começava abrindo uma igreja e esperando que as pessoas fossem atraídas por anúncios em jornais. O primeiro passo era descobrir o que elas *queriam* de uma igreja. Os pastores Robert Schuller, Rick Warren e Bill Hybels fizeram o trabalho preparatório para suas megaigrejas realizando pesquisas de opinião entre os potenciais paroquianos e descobrindo que as pessoas não queriam "igreja", ou pelo menos nada parecido com a igreja que haviam conhecido na infância. Se isso fosse uma pesquisa de mercado corporativa, a empresa poderia ter jogado as mãos para cima e decidido abandonar o produto, mas os pastores empreendedores concluíram que simplesmente precisavam reconfigurar o produto antigo. Os bancos duros foram substituídos por confortáveis poltronas de cinema, os sermões passaram a ser entremeados com música, os órgãos foram substituídos por guitarras. E, numa notável concessão ao gosto dos "irreligiosos" — ou dos buscadores, como também são chamados —, as megaigrejas de modo geral se desfizeram de todos os ícones e símbolos das igrejas convencionais, como cruzes, campanários e imagens de Jesus. As cruzes, em especial, de acordo com Randall Balmer, um historiador das religiões, poderiam afetar os excomungados tanto quanto afetam os vampiros: "intimidando ou amedrontando os visitantes".[20]

Para aplacar ainda mais a teofobia do público, as megaigrejas são tipicamente projetadas para se encaixar perfeitamente no contexto modernista corporativo em que se inserem. As catedrais góticas foram desenhadas para contrapor ao mundo mundano uma visão de transcendência e para mobilizar a imaginação com os ricos detalhes dos ornamentos. A Reforma Protestante jogou fora as carrancas grotescas esculpidas em igrejas góticas e as imagens de santos torturados, mas manteve, nas linhas simples das igrejas, uma repreensão ao mundo secular. Não é o caso das megaigrejas, que parecem inclinadas a se camuflar como bancos ou escolas. Fazendo um levantamento das megaigrejas em 2005, o arquiteto e escritor Wytold Rybczynski descobriu que eram "decididamente seculares" no desenho, como Lakewood. Escrevendo sobre a Igreja Comunitária de Willow Creek, na periferia de Chicago, por exemplo, ele disse que "não parece um lugar de oração, mas com que se parece? Um centro de artes cênicas, uma escola comunitária, a sede de uma empresa? (...) Inspirador é que não é. É o equivalente arquitetônico ao terno com colete preferido pela maior parte dos pastores não denominacionais."[21]

E esse é, aparentemente, o resultado desejado — "amenizar a transição do mundo secular para a igreja", como escreve a jornalista Frances Fitzgerald, e garantir ao "buscador" que ele não está entrando, sem querer, numa dimensão espiritual diferente da ocupada por um edifício padrão de escritórios ou por um banco. Para o artista cristão Bruce Bezaire, é isso, exatamente, o que há de errado com as igrejas do estilo corporativo: "Embora possamos legitimamente observar a degradação do sentido do Belo à medida que uma cultura se afasta de Deus, eu me preocupo com a degradação da concepção de Deus quando a igreja se afasta da Beleza. Em que contribui para nossa experiência de reverência, alegria, exaltação, devoção o fato de entrarmos em um caixote com paredes de gesso cinzentas?"[22] Mas, para outros, a camuflagem corporativa parece funcionar. Um membro da congregação de Lakewood, uma professora primária quase aposentada, disse-me que, como havia sido forçada a estudar numa escola católica quando era criança, e como "odiava tudo o que dizia respeito àquilo", sentia-se muito confortável no ambiente visualmente desolado de Lakewood, acrescentando: "A igreja não é um edifício, ela está em seu coração."

Quando os pastores pesquisaram suas áreas de captação, descobriram que o que as pessoas *realmente* queriam era diversão — rock ou músicas desse tipo, por exemplo — e também uma variedade de serviços como creches, apoio para quem está lutando com divórcios, drogas ou adolescentes difíceis. Já fazia muito tempo que as igrejas missionárias no Terceiro Mundo haviam aprendido a atrair as pessoas com evocações da música e da cultura locais, bem como com escolas paroquiais e serviços de saúde. Em consonância com a demanda dos consumidores, as megaigrejas de hoje são centros polivalentes de serviços que oferecem programas pré- e pós-escola, esportes, atividades para jovens, programas de recuperação, ajuda para procurar emprego, feiras de saúde, grupos de apoio para mulheres agredidas e pessoas em processo de divórcio, e até aulas de aeróbica e salas para levantamento de peso. As igrejas americanas — as mega e as não tão mega — têm fornecido os tipos de serviços que, em nações mais generosas, poderiam ser fornecidos pelo Estado secular do bem-estar social.

Mas os pastores das megaigrejas deram um passo adicional que nenhum missionário teria considerado dar. Um missionário pode ter se ajustado à população local com mudanças estilísticas e com o acréscimo de serviços sociais, mas apenas como meios para pregar a "palavra", as crenças centrais do cristianismo a respeito do pecado e da salvação. Mesmo se fosse para atrair mais paroquianos, ele não teria chegado ao ponto de adotar a reencarnação ou a noção de múltiplas deidades. Não é o que ocorre com os pastores empreendedores, que têm se disposto a abandonar os ensinamentos cristãos tradicionais na medida em que possam ser abertamente desafiadores ou inquietantes. Algo que a pesquisa de mercado das igrejas revelou foi que as pessoas definitivamente não queriam ouvir sermões inflamados sobre o pecado nem serem levadas a se sentir mal a respeito de si mesmas. Se você tem apenas um dia na semana que não está tomado pelo trabalho, por tarefas inescapáveis ou pela arrumação da casa, provavelmente não quer gastar nem mesmo uma hora sendo alertado sobre uma iminente punição no inferno. As megaigrejas e aquelas que aspiram ao mesmo status precisavam de algo que substituísse o núcleo mais demandante dos ensinamentos cristãos, e isso foi encontrado, na maior parte dos casos, no pensamento positivo — não porque seja biblicamente "verdadeiro" ou apoiado pelas escrituras, mas porque produz, no linguajar de alguns pastores de megaigrejas, "clientes" satisfeitos — como disse ao *Christian Science Monitor* o membro de uma megaigreja: "Nós adoramos aquilo. Não perdemos nem um domingo. A mensagem é sempre muito positiva, e a música é ótima."[23] Muitos pregadores positivos não veem nenhum conflito entre suas mensagens e a doutrina cristã tradicional. Deus é bom, então ele quer o melhor para nós, ou, como diz Joyce Meyer, "Eu acredito que Deus quer nos dar coisas boas".[24]

Uma mensagem positiva não apenas vendia melhor para o público do que a "religião de antigamente", mas também tinha uma crescente relevância pessoal para os pastores, que cada vez mais passaram a se ver não como críticos do mundo secular, materialista, mas como protagonistas dentro dele — empresários ou, mais exatamente, CEOs.

Mas isso não é uma ideia extravagante. Enquanto as igrejas do modelo antigo — talvez devamos chamá-las de "mini-igrejas" — lidavam com orçamentos nas faixas inferiores dos seis dígitos, as megaigrejas coletam e gastam milhões de dólares por ano e empregam centenas de pessoas; a mera escala do empreendimento que comandam faz de seus pastores o equivalente a muitos CEOs. O tamanho já bastaria para determinar a abordagem empresarial à gestão da igreja, e a maior parte dos pastores de megaigrejas tirou seu modelo organizacional diretamente dos manuais corporativos. Por exemplo, o *Economist* relata o seguinte sobre a Igreja Comunitária de Willow Creek, de Bill Hybels:

> O tema corporativo não é apenas uma questão de aparência. Willow Creek tem uma missão ("transformar pessoas irreligiosas em seguidoras totalmente devotadas de Jesus Cristo"), uma equipe gerencial, uma estratégia de sete passos e um conjunto de dez valores principais. A igreja emprega dois MBAs — um de Harvard, outro de Stanford — e exibe um setor de consultoria. Chegou mesmo a receber a mais alta honra empresarial: é o tema de um estudo de caso da Faculdade de Administração de Harvard.[25]

Os pastores de megaigrejas podem até conviver com CEOs reais e ter orgulho de se pensarem como companheiros desses obstinados homens do mundo. Rick Warren, da Igreja Saddleback, vem há anos se relacionando com os "senhores do universo" em Davos, e em um artigo do *New Yorker* Malcolm Gladwell o cita dizendo:

> "Jantei com Jack Welch no último domingo. (...) Ele veio à igreja e nós jantamos. De certa forma, eu o venho orientando em sua jornada espiritual. E ele me disse: 'Rick, você é o maior pensador que já conheci em minha vida. A única outra pessoa que conheço que pensa globalmente como você é Rupert Murdoch.' E eu disse: 'Isso é interessante. Sou o pastor de Rupert! Ele publicou meu livro!'" Então ele jogou a cabeça para trás e deu uma daquelas grandes gargalhadas típicas de Rick Warren.[26]

Não há dúvida de que os principais pastores buscam Jesus para orientação, pelo menos invocam seu nome com total desembaraço, mas também buscam consultores e gurus empresariais seculares.

Em seu livro *PastorPreneur*, o reverendo John Jackson cita o guru do pensamento positivo Stephen Covey. Bill Hybels é admirador de Peter Drucker e, pelo menos até 1995, tinha um pôster pendurado bem na entrada de seu escritório com as perguntas que os especialistas em gestão administrativa instavam as pessoas da área de negócios a se fazer: "Qual é o seu negócio? Quem é seu cliente? O que é considerado valor pelo seu cliente?" Os pastores também podem recorrer a um grande número de consultorias de base cristã sobre "crescimento de igreja"; de fato, já surgiu uma pequena indústria para aconselhar aspirantes a pastor sobre qualquer assunto, desde estacionamentos até administração de eventos, e algumas das mais bem-sucedidas megaigrejas, como Saddleback e Willow Creek, criaram negócios adicionais prestando elas mesmas consultoria sobre crescimento de igreja, oferecendo seminários de treinamento, construção de sites e conferências para pastores de igrejas menores. Mas ninguém nega a inspiração secular nas megaigrejas — se é que a distinção entre sagrado e secular faz algum sentido aqui. Robert Schuller gosta de incluir convidados famosos em seus serviços, como conhecidos palestrantes motivacionais e o CEO da Amway. Como disse ao *New York Times* um pastor ambicioso: "As empresas estão nos ensinando a olhar para o futuro e a sonhar."[27]

Quanto mais os pastores funcionavam como CEOs, conviviam com CEOs e mergulhavam inteiramente na doutrina da alta gerência, maior a probabilidade de que se vissem como semelhantes aos CEOs. Os líderes empresariais precisavam pensar positivamente a fim de vender seus produtos e aumentar sua fatia de mercado; assim também precisavam fazer os pastores empreendedores. Um número crescente deles é da linha não confessional, ou seja, não tem como recorrer a uma burocracia centralizada para apoio financeiro ou de qualquer outro tipo. Enfrentando um terreno desconhecido e uma população cética de irreligiosos, dependem inteiramente de seu próprio carisma e de sua capacidade de venda, e essa, por sua vez, depende do pensamento positivo. Osteen, por exemplo, atribui sua aquisição do Compaq Center não apenas a Deus, mas também à sua capacidade de visualizar aquela audaciosa iniciativa: "Eu comecei a 'enxergar' nossa congregação adorando a Deus no Compaq Center, bem no centro de Houston." Ele aconselha qualquer pessoa interessada em prosperar a fazer o mesmo: "Livre-se dos velhos odres, você agora tem um vinho novo. Livre-se do pensamento medíocre e comece a pensar como Deus pensa. Pense grande. Pense crescimento. Pense abundância. Pense mais do que o suficiente."[28]

As igrejas não são as únicas instituições que se tornaram mais "corporativas" nas décadas recentes, tanto em aparência e administração quanto nas técnicas de crescimento. As universidades também foram corporatizadas, contratando MBAs como gerentes, passando do gótico para um design modernista inexpressivo, adotando agressivas técnicas de marketing e, como já observado, ocasionalmente convidando palestrantes motivacionais.

Há alguns anos, durante uma reunião de outro tipo de organização sem fins lucrativos, dedicada a expandir as oportunidades econômicas das mulheres, eu me surpreendi ao ver que haviam contratado um *coach* especialista em formação de equipe para "facilitar" o evento. Ele nos fez começar o trabalho organizando pequenos grupos nos quais devíamos partilhar nossos sonhos e nossas "experiências mais embaraçosas" para criar vínculos entre nós. Até os sindicatos, os históricos antagonistas das corporações, tendem hoje a empregar estilos empresariais de administração e — o que teria sido impensável para aqueles organizadores do estilo antigo, que abordavam trabalhadores em bares ou nos portões das fábricas — a usar pesquisas e grupos de foco para ajustar seus apelos e tornar-se mais atraentes para potenciais recrutas. Aonde quer que se vá, é provável que se encontre o mesmo jargão corporativo de "incentivar", "agregar valor" e "avançar"; as mesmas cadeias de comando; os mesmos arranjos de escrivaninhas e cubículos; o mesmo desprezo neutro e funcionalista pela estética; a mesma confiança na motivação e no espírito de equipe fabricado.

Mas seria possível argumentar que surgiu uma afinidade especial entre as empresas e as igrejas, especialmente as megaigrejas, que vai além das semelhanças superficiais. Nas últimas poucas décadas, enquanto as igrejas estavam se tornando mais parecidas com empresas, as empresas tornavam-se mais parecidas com as igrejas — dirigidas por figuras carismáticas que reivindicam, ou aspiram a ter, poderes de liderança quase místicos. Comentando sobre a tendência à liderança carismática, ou liderança "transformacional", como gostam de se chamar, dois professores de administração escreveram que "grande parte da prática de administração está de fato indo além de uma semelhança puramente metafórica com os rituais e as mentalidades da devoção religiosa". Eles argumentam que, cada vez mais, as empresas se parecem com o que é usualmente conhecido como cultos — organizações que demandam total concordância com um líder de inspiração aparentemente divina.[29] Não apenas os pastores das megaigrejas tomaram os CEOs corporativos como modelos, mas os CEOs têm às vezes retribuído o favor, como na admiração mútua entre Rick Warren e seus amigos CEOs. Em um artigo sobre o fenômeno das megaigrejas, o *Economist* observou:

> De fato, numa interessante inversão, os negócios também começaram a aprender com as igrejas. O falecido Peter Drucker assinalou que essas igrejas têm diversas lições a ensinar aos negócios convencionais. Elas são excelentes em motivar seus funcionários e voluntários e em transformar bem-intencionados voluntários amadores em profissionais disciplinados. As melhores igrejas (como algumas dos cultos mais notórios)

descobriram o segredo do crescimento de baixo custo e autossustentado: transformar buscadores em evangélicos, que então passarão a recrutar mais buscadores.[30]

Assim, da perspectiva de um buscador, qual é, *de fato*, a diferença entre uma megaigreja e a empresa na qual trabalha? Visualmente, não muita: a megaigreja parece um edifício de escritórios ou a sede de uma empresa; seu pastor tem mais probabilidade de usar um terno do que roupas clericais; os símbolos e ícones religiosos foram eliminados. Além disso, ambas as instituições oferecem, como filosofia central, uma mensagem motivacional sobre avançar, superar obstáculos e alcançar grandes coisas por meio do pensamento positivo. Para reforçar ainda mais a conexão entre igreja e local de trabalho, alguns importantes pastores fazem questão de endossar a "livre iniciativa" e suas demandas sobre o trabalhador médio. Schuller chama a atenção para o perigo de alguém usar o fato de ser "destituído" ou estar sujeito a preconceito racial como "uma desculpa para não continuar tentando".[31] Osteen escreve que "os empregadores preferem funcionários que mostram entusiasmo em trabalhar em suas empresas", e àqueles para quem o salário recebido não justifica que se sintam "entusiasmados" ele aconselha: "Você não será abençoado se mantiver esse tipo de atitude. Deus quer que você dê o máximo de si. Seja entusiástico. Dê o exemplo."[32]

Mas existe uma diferença imediatamente óbvia entre a megaigreja e o local de trabalho: a igreja é *legal* com você. Lá, ninguém gritará com você, imporá prazos impossíveis ou o fará sentir-se uma pessoa inadequada. Voluntários sorridentes recepcionam todo mundo que chega no domingo de manhã, e depois do serviço você pode apertar a mão do CEO, isto é, do pastor. Existe uma creche, bem como uma porção de grupos de apoio e serviços. O melhor de tudo é que, mesmo que você falhe em dar os 10% recomendados, mesmo que seja culpado de frequente absenteísmo ou falta de tempo para fazer trabalho voluntário, mesmo que caia no que antigamente era conhecido como pecado e é agora entendido como "negatividade", ninguém lhe pedirá para sair. E isso pode ser uma parte importante da atração exercida pelas megaigrejas: elas são simulacros do local de trabalho empresarial, oferecendo todos os sinais visuais do poder e da eficiência de uma empresa, mas sem a crueldade e o medo. Numa igreja, você não corre o risco de ser eliminado pelo *downsizing*.

Assim, o buscador que abraça a teologia positiva pode acabar num mundo autocontido e sem fissuras que abrange o local de trabalho, o shopping e a igreja em estilo empresarial. Em toda parte, ouvirá a mesma mensagem — que você *pode* ter todas aquelas coisas que vê no shopping, bem como as casas e os belos carros, bastando acreditar que pode. Mas existe sempre, como uma insinuação apenas sussurrada, a mensagem mais sombria de que, se você não tem tudo aquilo que quer, se está se sentindo doente, desencorajado ou derrotado, a culpa é exclusivamente sua. A teologia positiva ratifica e completa um mundo sem beleza, transcendência ou misericórdia.

SEIS

Psicologia positiva: a ciência da felicidade

Era 1997 e Martin Seligman esperava ansiosamente os resultados de um drama eleitoral pouco notado pelo resto do país — a escolha de um novo presidente para a Associação Americana de Psicologia. Apesar de pesquisador respeitado e hábil protagonista nos dramas organizacionais da associação, Seligman estava convencido de que perderia. Conforme ele próprio admite, é um "ferrenho pessimista", um "resmungão" e até uma "nuvem carregada" ambulante.[1] Mas, aparentemente não atingido por sua negatividade, ele venceu e alguns meses depois propôs que o tema de sua presidência fosse a "psicologia positiva" — o estudo de emoções e estados de espírito "positivos", como otimismo, felicidade, satisfação e "fluidez".

Até a ascendência de Seligman no mundo da psicologia, o pensamento positivo não havia granjeado nenhum apoio na academia. Nos anos 1950, os intelectuais zombavam de Norman Vincent Peale, e quatro décadas depois os acadêmicos tendiam a descartar as ideias dos sucessores de Peale como uma efêmera moda cultural e coisa de vendedor ambulante. Mas quando Seligman ganhou um belo púlpito e começou a atrair um rico e nutritivo fluxo de dinheiro das fundações, os psicólogos respeitáveis, com doutorado, começaram a gerar um enorme volume de artigos acadêmicos (alguns deles publicados no recém-criado *Journal of Happiness Studies*) que associavam otimismo e felicidade a todo tipo possível de resultados desejáveis, inclusive saúde e sucesso na carreira. A nova psicologia positiva, ou "ciência da felicidade", foi um sucesso imediato na mídia, ganhando matérias de capa em revistas e um constante fluxo de notícias positivas (para os otimistas, pelo menos) nos jornais. Para qualquer palestrante motivacional não acadêmico, *coach* ou empresário da autoajuda que acontecesse de estar prestando atenção, aquilo foi uma dádiva dos céus. Já não precisariam mais invocar uma deidade ou noções misteriosas como a lei da atração para explicar a conexão entre pensamentos positivos e resultados positivos; poderiam recorrer àquela frase que sustenta todo discurso secular, racional: "estudos mostram que...".

Os psicólogos positivos em geral têm o cuidado de se distanciar das versões populares do pensamento positivo. "Nós vemos isso como muito diferente do que fazemos", disse à revista *Elle* uma pesquisadora acadêmica da felicidade, Sonja Lyubomirsky, de Stanford. "É algo assim: 'Bom, nós fazemos ciência, e essas pessoas estão apenas deixando jorrar suas ideias.'" No mesmo artigo, Seligman descartou o pensamento positivo popular como "fraudulento" e prometeu que, dentro de uma década, "teremos livros de autoajuda que realmente funcionarão".[2] Os psicólogos positivos não endossam a lei da atração nem prometem tornar ricos os seus leitores. Na verdade, têm certo desprezo pela riqueza — algo não incomum entre acadêmicos — e, em vez disso, põem o foco na meta mais elevada da *felicidade* e em todos os benefícios, como a saúde, que ela supostamente confere.

Mas os psicólogos positivos têm sido rápidos em pegar coisas emprestadas nos manuais de seus primos que atuam nos ramos de *coaching* e motivação. Publicam livros para o mercado de massa com as palavras "você" ou "seu/sua" no título — um sinal revelador do gênero autoajuda — como *O que você pode e o que você não pode mudar* e *Felicidade autêntica*, ambos de Seligman. Eles estão entrando no ramo do *life coaching* — como fazia Seligman, por exemplo, até 2005, oferecendo sessões de orientação via teleconferência para centenas de pessoas ao mesmo tempo e cobrando US$2.000 de cada. Ele também desenvolveu um site lucrativo na internet, reflectivehappiness.com, que promove "exercícios mentais destinados a aumentar a felicidade" e que vão acompanhados de uma garantia, num estilo camelô: "Temos tanta confiança em que esse programa o ajudará, que estamos fazendo uma oferta por tempo limitado para que você experimente, sem compromisso, o poderoso programa do Dr. Seligman durante um mês, de graça."[3]

E, seguindo a indústria da motivação, os psicólogos positivos avançaram para conquistar seu mercado no mundo corporativo. O livro *Positive Psychology Coaching: Putting the Science of Happiness to Work for Your Clients*, de 2007, reconhece que "a ideia de vender felicidade para grandes empresas pode parecer absurda", mas rapidamente passa a listar os benefícios finais da felicidade, na forma de trabalhadores mais entusiásticos e produtivos, e acaba concluindo que "a felicidade não precisa ser vendida... Ela vende a si mesma".[4] O próprio Seligman prestou consultoria à gerência da David's, uma cadeia de lojas para noivas, supostamente gerando um aumento nas vendas, e também para empresas não identificadas da *Fortune 500*, oferecendo "exercícios" para aumentar o otimismo dos funcionários e, presumivelmente, sua saúde.[5]

O que quer que fosse a psicologia positiva — um revolucionário avanço científico ou uma oferta exibicionista para conseguir fundos e atenção —, ela fornecia uma solução para os problemas mundanos da profissão. Antidepressivos eficazes que haviam estado disponíveis desde o final da década de 1980 podiam ser prescritos por alguém da área de saúde depois de uma entrevista-diagnóstico de dez minutos; assim, o que sobrava para os psicólogos fazerem? Nos anos 1990, os serviços de assistência gerenciada e as empresas de seguro voltaram-se contra a psicoterapia tradicional, efetivamente deixando de financiar aqueles profissionais que ofereciam terapias longas, centradas na fala. A Associação de Psicologia de Michigan declarou que a psicologia era "uma profissão em risco", e um psicólogo da Califórnia disse ao *San Francisco Chronicle* que, "por causa dos serviços de assistência gerenciada, muitos psicólogos clínicos não estão tendo permissão de tratar os clientes como acreditam que deveriam. E dado que ainda querem trabalhar no campo de ajuda às pessoas, estão saindo da terapia e passando para a área de *coaching*".[6] Se não havia apoio para tratar os doentes, havia infindáveis possibilidades de atuar como *coach* de pessoas comuns, saudáveis, orientando-as em direção a maior felicidade, otimismo e sucesso pessoal. "Acordado no meio da noite", escreveu Seligman na introdução de seu livro *Felicidade autêntica*, "você provavelmente reflete, como fiz eu, sobre como passar de dois para sete em sua vida, e não apenas sobre como passar de menos cinco para menos três."[7]

É claro que Seligman não apresentou o afastamento de uma psicologia "negativa", orientada para a patologia, como uma nova estratégia de carreira para os psicólogos. Falou disso como uma resposta a circunstâncias históricas, dizendo numa entrevista em 2000 — talvez perdoável, já que foi antes do estouro da bolha ponto-com, de 11 de setembro e da guerra contra o Iraque:

> É surpreendente que tenhamos níveis tão altos de depressão e pessimismo num mundo em que os ponteiros do relógio nuclear estão mais distantes da meia-noite do que jamais estiveram, em uma nação na qual todos os indicadores econômicos, todos os indicadores objetivos de bem-estar estão subindo, em um

mundo em que há menos soldados morrendo no campo de batalha do que em qualquer momento desde a Segunda Guerra Mundial e no qual a percentagem de crianças que morrem de fome é a menor em toda a história humana.[8]

Por que tanta negatividade numa era tão confortável? Seligman culpa nossa arriscada evolução: "Como nós evoluímos durante uma época de gelo, inundações e fome, temos um cérebro catastrófico. O modo como o cérebro funciona é procurando o que está errado. O problema é que isso funcionou na era Pleistocênica. Isso nos ajudou, mas não funciona mais no mundo moderno."[9] Como escreveu ele em 2004, com seu frequente colaborador Ed Diener, "Como os bens e serviços são abundantes, e porque as necessidades simples estão em grande parte solucionadas nas sociedades modernas, as pessoas hoje podem se dar o luxo de redirecionar sua atenção para a 'vida boa'".[10] Dessa perspectiva, que foi reafirmada, sem questionamento, por um resenhista de dois livros sobre felicidade em um número da *New Yorker* de fevereiro de 2006, nossos ancestrais paleolíticos podem ter sido bem servidos pela suspeita de que um tigre-dentes-de-sabre estaria agachado por trás de todo arbusto, mas, hoje, seria melhor que visualizássemos potes de ouro.[11]

Indo até a Fonte

Eu vi a chegada de minha oportunidade de entrevistar Martin Seligman em maio de 2007 com alguma apreensão. Apenas três meses antes eu havia publicado um ensaio na *Harper's* criticando tanto a psicologia positiva quanto o pensamento positivo popular. Como previsto, quando encontrei Seligman pela primeira vez ele praticamente fechou a cara. "Lá está ele!", disse o guarda da segurança no balcão de recepção de um edifício em formato de caixote na Universidade da Pensilvânia, apontando para um homem baixo, sólido, de cabeça pontiaguda, que me olhava do balcão do segundo andar. Eu sorri e acenei, e Seligman apenas respondeu "Você terá que tomar o elevador".

No entanto, ele não estava me esperando no segundo andar, e havia desaparecido de sua sala. A secretária informou que estaria ocupado por um minuto e que ele queria que eu conhecesse duas senhoras das forças armadas australianas enquanto esperava. Depois de apertarmos as mãos e de eu ficar sabendo que elas tinham vindo para ajudar a "evitar problemas antes que cheguem à fase de reclamação", fui conduzida ao seu escritório, apenas para encarar outro atraso — uma chamada telefônica da BBC, informou-me ele, dizendo que eu me sentasse enquanto esperava, embora nenhuma cadeira tenha sido oferecida.

O telefonema — para marcar uma entrevista sobre um plano para oferecer "treinamento em otimismo" nas escolas públicas inglesas — pareceu elevar seu moral, e após alguns minutos de conversa inócua ele anunciou que, com aquele dia tão bonito, seria uma pena passá-lo numa sala. "Tenho um plano", disse ele. "Vamos ao museu de arte. Há flores lá fora, e podemos ver os Monets." Eu protestei fracamente, dizendo que essa excursão poderia interferir com as anotações que eu queria fazer, não me preocupando em apontar a contradição entre estar num museu e estar ao ar livre. Mas, aparentemente, ele estava seguindo sua própria instrução de *Felicidade autêntica*: "Escolha o local e organize seu estado de espírito para se adequar à tarefa diante de você."[12] Tão logo entramos no táxi que nos levaria ao museu, ele revelou que os Monets haviam sido ideia de sua esposa. "Isso a deixará de bom humor", dissera ela. Comecei a me perguntar se as visitantes australianas e a ligação da BBC teriam sido planejadas, em parte, para mim.

Uma vez no museu — tornado famoso pelo personagem de Silvester Stallone na série de filmes *Rocky* —, as barreiras a uma entrevista normal pareceram apenas se multiplicar. Em primeiro lugar, ele insistiu que déssemos um rápido passeio em torno do edifício; então, na recepção, deixou-me extremamente apreensiva ao pedir informação sobre uma palestra que estaria acontecendo. Como não havia nenhuma, começou a perguntar sobre uma exposição de fotografias antigas de Santa Mônica, e eu imaginei uma tarde gasta andando atrás dele nas seções mais obscuras do museu. É difícil não lembrar que o trabalho inicial de Seligman, antes de anunciar o lançamento da psicologia positiva, havia sido sobre "desamparo adquirido", no qual ele demonstrava que, quando cachorros são atormentados de forma aleatória, tornam-se passivos, deprimidos e incapazes de se defender.

Embora fosse quase impossível tomar notas, tentei levar adiante uma conversa sobre *Felicidade autêntica*, que eu achara tão evasivo quanto ele próprio estava se tornando. Como a maior parte dos livros leigos sobre o pensamento positivo, é um amontoado de historinhas (basicamente autobiográficas, no caso de Seligman), de referências a textos filosóficos e religiosos e de testes que você pode fazer para avaliar seu progresso rumo a uma mentalidade mais feliz e mais saudável. Somente numa segunda leitura eu comecei a discernir uma progressão de pensamentos — não uma progressão lógica, mas pelo menos algum tipo de traçado. Ele começa com o que os psicólogos positivos chamam de a "história da origem" de seu campo, sobre como certa vez ele estava arrancando ervas daninhas do jardim quando sua filha de cinco anos o desafiou a parar de ser tão "resmungão". A irritação, percebeu ele, é endêmica no mundo acadêmico: "Eu havia notado, ao longo de 30 anos de reuniões com os professores do departamento de psicologia, realizadas numa sala deprimente, cinzenta e sem janelas, cheia de resmungões impenitentes, que o clima do ambiente é gélido, abaixo de zero." Espicaçado pela filha, decidiu que "valia a pena tentar, de verdade, acrescentar emoções mais positivas à vida", e uma verdadeira Terra dos Doces, cheia de prazeres, começou a se abrir, representada por coisas como "um dia de primavera sem nuvens, o final grandioso de 'Hey Jude' dos Beatles, imagens de crianças e carneirinhos, e estar sentado diante do fogo numa noite de neve".[13]

Mas quando parece prestes a abraçar o hedonismo, pelo menos numa versão barata, de mau gosto, ele recua abruptamente, num surto de aversão calvinista, e adverte o leitor de que deve "lutar por mais gratificações, ao mesmo tempo que deve moderar a busca do prazer". "Gratificações", no fim das contas, são formas "mais elevadas" de prazer porque exigem algum esforço, como seria "jogar três partidas de tênis, ou participar de uma conversa inteligente, ou ler Richard Russo". Em contraste, coisas como "assistir a um seriado cômico na televisão, se masturbar ou cheirar um perfume" não envolvem nenhum desafio e, portanto, são apenas "prazeres". Isso parece desnecessariamente crítico e intolerante, e não apenas porque Richard Russo não seja exatamente um Marcel Proust: a leitora logo descobre, para sua completa confusão, que toda a categoria de "emoções positivas", incluindo tanto gratificações quanto prazeres, é suspeita. Diz ele: "Quando toda uma vida é dedicada a buscar emoções positivas, no entanto, não se encontra autenticidade e sentido em parte alguma", e sem isso, evidentemente, não pode haver nenhuma "felicidade autêntica".[14]

Abandonando as emoções positivas, o livro de Seligman sai em busca do "caráter", que ele admite soar como um conceito calvinista, do "protestantismo do século XIX, constipado e vitoriano". Para chegar às raízes do caráter, ele e seus colegas examinaram duzentos "catálogos de virtudes" — que incluem Aristóteles e Platão, Agostinho e Tomás de Aquino, o Antigo Testamento, Confúcio, Buda e

Benjamin Franklin —, e deles extraíram "seis virtudes": sabedoria e conhecimento, coragem, amor e humanidade, justiça, temperança, espiritualidade e transcendência.[15] Então, enquanto subíamos as escadas do museu em direção aos Monets, eu disse a ele que me sentira perdida àquela altura do livro. A coragem, por exemplo, pode levar uma pessoa para muito longe de "emoções positivas" e de seus efeitos positivos previstos sobre a saúde e o sucesso, conduzindo-a a situações perigosas e dolorosas, assim como a espiritualidade poderia levar ao afastamento da sociedade, a jejuns e a automortificações. De fato, prossegui, falando descontroladamente, a noção convencional de "caráter" parece incluir a capacidade de autonegação, e até de aceitar o sofrimento, em busca de uma meta mais elevada. Para minha surpresa, ele desviou essa crítica para seu antigo colaborador, Ed Diener, dizendo que Diener "se resume a uma face sorridente" e apenas "tenta fazer com que as pessoas se sintam melhor", enquanto ele, Seligman, está preocupado com "significado e propósito". A lealdade, eu me lembro, não estava incluída na lista de virtudes.

Finalmente chegamos à sala dos Monets, onde, após algum arroubo preliminar de sua parte, sentamo-nos em um banco e eu ajeitei meu bloco de estenografia sobre os joelhos para algumas perguntas sérias. Mas nesse exato instante um segurança lançou-se sobre nós e anunciou que eu não podia usar uma caneta na presença dos Monets. É verdade, eu não gosto dos Monets, nem que seja porque foram tão inteiramente apropriados — junto com lavanda, bolinhos e "imagens de crianças e carneirinhos" — pelas noções classe-média de aconchego. Eu queria protestar e dizer que não os odiava a ponto de apunhalá-los com minha caneta de ponta de feltro, mas obedientemente a troquei por um dos grossos lápis nº 2 disponíveis numa mesa próxima. Àquela altura, a entrevista parecia ter saído inteiramente do controle: Seligman era o psicólogo; eu era a paciente mental, privada de objetos pontiagudos.

Mas continuei forçando meu caminho, focalizando agora o "Inventário da Felicidade Autêntica", um teste disponível em um de seus sites (http://www.authentichap piness.sas.upenn.edu). Eu conseguira menos do que jubilosos 3,67 pontos no total de 5, e uma das questões que haviam rebaixado minha pontuação pedia que a pessoa escolhesse entre "(A) Tenho vergonha de mim" e "(E) Sou extraordinariamente orgulhosa de mim mesma". Não sou uma coisa nem outra, e, como estávamos falando sobre virtudes, pareceu-me justo perguntar: "O orgulho não é um pecado?" Ele respondeu que "pode ser que seja ruim, mas tem um alto valor preditivo". Preditivo de quê? De saúde? Sua resposta: "A pesquisa não foi concebida a esse nível de detalhe para dizer que orgulho prediz saúde." Frustrada e, àquela altura, totalmente desnorteada, passei para outra questão que também prejudicara minha pontuação, onde eu havia confessado ser "pessimista sobre o futuro", presumindo que o que estivesse em questão fosse o futuro de nossa espécie, não apenas o meu. Agora, no museu, eu mencionava as possibilidades de desastres que atingissem toda a espécie, como extinção ou barbarismo, mas ele apenas me olhou fixamente e disse que, se eu pudesse "aprender" otimismo com seu livro anterior, *Aprenda a ser otimista*, que ensina ao leitor como reprogramar seus pensamentos numa direção mais otimista, minha produtividade como escritora dispararia.

Somente quando voltamos a seu escritório, longe dos exaltantes Monets, as coisas tomaram um rumo desagradável. Retomando o Inventário da Felicidade Autêntica, eu observei que muitas das questões pareciam um pouco arbitrárias, levando-o a responder asperamente: "Esse é um golpe malicioso, e mostra seu fracasso em compreender a elaboração de testes. Não importa quais sejam as perguntas, desde que tenham valor preditivo. Podia ser uma pergunta sobre sorvete de chocolate, e se você gosta dele. A questão é o quão bem ela prediz." Bom, não é bem assim, primeiro você tem de elaborar um teste que pareça medir felicidade, como é usualmente definida, e então você vai buscar coisas com as quais a felicidade pareça estar relacionada, tal como lamber um sorvete de chocolate. Mas você não pode misturar o sorvete na própria definição de felicidade.

Em vez de dizer isso, passei para uma das mais irritantemente pseudocientíficas afirmações contidas em seu livro, a "equação de felicidade", que ele apresenta com a modesta promessa de que "é a única equação que lhe pediremos para considerar", como se a psicologia positiva se apoiasse sobre uma densa selva de equações das quais o leitor será misericordiosamente poupado.[16] A equação é:

$$F = L + C + V$$

F é "seu nível constante de felicidade, L são os limites estabelecidos, C são as circunstâncias de sua vida, e V representa fatores sob seu controle voluntário", como, por exemplo, se você se engaja em "treinamentos de otimismo" para suprimir pensamentos negativos ou pessimistas. Eu compreendo o que ele está tentando dizer: que a felicidade de uma pessoa é determinada, de algum modo, por sua disposição inata (L), por circunstâncias imediatas (C), como uma perda recente de um emprego ou um luto, e pelos esforços (V) que a pessoa faz para melhorar seu enfoque. Isso poderia ser expresso, de modo não objetável, como:

$$F = f(L, C, V)$$

Ou, em outras palavras: F é uma função de L, C, V, sendo que a natureza exata dessa função ainda precisa ser determinada. Mas expressar isso como uma equação (ou seja, equiparação, igualdade) é atrair o ridículo sobre si. Fiz a pergunta que ocorreria a qualquer aluno de primeiro ano de física: "Quais são as unidades de medida?"

Porque, se você vai somar essas coisas, terá de ter as mesmas unidades para F (pensamentos felizes por dia?) e para V, L e C. "Bem, você precisaria de alguma constante na frente de cada uma", disse ele, e quando o pressionei, ele respondeu que "C vai se decompor em vinte coisas diferentes, como religião e casamento", referindo-se ao fato de que os psicólogos positivos descobriram que pessoas casadas e religiosas têm maior probabilidade de ser mais felizes do que pessoas solteiras e céticas. Então, perguntei, como você reduz C a um único número? Novamente, seu rosto se contorceu numa expressão de raiva, e ele me disse que eu não compreendia o que era "beta", e devia ir para casa e checar no Google.

Assim fiz, só para confirmar, e descobri que, numa equação de regressão, "beta" são os coeficientes dos "previsores" usados para encontrar correlações estatísticas entre variáveis. Mas Seligman havia apresentado sua fórmula como uma equação comum, como $E = mc^2$, não como uma análise de regressão supersimplificada, deixando o flanco aberto para perguntas simplistas do tipo: como podemos saber que F é uma soma simples das variáveis e não alguma relação mais complicada, possivelmente envolvendo efeitos de "segunda ordem" como CV, ou C vezes V? Mas, claramente, Seligman queria uma equação porque equações conferem um verniz de ciência, e ele a queria rapidamente, então caiu na simples adição. Sem dúvida, as equações fazem um livro parecer mais pesado e cheio de rigor matemático, mas essa também faz com que Seligman fique parecendo o Mágico de Oz.

O campo da psicologia tem produzido seus próprios críticos da psicologia positiva, nenhum deles mais sem rodeios do que Barbara Held, uma professora do Bowdoin College. Uma mulher notável com longos cabelos negros e um ágil senso de humor, Barbara escreveu seu próprio livro de autoajuda, desafiadoramente intitulado *Stop Smiling, Start Kvetching* (Pare de sorrir, comece a reclamar). Quando foi convidada a falar para um painel da Cúpula Internacional de Psicologia Positiva em 2003, ela chegou com algumas camisetas que mostravam o desenho de uma carinha sorridente atravessada por uma faixa de "proibido" e ofereceu uma para Seligman e outra para Diener. Uma de suas principais reclamações centra-se no fato de que a psicologia positiva aprova as "ilusões positivas" como meios para a felicidade e o bem-estar. E cita Seligman: "Não é tarefa da Psicologia Positiva lhe dizer que você deve ser otimista, ou espiritual, ou gentil ou bem-humorado; em vez disso, trata-se de descrever as consequências desses traços para a saúde física e para maiores realizações (*ao preço, talvez, de menos realismo*)" (itálico acrescentado).[17] Se, conforme escreve ela, "os psicólogos positivos de todos os matizes apregoam sua dedicação à ciência rigorosa, como podem estar preparados para descartar "realismo e objetividade"? Ela argumenta que alguns psicólogos positivos estão empregando um "padrão epistemológico duplo", apoiando a ciência objetiva e imparcial e, ao mesmo tempo, endossando um "viés otimista" na vida diária.[18]

Felicidade e Saúde

A principal reivindicação da psicologia positiva, bem como do pensamento positivo em geral, é que felicidade — ou otimismo, emoções positivas, disposições positivas, ou *algo* positivo — é não apenas intrinsecamente desejável, mas, de fato, é útil, levando a mais saúde e mais sucesso. Um livro de psicologia positiva afirma que "a felicidade ... é mais do que prazerosa, é benéfica", e Seligman começa *Felicidade autêntica* resumindo alguns estudos segundo os quais as pessoas felizes (ou positivas) vivem mais tempo do que as infelizes.[19] Em outras palavras, você deve fazer um esforço para ser feliz, no mínimo porque as consequências da infelicidade podem incluir uma saúde ruim e um mau desempenho. Será que a felicidade deixaria de ser uma meta atraente se viesse a ser associada a doença e fracasso? Será que não podemos imaginar pessoas gloriosamente satisfeitas com uma vida dedicada a hábitos perniciosos, como os proverbialmente felizes "porcos na lama"? Nada revela tão claramente o calvinismo subjacente à psicologia positiva quanto essa necessidade de pôr a felicidade para funcionar — como um meio para a saúde e a realização ou para o que os pensadores positivos chamam de "sucesso".

Pessoas felizes, ou positivas — como quer que isso seja medido —, de fato parecem ter mais sucesso no trabalho. Têm maior probabilidade de conseguir uma segunda entrevista quando se candidatam a um emprego, obter avaliações positivas dos superiores, resistir ao esgotamento e avançar na carreira. Mas isso provavelmente reflete pouco mais do que o viés corporativo a favor de uma atitude positiva e contra pessoas "negativas". Um artigo amplamente citado, intitulado *"The Benefits of Frequent Positive Affect: Does Happiness Lead to Success?"* (Os benefícios de afetos positivos frequentes: a felicidade conduz ao sucesso?), de coautoria com Ed Diener, não faz nenhuma menção a esse viés e, assim, parece fazer pouco mais do que confirmá-lo.[20]

Quando se trata dos sugeridos benefícios à saúde decorrentes de uma perspectiva positiva, os psicólogos positivos pareceriam estar em terreno mais firme. Como já vimos, uma atitude positiva não pode curar o câncer, mas, no caso de queixas mais comuns, tendemos a suspeitar que as pessoas melancólicas, que reclamam muito ou ruminam obsessivamente cada mínimo sintoma, podem, de fato, estar se adoecendo. Lembre-se das curas milagrosas de inválidos crônicos realizadas por Phineas Quimby e outros no século XIX, simplesmente encorajando-os a se levantar da cama e começar a se conceber como pessoas saudáveis. Não temos "neurastênicos" hoje em dia, mas há uma grande quantidade de males com um componente psicossomático, alguns dos quais poderiam, de fato, conduzir a uma abordagem "mente sobre matéria". Quando John E. Sarno, um professor de medicina reabilitacional, publicou um livro afirmando que a dor lombar era causada pela raiva reprimida, e não por uma anomalia, e que era curável com exercícios mentais, milhares de pessoas deram seus depoimentos de que foram ajudadas, inclusive Andrew Weil, o conhecido guru da saúde.[21]

Em contraste com as frágeis pesquisas que ligam a atitude à sobrevivência de pessoas com câncer, existe um grande número de estudos mostrando que pessoas felizes ou otimistas têm probabilidade de ser mais saudáveis do que as amargas e pessimistas. A maior parte desses estudos, no entanto, apenas estabelece correlações, e não nos diz nada sobre causalidade: as pessoas são saudáveis porque são felizes, ou felizes porque são saudáveis? Para esclarecer qual vem primeiro, é preciso dispor de estudos longitudinais realizados em vários pontos do tempo. Três desses estudos são frequentemente citados pelos psicólogos positivos, e nenhum é inteiramente à prova de contestação.

Um deles, realizado em 2001 e chamado "estudo das freiras", que Seligman diz ser "o mais notável estudo da felicidade e da longevidade já realizado até hoje", pretende mostrar que freiras mais felizes vivem mais tempo — até seus 90 anos, em vez de 70 ou 80.[22] O ponto questionável aqui é a medida de felicidade. No início da década de 1930, quando as freiras tinham entre 20 e 22 anos, haviam escrito breves descrições de suas vidas e de seu compromisso com a vida religiosa. Algumas dessas descrições continham um alto "conteúdo emocional positivo", conforme julgado pelos pesquisadores, com afirmações como "aguardo com ansiosa alegria receber o Hábito Sagrado de Nossa Senhora e viver uma vida de união com o Amor Divino". Pelo que se viu depois, as freiras que tiveram uma classificação alta em conteúdo emocional positivo sobreviveram àquelas que haviam escrito afirmações prosaicas como "com a graça de Deus, pretendo fazer o melhor por nossa Ordem, para a disseminação da religião e para minha santificação pessoal". Mas como nem todo mundo é capaz de expressar vividamente suas emoções por escrito, existe um salto entre "conteúdo emocional positivo" e felicidade subjetiva. Seria igualmente possível concluir que a chave para a longevidade está em escrever bem, e um estudo anterior feito por um dos autores parecia sugerir exatamente isso: as freiras que, em sua juventude, escreveram frases complexas com alta "densidade de ideias" acabaram sendo aquelas menos prováveis de sucumbir à doença de Alzheimer na velhice.[23]

Um segundo estudo longitudinal, também citado por Seligman no início de Felicidade autêntica, nem ao menos está diretamente relacionado à proposição de que a felicidade leva a uma saúde melhor. Nesse caso, a felicidade foi medida pela aparente autenticidade de sorrisos. Examinando atentamente as fotos contidas em dois anuários de meados do século com as novas alunas de uma faculdade particular de ciências humanas só para mulheres, o Mills College, os pesquisadores constataram que cerca da metade das jovens sorria "autenticamente", com olhos enrugados e os cantos da boca voltados para cima, e que décadas mais tarde essas sorridentes felizes disseram ter casamentos mais felizes e, de modo geral, estavam mais satisfeitas com suas vidas. Qualquer que seja a relevância dessa descoberta, ela não se repetiu num estudo semelhante com as fotos dos anuários de uma escola de ensino médio de Wisconsin.[24] Para a população menos privilegiada nas fotos dessa escola, sorrisos felizes não prognosticavam vidas felizes.

Por fim, os psicólogos positivos gostam de citar um estudo feito com idosos americanos de origem mexicana com mais de 64 anos de idade. Descobriu-se que as pessoas que relatavam ser felizes tinham a probabilidade de viver mais e experimentar menos fragilidade do que as outras.[25] Em *Felicidade autêntica*, Seligman escreve que esse estudo, combinado com o das freiras e o do Mills College, cria "um quadro inequívoco da felicidade como prolongadora da vida e beneficiadora da saúde".[26] Mas, mesmo aqui, pode-se levantar uma questão. O estudo controlou por renda, educação, peso, uso de cigarro e bebida, mas não por atividade física, que é um conhecido previsor de saúde e resistência na idade adulta. Poderia ser que os mais felizes fossem mais saudáveis simplesmente porque tinham maior probabilidade de caminhar, dançar, se exercitar ou se engajar em trabalho físico — uma possibilidade que, segundo um dos autores do estudo, está sendo examinada agora.

Acrescentando mais ambiguidade ao quadro da "felicidade como prolongadora da vida e beneficiadora da saúde", existem diversos estudos mostrando que a felicidade ou outros estados emocionais positivos poderiam não ter nenhum efeito sobre a saúde de uma pessoa. Como vimos no capítulo 1, uma perspectiva mental melhorada — gerada em grupos de apoio ou com o auxílio de psicoterapia — não estende a vida de pacientes com câncer de mama, e o mesmo foi encontrado entre aqueles que sofrem de câncer na garganta e no pescoço. Tampouco, como se constatou, o otimismo acrescenta longevidade aos pacientes com câncer de pulmão.[27] A evidência de que emoções positivas podem proteger contra doenças coronarianas parece mais forte, embora eu não tenha condições de avaliar isso. Pelo menos uma lista de artigos sobre doença cardíaca e estados emocionais compilados para mim por Seligman incluía vários estudos que descobriram que o otimismo e outros estados positivos podem proteger contra doenças cardíacas e também apressar a recuperação dos atingidos por elas.[28] Mas outros estudos na lista de Seligman eram mais ambíguos, e um citado por Barbara Held descobriu que pessoas com alta pontuação em "disposições negativas" reclamam mais de dores no peito, mas não correm maior risco de patologias do que as pessoas alegres e animadas.[29]

Na verdade, alguns dos estudos examinados por Held chegaram à conclusão de que traços negativos como o pessimismo podem ser mais saudáveis no longo prazo do que otimismo e felicidade.[30] Por exemplo, um estudo de 2002 descobriu que mulheres medianamente deprimidas têm maior chance de viver mais tempo do que as não deprimidas ou muito deprimidas. De forma um tanto alarmante, um estudo longitudinal de mais de mil crianças em escolas da Califórnia concluiu que o otimismo tendia a levar a uma morte mais cedo, quando adultos ou idosos, possivelmente porque as pessoas otimistas corriam mais riscos. Outro estudo, mais recente, constatou que pré-adolescentes realistas a respeito de como eram vistos pelos colegas tinham menor probabilidade de ficar deprimidos do que aqueles que alimentavam ilusões positivas sobre sua popularidade.[31] Mas o argumento mais surpreendente a favor do pessimismo vem de um estudo de 2001 de coautoria do próprio Seligman, no qual se concluiu que, entre as pessoas mais velhas, os pessimistas tinham menor probabilidade de cair em depressão depois de um evento negativo na vida, como a morte de um membro da família.[32] Esse estudo não é mencionado em *Felicidade autêntica*, mas, na época, levou Seligman a comentar com o *New York Times* que "é importante que o otimismo não seja desprovido de base e não seja injustificável".[33] Então, no final das contas, o realismo tem suas utilidades.

Mas os resultados que chegam ao público por meio da imprensa tendem a destacar os efeitos positivos das emoções positivas sobre a saúde. Em parte, isso representa uma antiga aversão da mídia a "resultados nulos": um estudo mostrando, por exemplo, que não existe nenhuma diferença entre os sexos no que se refere a corridas de velocidade ou à solução de equações quadráticas provavelmente será julgado menos valioso do que um que mostre como um sexo deixou o outro na rabeira. No caso da psicologia positiva, um artigo de 2002 do *New York Times* citou dois estudos que ligavam otimismo a longevidade, e quatro outros que associavam a longevidade a outros traços como "conscienciosidade", calma, pessimismo e até rabugice. Ainda assim, o cabeçalho da matéria era "O poder do pensamento positivo atua, parece, até sobre o envelhecimento".[34] Alguns psicólogos positivos reconhecem a pressão para alimentar a mídia com resultados que soem positivos, e os editores do *Handbook of Positive Psychology* alertam que:

> Na excitação que poderia estar associada a essa nova e reanimadora abordagem [a psicologia positiva], pode ser tentador extrapolar de modo a transmitir uma noção do progresso sendo feito. A probabilidade de que isso ocorra é ainda maior quando um profissional da imprensa está quase pondo as palavras em nossas bocas sobre supostas descobertas e avanços já ocorridos.[35]

A interpretação positiva da psicologia positiva não pode ser atribuída inteiramente a repórteres excessivamente entusiasmados. Considere uma resenha publicada em 2005 com o título "Does Positive Affect Influence Health?" (O afeto positivo influencia a saúde?), que diz na íntegra:

> Esta resenha destaca padrões consistentes na literatura que associam afetos positivos (AP) e saúde física. No entanto, faz sérias restrições conceituais e metodológicas. A evidência sugere uma associação entre traços de AP e menor morbidade, bem como entre estados e traços de AP e a redução de sintomas e dor. Traços de AP também estão associados à maior longevidade entre indivíduos mais velhos de uma comunidade. A literatura sobre AP e sobrevivência a doenças graves é in-

consistente. Os experimentos que induzem intensos episódios de estados ativados de AP desencadeiam aumentos de curto prazo na excitação fisiológica e efeitos associados (potencialmente danosos) nas funções imunológica, cardiovascular e pulmonar. No entanto, de modo geral os efeitos de intensos estados de AP induzidos não são encontrados em estudos laboratoriais naturais nos quais surtos de AP são tipicamente menos intensos e encontram-se muitas vezes associados a respostas destinadas a proteger a saúde. Propõe-se um marco de referência teórico para orientar estudos adicionais.[36]

Ainda assim, quando lhes foi pedido durante uma entrevista que resumissem em termos leigos a importância de seu artigo, os autores puseram de lado todas as suas "reservas" e preocupações a respeito da literatura "inconsistente" e dos efeitos "potencialmente danosos" para responder animadamente que "o artigo fornece evidência preliminar de que as pessoas que experimentam com mais frequência emoções positivas como felicidade, entusiasmo e calma têm menor probabilidade de desenvolver uma série de doenças, viver mais e ter menos sintomas e menos dor".[37]

Outro caso de autodescrição positiva é fornecido por Suzanne Segerstrom, uma pesquisadora da Universidade de Kentucky que em 2002 ganhou o prêmio Positive Psychology da Fundação Templeton por seu trabalho sobre o que poderia ser o santo graal da psicologia positiva: a possível ligação entre emoções positivas e o sistema imunológico. Embora o sistema imunológico não desempenhe nenhum papel claro no câncer, é definitivamente importante na luta contra gripes e outras doenças infecciosas. Se existe ou não uma ligação entre emoções positivas e o sistema imunológico, isso já é outra história. Martin Seligman garante que sim, escrevendo que "pessoas felizes" têm "sistemas imunológicos mais fortes do que pessoas menos felizes". Em um artigo de 1998, Segerstrom relatou que o otimismo estava correlacionado a uma maior competência imunológica, medida pelos níveis dos tipos mais importantes de células de defesa. Mas em um segundo estudo, publicado três anos depois, ela constatou que "surgiram algumas descobertas contraditórias" e que, em algumas circunstâncias, pessoas mais otimistas "saíram-se pior, em termos imunológicos", do que as pessimistas.[38]

No entanto, ao ler os relatos que fez de seu trabalho ao jornal, seria impossível saber que os resultados obtidos foram negativos ou, no melhor dos casos, "mistos". Numa entrevista em 2002 ao *New York Daily News*, ela afirmou que os benefícios do otimismo para a saúde são "significativos" e que não apenas "os otimistas quase sempre têm melhores ajustes emocionais", mas "a maior parte dos otimistas mostrou respostas imunológicas mais altas a doenças".[39] Quando entrevistei Segerstrom por telefone em 2007, ela insistiu que não havia sofrido pressão da mídia, ou de quem quer que fosse, para minimizar a importância dos resultados negativos que obtivera. Mas, pouco depois, quando mencionei seu prêmio durante nossa conversa ela me disse: "Para receber o prêmio Templeton ... você não ganha nada se tiver um resultado nulo."

A Conexão Templeton

A Fundação Templeton, que doou US$2,2 milhões para o Centro de Psicologia Positiva de Seligman na primeira década do século XXI, bem como cerca de US$1,3 milhão para variados projetos de pesquisa de psicologia positiva sobre temas como gratidão, humildade e capacidade de estabelecer conexões, provavelmente é mais conhecida por seus esforços de pôr a religião no mesmo patamar intelectual da ciência. Fundada pelo investidor milionário Sir John Templeton em

1972, a fundação outorga anualmente o prêmio Templeton para o Progresso da Religião, concebido para preencher um vazio deixado pelos prêmios Nobel, e propositadamente paga mais do que o outro. (Em 2002, talvez refletindo certa ausência de progresso na religião, o nome mudou para prêmio Templeton para o Progresso da Pesquisa e das Descobertas de Realidades Espirituais.) A campanha da fundação para dar legitimidade científica à religião tem conduzido a alguns empreendimentos duvidosos, inclusive o financiamento, em 1999, de uma conferência sobre "desenho inteligente" como uma alternativa à teoria da evolução. Mas, nos anos recentes, a fundação afastou-se cautelosamente do desenho inteligente e expressou sua orientação "espiritual" por meio de fundos para pesquisas sobre a eficácia da prece — outro resultado nulo — bem como de várias outras qualidades abstratas como "caráter" e "humildade". Até sua morte, em 2008, Sir John Templeton orgulhava-se de reunir cientistas e teólogos em luxuosos resorts tropicais para que pudessem encontrar um terreno comum.

Templeton pode ter sido atraído pela afirmação da psicologia positiva de que emoções positivas podem influenciar a saúde física — uma proposição "mente sobre matéria" que se pode encontrar em praticamente todas as formas do espiritualismo americano desde o século XIX. Mas existe outra conexão, mais intrigante. Templeton era um acólito de Norman Vincent Peale e também um guru menor do pensamento positivo. De acordo com o "Capabilities Report" de 2004 da Fundação Templeton, "ele atribui a *O poder do pensamento positivo*, o livro de Norman Vincent Peale que lera 70 anos antes, o fato de haver compreendido que 'o que eu me tornei em minha curta vida dependia, principalmente, de minhas atitudes mentais — uma atitude mental de buscar o bem lhe trará o bem; uma atitude mental de dar amor lhe trará amor'."[40] Templeton escreveu vários livros do gênero autoajuda, alguns deles convenientemente publicados por sua fundação, incluindo *The Templeton Plan: 21 Steps to Personal Success and Real Happiness*; *Leis universais da vida: 200 princípios espirituais eternos* e *Descobrindo as leis da vida*. Este último veio com uma recomendação de Robert Schuller e uma introdução pelo próprio Norman Vincent Peale, que descreveu Templeton como "o mais importante laico da igreja cristã de nossos dias". Sem dúvida, a possibilidade de que a psicologia positiva pudesse em algum momento fornecer uma base científica para o pensamento positivo não havia escapado a Templeton.

Mas Templeton não era apenas mais um empresário do pensamento positivo. Era um tipo de ideólogo político, assim como é hoje, num grau ainda mais elevado, o filho que o sucedeu em 1995 no comando da fundação. John Templeton Jr. é um importante ativista e doador do Partido Republicano, tendo ajudado a financiar um grupo chamado Let Freedom Ring, que trabalhou para conseguir votos evangélicos para George Bush em 2004. Em 2007, ele contribuiu para o Freedom's Watch, que pagava comerciais de televisão apoiando a guerra no Iraque, frequentemente fundindo Iraque e al-Qaeda. Mais recentemente, ele apoiou as campanhas de Romney e McCain para a presidência e foi o segundo maior doador da campanha para a Proposição 8 da Califórnia, que proibiu casamentos de pessoas do mesmo sexo.[41]

A própria fundação, é claro, é apartidária, mas fortemente inclinada a favor da "livre iniciativa". Ao longo dos anos, deu prêmios em dinheiro para diversos acadêmicos conservadores, incluindo Milton Friedman e Gertrude Himmelfarb, e bolsas para uma longa lista de organizações conservadoras, incluindo a Fundação Heritage, o Instituto Manhattan, a Fundação Jesse Helms, a Federalist Society e a National Association of Scholars, mais conhecida por sua batalha contra o liberalismo acadêmico e o "politicamente correto".[42] Outra beneficiária, a Association of Private Enterprise Education, afirma em seu site que "existe o perigo muito real de que demagogos, ao mesmo tempo que insultam 'os ricos', saqueiem a riqueza privada que garante a continuidade da sociedade. A defesa contra demagogos é a compreensão e o compromisso com os princípios da livre-iniciativa. Esses são princípios abstratos e não imediatamente óbvios". Em seu relatório de 2006, lemos que a Fundação Templeton "apoia uma ampla gama de programas e pesquisas que estudam os benefícios da concorrência, especificamente como a livre-iniciativa e outros princípios do capitalismo podem beneficiar os pobres, e efetivamente o fazem".[43] As palavras "e efetivamente o fazem" sugerem uma conclusão inevitável, embora o relatório prossiga levantando uma questão em tom lamentoso: *Por que deveria a metade da população mundial viver em circunstâncias de miséria relativa quando já foi demonstrado que os princípios do mercado e da livre-iniciativa podem conduzir ao desenvolvimento econômico sustentado?*" (itálico no original).

Isso não é para sugerir que a psicologia positiva, ou qualquer coisa positiva, seja parte de uma conspiração da direita. O pensamento positivo popular tem uma linha política mista: Norman Vincent Peale era abertamente conservador, pelo menos até que seus ataques a um candidato católico, John F. Kennedy, resultassem em acusações de fanatismo. Por outro lado, talvez a pessoa mais famosa entre os promotores contemporâneos do pensamento positivo seja Oprah Winfrey, a quem normalmente consideramos uma liberal. Quanto à psicologia positiva, Seligman certamente tende para a direita. Ele é notoriamente impaciente com "vítimas" e "vitimologia", dizendo, por exemplo, numa entrevista de 2000: "Em geral, quando as coisas dão errado, nós agora temos uma cultura que sustenta a crença de que isso foi feito a você por alguma força maior, e não que você ocasionou aquilo a si mesmo com seu caráter ou com suas decisões."[44] Também se sabe que ele fez uma apresentação sobre suas experiências com cachorros e o "desamparo adquirido" em uma das escolas militares

SERE (Sobrevivência, Evasão, Resistência, Escape), originalmente criadas para ajudar as tropas americanas a sobreviver à captura e que mudaram sua missão depois de 11 de setembro, passando a buscar novas formas de tortura para lidar com suspeitos de terrorismo.[45] Seligman nega que tenha contribuído para a tortura, escrevendo em um e-mail de 2008: "Desaprovo totalmente a tortura e nunca forneci, nem forneceria, nenhuma assistência nesse processo." Quanto aos psicólogos positivos comuns, uma estrela ascendente no firmamento da psicologia positiva, Jonathan Haidt, da Universidade da Virgínia, insistiu comigo que a maior parte dos psicólogos positivos provavelmente adota atitudes pessoais liberais. Certamente, muitos deles se veem como rebeldes contra uma comunidade ultraconservadora de psicólogos ainda obcecados com temas "negativos" como depressão, neurose e sofrimento.

Mas a psicologia positiva parece haver exaurido seu espírito rebelde na batalha contra a "psicologia negativa", e hoje oferece muitas coisas para aquecer os corações mais conservadores, inclusive sua descoberta de que pessoas casadas e intensamente religiosas — preferentemente fundamentalistas — são mais felizes do que outras, assim como ocorre também com os conservadores políticos.[46] A felicidade, afinal, é geralmente medida como satisfação com a própria vida — um estado de espírito talvez mais acessível aos mais afluentes, que se ajustam às normas sociais, suspendem o julgamento em nome da felicidade e não se sentem excessivamente incomodados com as injustiças sociais. Estranhamente, no entanto, a chegada dos filhos — algo que se poderia esperar como resultante de casamentos fundamentalistas — de fato diminui a felicidade dos pais, e, de acordo com Daniel Gilbert, um psicólogo de Harvard, "o único sintoma conhecido da 'síndrome do ninho vazio' é que a pessoa passa a exibir um sorriso mais amplo".[47]

O real conservadorismo da psicologia positiva está em seu apego ao *status quo*, com todas as suas desigualdades e seus abusos de poder. Os testes de felicidade e bem-estar dos psicólogos positivos, por exemplo, baseiam-se amplamente em medidas de satisfação pessoal com as coisas tal como são. Considere a largamente usada "Escala de Satisfação com a Vida" desenvolvida por Diener e outros, que pede às pessoas para dizer se concordam ou discordam das seguintes proposições:

> Na maior parte dos casos, minha vida está próxima de meu ideal.
> As condições de minha vida são excelentes.
> Estou satisfeito com minha vida.
> Até agora, consegui as coisas importantes que quero na vida.
> Se eu pudesse viver minha vida novamente, não mudaria quase nada.[48]

Seria perfeitamente possível imaginar a psicologia positiva, ou uma versão sua mais liberal, gerando um movimento para alterar arranjos sociais na direção de maior felicidade — advogando locais de trabalho mais democraticamente organizados, para dar apenas um exemplo. Em vez disso, a psicologia positiva parece ter se inclinado para o lado dos empregadores. Em 2008, Chris Peterson, um colaborador de Seligman, disse ao *Cleveland Plain Dealer* que os executivos nas empresas estão particularmente entusiasmados com a nova ciência da felicidade: "A cultura corporativa prática, objetiva, está ficando interessada em como obter mais trabalho de um número menor de trabalhadores. Está percebendo que, se seus trabalhadores estiverem satisfeitos, trabalharão com mais empenho e produzirão mais. Então, as empresas estão comandando o ataque."[49] Quanto à ação social contra injustiças sociais, o *Monitor* da Associação Americana de Psicologia noticiou em 1998: "Seligman afirma que (...) aqueles que criticam os outros e se põem do lado dos desfavorecidos podem se sentir melhor no curto prazo, (...) mas esses bons sentimentos são passageiros."[50] Por que razão o ativismo social deveria produzir apenas bons sentimentos fugazes — em comparação com outras ações virtuosas, como ver Monets ou ler Richard Russo — não é explicado.

Assim como o pensamento positivo popular, a psicologia positiva ocupa-se quase exclusivamente com as mudanças que uma pessoa pode fazer internamente, ajustando sua própria visão de mundo. O próprio Seligman rejeita explicitamente a mudança social, escrevendo nestes termos sobre o papel das "circunstâncias" na determinação da felicidade humana: "A boa notícia sobre as circunstâncias é que algumas de fato mudam a felicidade para melhor. A má notícia é que mudar essas circunstâncias é, usualmente, impraticável e dispendioso."[51] Este argumento — "impraticável e dispendioso" — tem sido usado, é claro, contra quase todas as reformas progressistas, da abolição da escravidão à equiparação salarial entre mulheres e homens.

A contribuição mais importante dos psicólogos positivos à defesa do *status quo* tem sido afirmar ou "descobrir" que as circunstâncias desempenham apenas um papel secundário na determinação da felicidade de alguém. Em sua equação espúria ($F = L + C + V$), a contribuição do C de "circunstâncias" em geral é considerada muito pequena, algo entre 8% e 15%.[52] É comum citar vários estudos para sustentar o argumento da irrelevância do C — concluindo-se, por exemplo, que pessoas que perdem seus empregos ou ficam paraplégicas devido a sérios danos à medula espinhal rapidamente recuperam seus níveis originais de felicidade. Quando entrevistei Seligman, ele disse que as novas evidências mostram que os paraplégicos e os desempregados na realidade "não voltam ao ponto em que estavam", e estimou que C poderia chegar até a 25%, acrescentando que "existe muita controvérsia sobre o tamanho de C, já que isso levanta a questão de se as políticas têm importância".

De fato, se as circunstâncias têm apenas um pequeno peso — mesmo que seja de 25% — na felicidade humana, então as políticas são um exercício secundário. Por que advogar melhores empregos e escolas, bairros mais seguros, seguro de saúde universal ou qualquer outra das aspirações liberais se os resultados dessas iniciativas pouco peso terão sobre a felicidade das pessoas? Reformadores sociais, ativistas políticos e os que entram em cargos eletivos para produzir mudanças podem todos se conceder um merecido descanso. E como ninguém está falando sobre usar terapia genética para elevar o "S", o "set point" da felicidade de uma pessoa, sobra apenas o "V", que representa os esforços voluntários da pessoa, sobre os quais ela pode ter alguma interferência. Na grande jornada centenária em busca de um mundo melhor, o bastão está agora nas mãos dos praticantes do "treinamento em otimismo", ou seja, os psicólogos positivos, e dos fornecedores de pensamento positivo popular.

Quando encontrei Martin Seligman pela segunda vez ele foi inesperadamente amigável e receptivo. O cenário era a Sexta Reunião de Cúpula Internacional da Psicologia Positiva, realizada no majestoso edifício da Organização Gallup no centro de Washington. Convidou-me para me sentar perto dele e perguntou se eu havia gostado do "intervalo de energização" da sessão matinal. Tratava-se de um intervalo de cinco minutos encaixado numa apresentação sobre como ensinar a psicologia positiva na pós-graduação, e os exercícios foram comandados por algumas jovens estudantes. A audiência foi instruída a ficar de pé, fazer alguns movimentos com os ombros e alongar o pescoço, sacudir o corpo e terminar com um grande e coletivo "Aaaah". Quando estávamos relaxando, fomos agraciados com a batida ensurdecedora de "Cup of Life" de Ricky Martin, e as mulheres no palco começaram a dançar de uma forma desajeitada, coreografada, enquanto pessoas na audiência improvisavam uma dança energética e alguns dos homens mais velhos sapateavam freneticamente como se estivessem apagando fogo. Eu disse a Seligman que havia gostado bastante do intervalo, não me preocupando em mencionar o quanto se parecera com os exercícios feitos com a audiência pelos palestrantes motivacionais da Associação Nacional de Palestrantes.

Na época da "reunião de cúpula", em outubro de 2007, a psicologia positiva tinha muito a celebrar. Estava ganhando terreno em todos os níveis na academia, com mais de duzentas faculdades e cursos de pós-graduação que ofereciam cursos de psicologia positiva, às vezes chamados de "Felicidade 101", nos quais os estudantes refletiam sobre seus momentos mais felizes e faziam exercícios de como escrever "cartas de gratidão" para pessoas em suas vidas. Em Harvard, o curso introdutório de psicologia positiva oferecido em 2006 havia atraído 855 alunos, fazendo dele o curso mais popular no campus, mais até do que o de economia, e um curso de graduação semelhante oferecido na Universidade George Mason foi tema de um artigo na *New York Times Magazine* no início de 2007.[53] Cursos de pós-graduação, como o mestrado de psicologia positiva aplicada da Universidade da Pensilvânia, estavam brotando no mundo todo. De acordo com uma palestrante na reunião de cúpula, Ilona Boniwell, da Universidade de East London, podia-se esperar um "rápido crescimento" de programas de pós-graduação em vários países: Argentina, Austrália, Índia, Israel, México, Espanha e Cingapura.

Além disso, parecia haver carreiras atraentes esperando aqueles que tivessem diplomas de níveis mais elevados em psicologia positiva. O programa da Universidade da Pensilvânia tem entre seus ex-alunos o coautor de um livro de autoajuda nos negócios, *Seu balde está cheio?*, e dois outros que fundaram um grupo de consultoria especializado em levar a psicologia positiva às escolas públicas por meio de seminários sobre temas como "medindo e alimentando as forças do caráter e as virtudes" e "aprendendo ferramentas para criar otimismo e flexibilidade".[54] Outro ex-aluno, David J. Pollay, é um consultor administrativo e colunista do site Happy News. As oportunidades pareciam estar predominantemente no uso de consultoria e *coaching* para aplicar a psicologia positiva em organizações e empresas. Numa sessão paralela, tão concorrida que muitas pessoas precisaram sentar-se no chão, um consultor inglês disse que ajudava clientes como Wells Fargo e Microsoft a criar "organizações baseadas na força" e fez uma apresentação de PowerPoint listando os termos "natural e autêntico", "energizante", "envolvente", "aprendizado e desenvolvimento", "alto desempenho" e "bem-estar e realização". Listas semelhantes, combinações irritantemente disparatadas de adjetivos e substantivos, passam por "teoria" na maior parte dos livros de pensamento positivo popular dirigidos ao público do mundo empresarial, fazendo com que eu me pergunte o que distingue um *coach* com treinamento acadêmico em psicologia positiva dos milhares de autodesignados *coaches* e motivadores que se alimentam do mundo dos negócios.

Ainda assim, mesmo nessa autocongratulatória "reunião de cúpula" havia certa ansiedade quanto aos fundamentos científicos da psicologia positiva. Em sua descrição dos "desafios" sendo enfrentados pelo programa de mestrado em psicologia positiva na universidade londrina em que leciona, Ilona Boniwell incluíra "o saudável ceticismo britânico". Isso me pareceu algo bizarro: não deveria uma professora de física ou sociologia, por exemplo, ficar encantada por ter alunos céticos, questionadores? Quando lhe fiz essa pergunta durante um intervalo, ela me disse: "Muitos resultados [na psicologia positiva] são apresentados como se fossem mais fortes do que são na realidade; por exemplo, mostram correlações, e não causalidade. A ciência da psicologia positiva ainda não alcançou necessariamente o prometido pela psicologia positiva." O "prometido" eram carreiras lucrativas de *coaching* empresarial, e a ciência aparentemente teria de recuperar o terreno perdido.

De fato, a publicidade recebida pela psicologia positiva no ano anterior havia sido menos do que 100% positiva. O artigo da *New York Times Magazine* de 2007 sobre os cursos de Felicidade 101 havia reclamado de "um sentimento sectário ligado à psicologia positiva" e sugerido que "a publicidade em torno dessa área passou à frente da ciência, o que pode não trazer nenhum benefício". O artigo prosseguia dizendo que "a ideia de que o componente científico envolvido na psicologia positiva pode ainda não ser de primeira classe também perturba Seligman. 'Tenho a mesma preocupação que eles. É nisso que penso às 4 da manhã', diz ele."[55]

Essas preocupações finalmente afloraram numa sessão plenária noturna sobre "O Futuro da Psicologia Positiva", presidida pelos patriarcas da disciplina, Martin Seligman e Ed Diener. Seligman capturou a atenção da audiência começando sua fala com a afirmação "Concluí que minha teoria da psicologia positiva está completamente errada". Por quê? Porque ela trata da felicidade, o que é algo "cientificamente não manejável". De algum modo, ele achava que esse problema poderia ser corrigido agregando-se as noções de "sucesso" e "realização" — o que, a meu ver, poria os psicólogos positivos no mesmo plano de Norman Vincent Peale e de quaisquer outros gurus do sucesso. Acrescentando-se sucesso, prosseguiu Seligman, já não se estaria falando de *psicologia* positiva, mas de uma "teoria plural" que abrangeria a antropologia, a ciência política e a economia, e essa era a direção na qual ele estava se movendo — "ciência social positiva".

A afirmação de Seligman criou uma consternação compreensível na plateia de diversas centenas de psicólogos positivos, estudantes de pós-graduação e *coaches*. Devem ter se sentido um pouco como quem ouve o pai anunciar a conclusão de que sua família atual é muito estreita e limitante, e por isso estará adotando uma nova. Na sessão de perguntas e respostas, alguns discutiram o reconhecimento de Seligman de que a base científica da psicologia positiva é precária demais, e uma pessoa perguntou: "Como encontrar o equilíbrio entre o lado empírico da psicologia positiva e as coisas aplicadas", como o trabalho de *coaching*? Diener respondeu, em parte, que "as pessoas fazendo coisas para as quais não existe uma boa evidência" estão pelo menos "atendendo a uma necessidade". Seligman concordou, dizendo que a psicologia positiva estava sob pressão para produzir resultados práticos porque "as pessoas querem a felicidade". Se isso às vezes significa que as aplicações práticas, como *coaching*, passem à frente da ciência — bom, "a ciência deriva da prática", disse ele, e relembrou os irmãos Wright, "que voaram numa época em que os cientistas ainda não sabiam como os pássaros voavam".

A ideia de mudar para uma "ciência social positiva" provocou mais ansiedade ainda. Diener defendeu a expressão "psicologia positiva", dizendo que "É uma marca". Além disso, disse ele, "odiava" a ideia de ciência social positiva, pois a ciência social inclui a sociologia, e a sociologia é "fraca" e reconhecidamente sem fundamentos. O tema parecia haver se afastado da ciência e caído num descarado oportunismo. Quando um membro da plateia propôs que a psicologia positiva fosse rebatizada de "economia comportamental aplicada", porque "é popular nas escolas de administração e garante altos salários", ninguém riu.

SETE

Como o pensamento positivo destruiu a economia

Na metade da primeira década do século XXI, havia pensamentos positivos fluindo pelo universo em volumes sem precedentes, escapando do sistema solar, ondulando entre vastos corpos de gás interestelar, desviando-se de buracos negros, perturbando as marés de planetas distantes. Se qualquer um — deidade ou alienígena — possuísse os meios de captar essas emanações e traduzi-las em formas compreensíveis, teria ficado estupefato com as imagens de corpos mais magros, casas maiores, promoções rápidas, súbitas aquisições de grande riqueza.

Mas o universo recusou-se a desempenhar o papel de "grande loja de departamento que vende tudo pelo correio". Num completo desafio à "lei da atração" que os gurus do pensamento positivo vinham propondo havia muito tempo, as coisas estavam ficando piores para a maior parte dos americanos, não melhores. Os pobres, incluindo aqueles que buscavam a liderança espiritual de pregadores da prosperidade como Joel Osteen e Creflo Dollar, permaneciam pobres, e suas fileiras só aumentavam.

Entre 2002 e 2006, com o crescimento acelerado da economia, o número de famílias oficialmente de "baixo salário" disparou e chegou a representar 25% de todas as famílias com filhos.[1] A classe operária tradicional, que em algum momento havia se superposto à classe média, viu seus salários declinarem e os empregos que ofereciam pagamento decente — no setor de manufaturas, por exemplo — desaparecerem. Para muitos, a melhor palavra para descrevê-los parecia ser "espremido", como ilustrado por livros como *Crunch: Why do I Feel So Squeezed?* (Crise: por que eu me sinto tão apertado?), de Jared Bernstein, e *The Big Squeeze: Tough Times for the American Worker* (O grande aperto: tempos difíceis para o trabalhador americano), de Steven Greenhouse.

A classe média de colarinho-branco — o principal mercado para livros de autoajuda, produtos motivacionais e serviços de *coaching* — viu-se submetida às mesmas forças de compressão. As empresas estavam cortando ou eliminando aposentadorias de funcionários e benefícios de saúde, uma tendência documentada por Jacob Hacker em *The Great Risk Shift: The Assault on American Jobs, Families, Health Care, and Retirement* (A grande mudança dos riscos: o ataque a empregos, famílias, serviços de saúde e aposentadorias dos americanos).

O desemprego estava baixo em meado da década, mas a duração dos empregos tornava-se cada vez menor à medida que os empregadores recorriam ao *downsizing*, à reorganização, à terceirização e, de resto, buscavam manipular seus lucros trimestrais. Em *High Wire: The Precarious Financial Lives of American Families* (Na corda bamba: a precária vida financeira das famílias americanas), Peter Gosselin descreveu como a até então sólida e protegida classe média estava agora sendo sacudida e maltratada pela "volatilidade da renda" — súbitas quedas ocasionadas por demissões que deixavam as famílias sem seguro-saúde ou sem meios para continuar pagando suas casas. Essa é uma situação de revirar o estômago que documentei em um livro de 2006, *Desemprego de colarinho-branco*, descobrindo trabalhadores de colarinho-branco, instruídos e experientes, que vagavam no desemprego e em contratos de curto prazo, talvez destinados a ir parar nos mesmos mal remunerados empregos de serviços ocupados pelos cronicamente pobres.

Nem todo mundo via suas perspectivas se encolhendo e seu estilo de vida decaindo. O outro lado de toda essa pobreza e insegurança era um inimaginavelmente imenso acúmulo de riqueza no extremo mais elevado do espectro econômico. Em termos de riqueza e renda, a América tornou-se a mais polarizada sociedade do Primeiro Mundo e até mais profundamente dividida do que havia sido na década de 1920. A parcela da renda bruta que ia para o primeiro percentil superior das famílias americanas cresceu 7 pontos percentuais entre 1979 e 2006, alcançando 16%, enquanto a parcela da renda dos 80% inferiores caiu 7 pontos percentuais. Como disse David Leonhardt no *New York Times*: "É como se todas as famílias nos 80% inferiores estivessem escrevendo um cheque de US$7.000 todos os anos e mandando-o para o 1% das famílias no topo."[2]

Como esse 1% usava sua crescente riqueza? Em investimentos de alta lucratividade, é claro, mas também mantendo um nível de consumo que poderia ter chocado até os magnatas de antigamente. Essas pessoas viajavam de jatinho, mantinham diversas moradias e contratavam equipes inteiras de funcionários pessoais, incluindo aqueles cujo trabalho era aconselhá-las sobre os melhores vinhos e sobre obras de arte nas quais investir. Em 2008, olhando retrospectivamente, um articulista da revista de negócios *Portfolio* admirava-se:

> Os quartos de hotel com diárias de US$34.000, o hambúrguer Richard Nouveau salpicado de ouro por US$175 na Wall Street Burger Shoppe, o Martíni *on the rock* (a pedra em questão: um

diamante selecionado por um joalheiro) por US$10.000 no Algonquin Hotel: a expressão "consumo conspícuo" não dá nem para começar a descrever o tipo de vida inacreditável e os hábitos de trabalho dos vorazes ubercapitalistas que estavam se reproduzindo em todo o mundo.³

Às vésperas da Grande Depressão, nos altamente polarizados anos da década de 1920, havia uma grande quantidade de organizadores da classe operária e ativistas radicais que reclamavam dos excessos dos ricos e da miséria dos pobres. No século XXI, uma raça muito diferente e mais numerosa de ideólogos promulgava a mensagem oposta — tudo estava bem com nossa sociedade profundamente desigual, e, para aqueles dispostos a fazer o esforço requerido, as coisas em breve melhorariam ainda mais, muito mais. Os motivadores e outros fornecedores de pensamento positivo tinham boas notícias para as pessoas que enfrentavam a ruína econômica resultante da constante turbulência do mercado de trabalho: abrace a "mudança", não importa quão terrível seja; agarre-a como uma oportunidade. Um livro de autoajuda nos negócios publicado por Harvey Mackay em 2004 exibia o título desafiante *Fomos demitidos! ... e é a melhor coisa que já nos aconteceu* (*We Got Fired! ... And It's the Best Thing That Ever Happened to Us*). Como vimos no capítulo 4, os empregadores recorriam ao pensamento positivo para aliviar as vítimas dos *downsizings* e extrair esforços cada vez mais heroicos dos sobreviventes.

Tampouco era a desigualdade econômica uma preocupação para os pensadores positivos, já que qualquer pessoa, literalmente qualquer uma, poderia ser catapultada para a riqueza a qualquer momento, simplesmente focando seus pensamentos. Na campanha presidencial de 2008, Joe Wurzelbach, um homem de Ohio apelidado de "Joe, o encanador", ganhou um momento de fama por contestar o plano de Barack Obama de aumentar os impostos para pessoas que ganhavam mais de US$250.000 por ano. Planejava comprar a empresa de encanamento na qual trabalhava, afirmou, e em pouco tempo faria parte daquela invejável categoria. Como se viu depois, ele era um encanador sem licença que trabalhava numa microempresa doméstica de dois sócios e não tinha nenhuma chance de algum dia ser atingido pelo aumento de impostos proposto. Mas por que se ressentir do inchaço da superclasse — os CEOs que ganham em média US$11 milhões por ano, os proprietários de ilhas e iates — se sua própria meta é chegar ao nível em que eles estão? Na realidade, as chances de os americanos ascenderem além de sua classe de origem são menores do que as dos alemães, canadenses, finlandeses, franceses, suecos, noruegueses ou dinamarqueses.[4] Mas o mito, fortalecido com doses revigorantes de pensamento positivo, persiste. Conforme observaram em 2006 dois pesquisadores da Brookings Institution, um pouco ironicamente: "A forte crença na existência de oportunidades e na mobilidade ascendente é a explicação frequentemente dada à alta tolerância dos americanos à desigualdade. A maioria dos americanos pesquisados acredita que estará acima da renda média no futuro (mesmo que isso seja uma impossibilidade matemática)."[5]

Dificilmente alguém — economista ou não — terá previsto o desastre financeiro. Afinal, a economia americana havia se recuperado facilmente dos traumas causados pela explosão da bolha ponto-com e pelo 11 de setembro e estava sendo conduzida a novas alturas pelos preços ascendentes dos imóveis e das ações. O otimismo profissional dominava o mundo dos comentaristas econômicos. James Glassman, por exemplo, coautor de *Dow 36.000: The New Strategy for Profiting from the Coming Rise in the Stock Market* (Dow 36.000: a nova estratégia para lucrar com a próxima alta da Bolsa), um livro de 1999, ganhou um emprego como colunista do *Washington Post* e era frequentemente convidado para programas de notícias na TV. Os preços dos imóveis em ascensão estavam inflando toda a economia ao encorajar as pessoas a usar suas casas como "caixas eletrônicos", como sempre dizem os comentaristas: empenhando a casa para financiar o turbilhão de consumo. Acreditava-se que os preços dos imóveis resistiriam permanentemente à lei da gravidade. David Lereah, o principal economista da National Association of Realtors, publicou um livro em 2006 chamado *Why the Real Estate Boom Will Not Bust and How You Can Profit from It* (Por que o crescimento imobiliário explosivo não retrocederá e como você pode lucrar com ele) e tornou-se "o mais amplamente citado especialista em imóveis residenciais na mídia durante os anos de pico da bolha imobiliária".[6] Frank Nothaft, o principal economista da Freddie Mac,* garantia ao público que os preços dos imóveis no âmbito nacional nunca cairiam significativamente. No final de 2008, Paul Krugman, colunista do *New York Times* e um dos raros economistas pessimistas, perguntou retoricamente por que ninguém vira que "a coisa toda era, de fato, um gigantesco esquema Ponzi", e ofereceu a resposta de que "ninguém gosta de ser o desmancha-prazeres".[7]

O quase unânime otimismo dos especialistas certamente contribuiu para o acúmulo temerário de dívidas incobráveis e empréstimos duvidosos, mas parte da responsabilidade também deriva do desenfreado otimismo de muitos americanos comuns. Robert Reich certa vez observou, de modo um tanto ambivalente, que "o otimismo americano é transferido para nossa economia, e essa é uma das razões por que temos sido sempre uma nação de inventores e consertadores, de inovadores e experimentadores. (...) O otimismo também explica por que gastamos tanto e economizamos tão pouco. (...) Nossa disposição para afundar em dívidas e continuar

---

*A Freddie Mac, nome como é conhecida a Federal Home Loan Mortgage Corporation, é uma entidade garantida pelo governo americano que emite títulos assegurados por contratos de crédito hipotecário, chamados *mortgage-backed securities* (MBS). [N. da T.]

gastando está intimamente relacionada com nosso otimismo".[8] É com esse espírito de otimismo que uma pessoa despreocupadamente acumula dívidas no cartão de crédito para cobrir gastos opcionais, faz uma segunda hipoteca ou aceita uma hipoteca com uma taxa de juros crescente. E a ideologia do pensamento positivo atiçava entusiasticamente esse otimismo e o sentimento de direito de posse que o acompanhava. Um repórter do *Los Angeles Times* escreveu sobre o efeito de *O segredo* em sua irmã: "Quando ela chegou de Nova York depois das férias, jogou uma mochila de couro feita a mão sobre o banco do meu piano e disse: 'Olha que beleza de mochila eu manifestei pra mim!'" O DVD de *O segredo* a encorajara a acreditar que merecia aquele objeto, que estava disponível para ela, então ela mandou debitar no seu American Express.[9]

Enquanto os textos seculares do pensamento positivo encorajavam as pessoas a "manifestar" seus desejos materiais, pastores como Osteen e Dollar estavam insistindo que Deus *quer* que você tenha todas as coisas boas da vida, inclusive uma linda casa. Em *O momento é este,* Joel Osteen escreveu sobre sua resistência inicial aos pedidos de sua esposa para que passassem para uma casa maior e "elegante": "Durante vários meses ela continuou falando palavras de fé e vitória, e finalmente me convenceu. (...) Não acredito que isso tivesse acontecido se Victoria não me levasse a ampliar minha visão. Deus tem muito mais coisas reservadas para você também."[10] Um artigo publicado na *Time* em 2008 com o provocativo título "Talvez devamos culpar Deus pela bagunça nas hipotecas de alto risco" citava as suspeitas de diversos especialistas em religião americana de que os pregadores da prosperidade haviam desempenhado o papel de fomentadores do desastre financeiro. Jonathan Walton, um professor de religião na Universidade da Califórnia em Riverside, argumenta que pastores como Osteen tranquilizavam as pessoas de baixa renda que tinham hipotecas de alto risco, levando-as a acreditar que "Deus fez com que o banco ignorasse minha pontuação de crédito e me abençoou com minha primeira casa". Anthea Butler, uma especialista em pentecostalismo, acrescentou: "Os pastores não vão dizer 'Vá ao banco e consiga um empréstimo', mas já ouvi coisas como: 'Mesmo que você tenha uma pontuação de crédito ruim, Deus ainda pode abençoá-lo — se você depositar alguma fé [isto é, fizer uma grande doação para a igreja], vai conseguir aquela casa ou aquele carro ou aquele apartamento'."[11] Para Kevin Phillips, a relação entre pensamento positivo e a crise imobiliária parece óbvia. Em *Bad Money: Reckless Finance, Failed Politics, and the Global Crisis of American Capitalism* (Dinheiro ruim: finanças imprudentes, políticas falidas e a crise global do capitalismo americano) ele acusa os pregadores da prosperidade Osteen, T. D. Jakes e Creflo Dollar, e também Rhonda Byrne, autora de *O segredo*.[12]

Para muitas pessoas que vinham tendo seus pedidos de crédito negados havia muito tempo por causa de sua raça ou renda, as hipotecas fáceis de meados da década devem realmente ter chegado como um milagre de Deus. Dean Baker, um dos poucos economistas que anteciparam a explosão da bolha imobiliária, relata que em 2006 os créditos de mais alto risco e as categorias de risco médio (Alt-A) de empréstimos para compra de imóveis haviam se expandido e alcançado 40% do total de financiamentos — muitos deles exigindo pouca ou nenhuma comprovação de renda ou sinal.[13] Não é de admirar que, dali a um ano, um número crescente de americanos se vissem totalmente perdidos. A dívida familiar atingiu um recorde de 133% da renda familiar, num valor absoluto de cerca de 14 trilhões de dólares.[14] Os pedidos de falência pessoal saltaram 40% somente durante 2007.[15] As pessoas que não estavam preparadas para os aumentos em suas taxas de pagamento da hipoteca começaram a atrasar as prestações, muitas vezes mudando-se no meio da noite para evitar os olhares dos vizinhos.

Mas a credulidade e o otimismo dos indivíduos comuns só explicam a crise financeira até esse ponto. *Alguém* estava juntando todas aquelas dívidas de hipotecas e vendendo-as como títulos de crédito para investidores espalhados em todo o mundo — alguém que esperava alcançar um lucro razoável com isso. Como escreveu Steven Pearlstein, um colunista do *Washington Post*: "No cerne de qualquer mania econômica ou financeira está uma epidemia de autoengano que infecta não apenas grande número de investidores rudimentares, mas também muitos dos mais inteligentes, experientes e sofisticados executivos e banqueiros."[16] De fato, a precipitação dos tomadores de empréstimos foi excedida, de longe, pela dos emprestadores, sendo que em algumas empresas financeiras envolvidas em *subprimes* as dívidas eram 30 vezes maiores do que os ativos.[17] É bom recordar que a cultura empresarial americana abandonara, havia muito tempo, a monótona racionalidade da administração profissional em troca das vibrações emocionais do misticismo, do carisma e de intuições súbitas. Estimulado por motivadores bem pagos e CEOs inspirados por forças divinas, o mundo empresarial americano atingiu, em meados da década, um pico maníaco de expectativas ilusórias que alcançava até os níveis mais altos da liderança.

Um exemplar da abordagem não racional à administração então na moda era Joe Gregory, ex-presidente do antigo banco de investimentos Lehman Brothers. De acordo com um artigo na *New York Times Magazine* publicado em 2008, Gregory era conhecido como uma pessoa "afetuosa e suave", um bom companheiro de golfe e, como ele mesmo disse, um Antenado com A maiúsculo. O tédio de detalhadas análises de risco não era para ele. "Era o Sr. Instinto", nas palavras de outro executivo da empresa. "Confiar em seus instintos, confiar em seu julgamento, acreditar em si mesmo (...) e tomar decisões com base nessa confiança são coisas incrivelmente poderosas", Gregory havia dito a um grupo, mesmo quando aquele instinto contrariasse a análise racional. Às vezes, os pressentimentos de Gregory levariam a empresa a "decidir que devíamos estar fazendo exatamente o oposto do que a análise dissera", de acordo com um analista.[18]

Em abril de 2008, entrevistei uma das poucas vozes que destoava do pensamento positivo predominante. Eric Dezenhall é um "administrador de crises" que vive em Washington — alguém que as empresas chamam quando estão enfrentando um potencial desastre de relações públicas. Um homem baixo, áspero, com impecáveis antecedentes republicanos (foi um estagiário do governo Reagan), Dezenhall muitas vezes se viu em discordância com seus próprios clientes: "Há uma porção de executivos que não querem ouvir o que eu tenho para lhes dizer." De fato, disse ele, pode ser um "suicídio" para a própria carreira ser o portador de más notícias. Por pior que seja a situação, "as empresas americanas querem desesperadamente acreditar que existe um resultado positivo e uma mensagem positiva". Quando chamado pelas empresas para lidar com uma crise, ele começa dizendo: "Vou lhes dizer uma coisa da qual não gostarão: 'Uma crise *não* é uma oportunidade.'" Perguntei a ele se, a seu ver, os tomadores de decisões nas empresas haviam chegado ao ponto de abraçar a "lei da atração", ou a ideia de que você pode controlar o mundo com seus pensamentos, e ele respondeu que esse modo de pensar era "viral" entre as empresas americanas. "Eles acreditam nessas coisas. As empresas podem ser brutais quando se trata de ganhar dinheiro, mas, quando se trata de ser realista..."

O setor financeiro, até então sóbrio, não estava imune ao "vírus" do pensamento positivo. Empresas financeiras contratavam palestrantes motivacionais e *coaches* como Tony Robbins, que, em 2008, se vangloriou com Larry King de haver "tido o privilégio de ser o *coach* de um dos dez mais importantes operadores financeiros do mundo durante 16 anos" e de estar, naquele momento, prestando consultoria a um grupo de operadores que incluía "as mentes mais brilhantes que existem por aí".[19] Algumas empresas financeiras chegaram a gerar seus próprios palestrantes motivacionais. Chris Gardner, por exemplo, um popular palestrante motivacional, escreveu o livro *À procura da felicidade* em que relata sua ascensão desde quando não tinha onde morar até ocupar uma das posições mais bem-remuneradas na Bear Stearns; o livro tornou-se best-seller e tema de filme de Hollywood. Outro é Chuck Mills, que passou vários anos como operador de um portfólio de US$300 milhões na Bear Sterns até sair para abrir sua própria empresa de serviços financeiros e seu negócio de palestras. O otimismo do setor financeiro era tão profundo que, quando a crise estourou em 2008, a Merrill Lynch subitamente se viu tendo de "acalmar as Polianas de sua equipe" e forçar seus analistas a ocasionalmente usarem a palavra "venda".[20]

Ou considere o caso um tanto nebuloso da Countrywide Mortgage, a empresa cujas imprudentes práticas de empréstimos quase deflagraram a crise do *subprime* que antecedeu a crise de crédito global. Em 2004, o CEO da Countrywide, Angelo Mozilo, sempre sorridente sob densas camadas de bronzeador alaranjado, havia recebido o prêmio Horatio Alger como "um indivíduo que ascendeu de origem humilde para provar que o trabalho duro, a determinação e o pensamento positivo são as chaves para se alcançar o sonho americano".[21] Mesmo quando as ações de sua empresa despencaram no início de 2008, a imprensa consistentemente o considerava "otimista" e "alto astral". Bruce C. N. Greenwald, um professor de finanças da Faculdade de Administração da Universidade de Columbia, disse a respeito de Mozilo: "As pessoas que se metem em dificuldades são boas em auto-hipnose. É por isso que são vendedores tão bons — elas se convencem da história. (...) E ele tinha vivido em um mundo onde fazia muito tempo que não aconteciam inadimplências, e isso o levou a acreditar que não poderiam voltar a acontecer."[22]

A mesma convicção afortunada prevalecia em toda a empresa durante seus anos de empréstimos entusiásticos e sorridentes. Num livro em que conta tudo sobre o tempo em que era vice-presidente sênior da Countrywide, Adam Michaelson descreve o "comportamento beirando o fanatismo" das pessoas da empresa, caracterizado pelo que chama de uma cultura de "lisonjas", com palestrantes motivacionais cuja remuneração ficava nas faixas mais altas dos cinco dígitos e que recebiam potentes aclamações da plateia. Quando, em 2004, ele questionou a premissa de que os preços dos imóveis continuariam a subir indefinidamente, ouviu em resposta: "Sabe de uma coisa? Você se preocupa demais." Mesmo depois da implosão do mercado de hipotecas, escreve ele, a cultura da lisonja prevaleceu: "Esses são tempos em que justamente aquela pessoa que poderia oferecer um comentário negativo ou uma avaliação cautelosa talvez seja a primeira a ser discriminada e posta de lado. Existe um grande risco para os discordantes em qualquer ambiente febrilmente fútil como aquele."[23] É interessante notar que entre palestrantes motivacionais que mencionam a Countrywide como cliente estava Buford P. Fuddwhacker (na verdade, o alter ego ficcional do palestrante motivacional Roger Reece), descrito como "um palestrante motivacional que traz para o palco a energia de um exaltado pregador de cidade do interior. Quando você soltar Buford em frente à sua audiência, prepare-se para música, risos, cornetas, karaokê e uma participação frenética da plateia".

Num ensaio notável intitulado "O final do crescimento explosivo de Wall Street", o autor Michael Lewis fornece um vislumbre de como o pensamento positivo transformou-se numa coisa tóxica para Wall Street. Ele foi buscar pessoas bem informadas que haviam antecipado o desastre, e, como seria de esperar, algumas das que encontrou haviam sofrido pressão, ao longo dos anos, para melhorar suas atitudes. Ivy Zelman, uma analista do Credit Suisse que antecipou a explosão da bolha imobiliária, "alienou clientes com seu pessimismo, mas ela não conseguia fazer de conta que tudo estava indo bem". Steve Eisman, outro analista especializado em bancos, enfrentou críticas por recomendar para "venda" determinada empresa que, conforme Lewis o cita, "era um monte de merda. Eu não sabia que ninguém esperava que você classificasse empresas como 'venda'. Eu pensava que havia três colunas — comprar, manter, vender — e que você escolheria a que lhe parecesse adequada". Ele era, em outras palavras, um remanescente de uma abordagem mais racional dos negócios, do tempo em que a função do pessoal no nível médio não era apenas acalmar ou bajular os homens no topo. Lewis relata que Eisman era "pressionado, de modo geral, para ser um pouco mais otimista, mas o otimismo não era o estilo de Steve Eisman. Otimismo e Eisman não habitavam o mesmo planeta".[24] Quando conversei com Eisman por telefone algumas semanas depois da publicação do artigo de Lewis, ele disse que os negócios financeiros haviam "criado suposições em cima de suposições" — tal como a de que os preços dos imóveis nunca cairiam — e que "ninguém via nenhum motivo para questionar essas suposições". Havia uma boa razão para permanecer em silêncio sobre a loucura à volta, disse-me ele: "Qualquer um que expressasse negatividade era mandado embora."

Um desses mártires da causa do realismo financeiro foi Mike Gelband, que comandava a divisão imobiliária do Lehman Brothers. Ao final de 2006, Gelband estava ficando nervoso a respeito do que lhe parecia cada vez mais uma bolha imobiliária. "O mundo está mudando", disse ele ao CEO Richard Fuld durante a revisão do seu bônus para aquele ano. "Precisamos repensar nosso modelo de negócio." Fuld imediatamente demitiu o desajustado e, dois anos depois, o Lehman faliu. A *New York Times Magazine* relata que, até o final de 2008, Fuld ainda não havia absorvido o que Gelband tentara lhe dizer:

> À noite, Fuld tem dificuldade para dormir. Na maior parte do ano ele vive em Greenwich, Connecticut, em uma de suas cinco casas. Ele pode vagar pelos vinte cômodos, pelos oito quartos, pela área da piscina, a quadra de tênis, a quadra de squash. Basicamente, ele se senta e repassa o final calamitoso do Lehman. "O que eu poderia ter feito de outro jeito?", pensa ele. (…) Como, ele se pergunta, tudo saiu tão desastrosamente errado?[25]

Ou poderíamos citar o caso de Armando Falcon, um funcionário do governo encarregado de supervisionar a Fannie Mae e a Freddie Mac. Quando fez um relatório em 2003 alertando que os dois gigantes das hipotecas estavam em uma situação financeira perigosa que poderia resultar em "contagiosa iliquidez no mercado" — ou seja, numa crise financeira geral —, a Casa Branca tentou demiti-lo.[26]

É quase impossível estabelecer um vínculo direto entre as atitudes de titãs fracassados, como Fuld, e determinados ideólogos do pensamento positivo — os *coaches* e motivadores que aconselham, por exemplo, que se expurguem "pessoas negativas" dos quadros da empresa. Entre os altos executivos, existe certo grau de ocultamento a respeito do uso de *coaches*. No Reino Unido, por exemplo, estima-se que um terço dos CEOs das 100 empresas que compõem o índice FTSE utilizou *coaches* pessoais em 2007, mas, como comentou um articulista no *Spectator*, "Consultar um *coach* ainda é visto por importantes homens de negócios como algo absolutamente privado, não deve ser declarado abertamente".[27] O mais provável, no entanto, é que uma figura tão superior como Fuld não precisasse de ninguém para lhe dizer em surdina que ele poderia ter qualquer coisa que quisesse, bastando que se concentrasse intensamente. Com 60 milhões de dólares por ano — sua remuneração média entre 2000 e 2008 —, essa já era sua realidade, sem nem mesmo ter de se concentrar.

Os líderes empresariais, tanto no setor financeiro quanto em outros, haviam subido à estratosfera numa cintilante bolha de riqueza que flutuava muitos quilômetros acima das ansiedades e preocupações dos demais. Entre 1965 e 2000, a proporção entre o pagamento de um CEO e o de um trabalhador típico deu um salto espantoso, passando de 24:1 a 300:1, e o fosso também se ampliou entre o CEO e a terceira pessoa na cadeia de comando.[28] Robert Frank documentou essa fabulosa riqueza em seu livro *Riquistão: Como vivem os novos-ricos e como construíram suas fortunas*. Se, por exemplo, você estivesse em sua casa em Palm Beach e descobrisse que havia deixado seu Château Latour na adega da casa de Southampton, na Inglaterra, um jato particular poderia ser despachado para buscá-lo.[29] Veja o caso de Jack Welch, que encontramos no capítulo 4 exterminando empregos da classe média. Ele se aposentou da GE com uma renda mensal de US$2,1 milhões, além de poder continuar usando um Boeing 737 fornecido pela empresa e um apartamento de US$80.000 por mês em Manhattan e dispor de seguranças de graça para suas várias casas.[30] Em uma viagem a Londres depois da aposentadoria, o *Independent* o encontrou "instalado na suíte das suítes no Lanesborough Hotel, com vista para Hyde Park. Lacaios de ternos escuros com pequenos botões de lapela da GE ficavam à sua volta com ar ameaçador. Um ou dois tinham receptores nas orelhas e fios em espiral descendo pelo pescoço, como os agentes do FBI que protegem o presidente".[31]

Um óbvio preço desse estilo de vida é o extremo isolamento — o que Dezenhall chama de "bolhite". Os subordinados padecem de um "galopante desejo de trazer boas notícias", em vez de fornecer relatórios honestos, levando um CEO bilionário a reclamar com Dezenhall que "Eu sou o homem a quem se dizem mais mentiras em todo o mundo". Dezenhall não pode identificar seus clientes como exemplos, é claro, mas ele indica o filme *Conduta de risco* (*Michael*

Clayton), no qual, para não ter de confrontar seu patrão com a má notícia, o personagem de Tilda Swinton providencia o assassinato de alguém que ia denunciar uma grande sujeira em andamento. Novamente, o extinto Lehman Brothers fornece um estudo de caso. De acordo com o *New York*, em meados de 2008:

> Havia uma desconexão com o mundo externo, e o risco era substancial. "O ambiente havia se tornado extremamente insulado", disse um ex-executivo. Fuld aprovava as decisões, mas Joe Gregory embalava o produto de modo que a escolha fosse óbvia. E o comitê executivo não oferecia nenhum contrapeso. (...) Na verdade, os danos causados pelo inexorável otimismo, tanto dentro quanto fora da empresa, eram provavelmente tão grandes quanto os benefícios.[32]

Então havia o efeito de se estar vivendo entre os muros de um mundo de irrestrita magnificência. Fuld tinha suas cinco casas; Gregory fazia de helicóptero o trajeto entre uma de suas "quilométricas casas em Long Island" e o trabalho.[33] "O problema disso", escrevem Dezenhall e seu coautor em um livro sobre gestão de crise, "é que, quando um indivíduo desce de um avião Gulfstream V para uma limusine, passa para uma reunião fechada e dali para um hotel de cinco estrelas, ele está vivendo em uma bolha artificial mantida à custa de uma constante e inquestionável reconfirmação. Ele se torna um semideus consumidor de clichês tranquilizadores, poupado dos atritos da vida."[34] E, é claro, uma das coisas que não seriam visíveis para alguém a 30 mil pés de altura num jato Gulfstream eram as emergências cotidianas que estavam arruinando tantos tomadores de empréstimos imobiliários — a doença de um filho que resultava em contas hospitalares e dias perdidos no trabalho, um defeito caro no carro, uma demissão inesperada.

Steve Eisman é muito mais duro a respeito da mentalidade executiva que levou à quebra do mercado. Ele a chama de "doença do *hedge fund*" e diz que "deveria entrar no manual de doenças psiquiátricas atualmente em preparação. Antigamente, atingia apenas reis e ditadores. Os sintomas são megalomania, narcisismo e solipsismo". Se você vale 500 milhões, pergunta ele, "como poderia estar errado a respeito de qualquer coisa? Pensar em algo é fazer com que aconteça. Você é Deus." Esse é o estado mental promovido por todos os pensadores positivos desde Mary Baker Eddy a Joel Osteen, de Norman Vincent Peale a Rhonda Byrne. Os líderes empresariais, talvez um tanto cinicamente, já vinham recomendando isso a seus subordinados. Haviam distribuído livros motivacionais e contratado palestrantes motivacionais para inspirar as pessoas a visualizar o sucesso, a trabalhar mais e reclamar menos. O problema é que eles próprios acabaram acreditando nisso, com o resultado final de que, num curto tempo, cerca de US$3 trilhões de fundos de pensão, contas de aposentados e economias de toda uma vida evaporaram no mesmo éter que havia absorvido todos os nossos pensamentos positivos.

"Onde estavam os adultos?", perguntavam os comentaristas enquanto a economia desmoronava em 2008. Onde estavam os reguladores, os guardiões, as agências de classificação de risco, como a Moody's, que supostamente deveriam fazer avaliações cuidadosas dos riscos de investimentos? Bom, as agências de classificação, como viemos a saber, estavam no bolso das próprias empresas que supostamente deveriam avaliar — chegavam mesmo a ser pagas por elas, no máximo da perversão.[35] Quanto ao setor público, ou quase-público, estava preso nas garras de sua própria fé otimista — o fundamentalismo de mercado, ou a ideia de que os mercados são autocorrigidos e não precisam de regulamentações incômodas. Um verdadeiro crente era Alan Greenspan, presidente do Federal Reserve até 2006, que havia alardeado em 2005 que "o impressionante desempenho da economia americana nas últimas poucas décadas oferece uma clara evidência dos benefícios da crescente flexibilidade do mercado", sendo que, no caso, "flexibilidade" significava estar livre de regulamentos e dos inconvenientes sindicatos. Três anos depois ele reconheceu sua derrota humilhante, notoriamente admitindo a um comitê do Congresso que "aqueles de nós que confiávamos no autointeresse das instituições de crédito para proteger o patrimônio dos acionistas estamos num estado de chocada incredulidade".[36]

E o que era o fundamentalismo de mercado além de simplesmente um pensamento positivo desenfreado? Na ideologia que predominou no governo Bush e, um pouco menos, no governo Clinton antes dele, não havia nenhuma necessidade de vigilância ou de ansiedade quanto às instituições financeiras americanas, pois "o mercado" cuidaria de tudo.

Esse mercado adquiriu o status de deidade, intimamente relacionada ao benevolente, todo-protetor e todo-supridor universo de Mary Baker Eddy. Por que se preocupar, quando a "mão invisível" de Adam Smith ajustaria tudo?

Quando, nos últimos anos da década, as perspectivas de riqueza instantânea deixaram de funcionar, os provedores de pensamento positivo não passaram a se esgueirar no meio da noite como o faziam os proprietários de casas confiscadas. De modo algum. Na realidade, eles pareceram redobrar seus esforços. O pensamento positivo sempre floresceu na adversidade — a Grande Depressão produziu alguns dos clássicos do autoengano, como o *Pense e enriqueça!* de Napoleon Hill. No final de 2008, à medida que o desastre financeiro desencadeava o declínio econômico geral e o amplo desemprego, e à medida que os comentaristas cada vez mais questionavam a durabilidade do próprio capitalismo, a audiência das igrejas evangélicas crescia sem parar, inclusive daquelas que ofereciam o evangelho da prosperidade.[37] Joel e Victoria Osteen foram para a mídia nacional com sua mensagem de vitória e fé, dizendo a Larry King que o conselho que davam às pessoas que haviam perdido seus empregos, suas casas e seus seguros de saúde era que evitassem ver-se como "vítimas": "Você precisa saber que Deus ainda tem um plano e que, mesmo que você tenha perdido seu emprego, mesmo que uma porta se feche, Deus pode abrir outra." Foi anunciada uma nova série dos seminários "Motive-se!", apresentando Rudolph Giuliani, Robert Schuller e o veterano motivador Zig Ziglar. Uma agência de palestrantes relatou que em 2007 o número de empresas de crédito hipotecário que buscavam palestrantes motivacionais crescera 20%, enquanto o setor declinava.[38]

Os empregadores voltaram-se para a indústria motivacional pela razão de sempre: para manter a disciplina de uma força de trabalho que estava com o moral reduzido a zero. A empresa farmacêutica Novo Nordisk, por exemplo, comprou 700 CDs de "Poder Positivo" do palestrante motivacional Ed Blunt, esperando que servissem como "um catalisador da produtividade dos trabalhadores".[39] Uma conferência realizada no final de novembro de 2008 sobre o tema "A felicidade e suas causas" atraiu, entre centenas de outros, uma antiga vice-presidente de uma grande empresa de crédito imobiliário. Conforme noticiou o *New York Times*, ela disse que "havia demitido mais de 500 pessoas nos últimos seis meses e estava ali para aprender como elevar o moral de funcionários que vinham trabalhando nos fins de semana e feriados e se virando com remunerações reduzidas à metade, (...) acrescentando que empresas como a dela não eram totalmente culpadas pela crise imobiliária".[40] A mensagem para os funcionários deprimidos poderia conter um otimismo vazio, como a de Osteen, ou ser pura e simplesmente implacável, como a do palestrante motivacional que disse a uma conferência de negócios em St. Petersburg, na Flórida, que, quando as pessoas lhe escrevem dizendo que "não podem fingir euforia no trabalho quando se sentem tão miseravelmente mal", ele lhes diz para "fingir". Quanto a "mudanças" no local de trabalho, geralmente significando demissões, seu conselho é: "Lidem com a situação, seus bebês chorões!"[41]

Enquanto os empregos reais desapareciam, os pensadores positivos aconselhavam as pessoas a se trabalharem mais intensamente ainda — monitorando seus pensamentos, ajustando suas emoções, se concentrando mais atentamente em seus desejos. Todas as panaceias habituais eram invocadas: corte de sua vida as pessoas negativas e afaste-se das "sessões de reclamação" em torno do bebedouro.[42] Limite seu consumo de notícias negativas. Mesmo no Huffington Post, um site liberal de notícias, um blogueiro aconselhava: "Estudos mostram que você dorme melhor se consumir menos notícias tarde da noite. Focalize sua mente no que é estimulante e positivo."[43] Acima de tudo, era importante manter-se vigilante e aprender a "reconhecer quando a negatividade estiver se infiltrando em você pessoalmente", de acordo com a propaganda de um seminário sobre pensamento positivo direcionado tanto a administradores quanto a "pessoas que estejam passando por uma perda pessoal de motivação e com a sensação de inutilidade". Tenha em mente que, mesmo na pior catástrofe, alguém geralmente se sai bem, garantiu Tony Robbins ao público do programa *Today*, citando Sir John Templeton, "o maior investidor de todos os tempos", que "ganhou a maior parte de sua fortuna quando os mercados estavam despencando".[44] Se pelo menos uma pessoa consegue ficar rica durante uma quebradeira ou uma crise econômica, então ninguém tem desculpas para ficar se lamentando.

Alguns recomendavam o pensamento positivo como uma cura não apenas para os apuros individuais, mas para toda a confusão na economia. O que é uma recessão, afinal, senão um surto maciço de pessimismo? Um editorialista do *Chicago Tribune* afirmou que "as críticas constantes, que vão além do que a realidade requer, nos levaram ao ponto em que estamos agora, transformando uma economia limpa numa coisa pobre, ameaçando transformar uma recessão numa depressão". A solução? "Liquide as críticas. Ignore as acusações de estar se comportando polianamente, de modo ingênuo ou até pior. (...) Alegre-se com as perspectivas, compreenda que poderemos injetar na economia todos os trilhões em que pudermos pôr as mãos, mas isso não servirá de nada a menos que nós próprios olhemos sempre adiante, com confiança e certeza."[45] Do mesmo modo, o operador que cuida do meu minguante fundo de pensão sugeriu um dia, melancolicamente, que "se pelo menos as pessoas saíssem de casa e começassem a comprar coisas de novo...". Mas, no momento em que escrevo isso, a ideia de Adam Smith de que o comportamento egoísta dos indivíduos, no conjunto, resultaria no bem-estar geral de todos já não parece se aplicar. Como indivíduos, sabemos que seria suicida nos afundarmos em dívidas para atender a nosso impulso consumista, mesmo que isso pudesse reativar a economia, de modo que cada um de nós se torna mais frugal e tenta se virar com menos. O crédito fácil desapareceu; neste momento, o gasto desenfreado parece mais autodestrutivo. Além disso, já tentamos tudo isso, e não funcionou.

OITO

Pós-escrito sobre o pensamento pós-positivo

O que podemos ser, senão positivos? "Eu acredito no poder do pensamento positivo", escreveu recentemente Ben Bradlee, um veterano editor de jornal. "Não conheço outro jeito de viver."[1] Avançamos tanto nessa estrada de tijolos amarelos que herdamos do Mágico de Oz, que "positivo" nos parece não apenas normal, mas obrigatório — o modo como você *deve* ser. Um restaurante não muito longe de onde eu vivo chama-se *The Positive Pizza and Pasta Place*, aparentemente para se distinguir das muitas sombrias e negativas opções que se oferecem a quem busca um jantar italiano. Um executivo veterano da área de recursos humanos, desnorteado com minhas perguntas sobre o pensamento positivo no local de trabalho, aventurou-se, em tom indeciso, a perguntar: "Mas ser positivo (...) não é bom?" Ele estava certo: chegamos ao ponto de usar as palavras "positivo" e "bom" quase de forma intercambiável. Nesse sistema moral, ou você olha o lado luminoso, constantemente ajustando sua atitude e revendo suas percepções, ou passa para o lado escuro.

A alternativa ao pensamento positivo, no entanto, não é o desespero. De fato, o pensamento negativo pode ser tão ilusório quanto o positivo. As pessoas deprimidas projetam seu sofrimento no mundo, imaginando os piores resultados em todas as situações e então alimentando seus tormentos com essas expectativas distorcidas. Em ambos os casos, existe uma incapacidade de separar emoção e percepção, uma disposição para aceitar a ilusão como se fosse realidade, seja porque a pessoa "se sente bem" ou, no caso dos depressivos, porque reforça redes neurais familiares associadas aos estados sombrios. A alternativa a ambos é tentar sair de si mesmo e ver as coisas "como elas são", ou tão inalteradas quanto possível por nossos sentimentos e fantasias, para entender que o mundo está cheio tanto de perigos quanto de oportunidades, que temos tanto a chance de uma grande felicidade quanto a certeza da morte.

Isso não é fácil. Nossos estados de espírito afetam nossas percepções, assim como somos afetados pelos estados de espírito das pessoas à nossa volta, e sempre haverá perguntas sobre a confiabilidade da evidência. Em geral, é útil recorrer às observações de outros, já que nossas percepções individuais poderiam estar erradas. Quer se trate da aproximação de um leopardo predador ou da possibilidade de um revés financeiro, quanto mais informações pudermos obter, melhor para nós. Este é o projeto da ciência: agregar as observações rigorosas de muitas pessoas numa tentativa de explicar o mundo — sempre sujeita, é claro, a revisões suscitadas por novas observações.

Mas o grupo — quer seja um bando pré-histórico de 40 pessoas, o Conselho de Segurança Nacional do presidente ou a Associação Americana de Psicologia — tampouco é inteiramente confiável. Não importa quão inteligentes e bem informados sejam os seus membros, o grupo pode cair nas garras de ilusões coletivas, de delírios, de modismos intelectuais ou do que foi identificado nas últimas décadas como "pensamento de grupo". Parece haver aqui um paradoxo evolucionário em ação: a sobrevivência humana em face de múltiplas ameaças dependia de nossa habilidade de viver em grupos, mas o imperativo de manter a coesão do grupo pode algumas vezes se sobrepor ao realismo e ao bom senso, fazendo com que hesitemos em desafiar o consenso ou ser portadores de más notícias. Assim, depois de checar com outros, continua a ser responsabilidade de cada indivíduo examinar a sabedoria recebida, na medida do possível, e decidir o que vale a pena manter. Isso pode requerer a coragem de um Galileu, a iconoclastia de um Darwin ou de um Freud, o empenho de um detetive criminal.

O que está em questão é não apenas o conhecimento do mundo, mas nossa sobrevivência como indivíduos e como espécie. Todas as tecnologias básicas já inventadas por humanos para se alimentar e se proteger dependem de uma contínua dedicação a um empirismo obstinado: você não pode apenas presumir que suas flechas perfurarão o couro de um bisão ou que sua jangada flutuará apenas porque os presságios são favoráveis e você recebeu uma confirmação sobrenatural de que acontecerá assim. É preciso ter certeza. Os humanos pré-históricos tinham de fazer um estudo cuidadoso do mundo natural e dos materiais que ele lhes oferecia — por exemplo, pedras, argila, fibras vegetais, tendões de animais. Então, precisavam fazer experiências até que, por meio de ensaio e erro, descobrissem o que de fato funcionava. Sem a menor dúvida, ao longo de nossas diversas centenas de milhares de anos de existência na Terra, os humanos também têm sido guiados por superstições, visões místicas e ilusões coletivas de todo tipo. Mas chegamos até onde estamos, espalhando-nos pelo imenso continente africano e, de lá, por todo o planeta, graças à resistência dos nós que podíamos dar, à firmeza dos abrigos e botes, ao fio das flechas.

O progresso intelectual humano, tal como ocorreu, resulta de nossa longa batalha para ver as coisas "como elas são", ou da maneira mais universalmente compreensível, e não como projeções de nossas emoções. O trovão não é Deus arrastando móveis no céu, a doença não é uma punição divina e nem toda morte ou acidente resultam de feitiçaria. O que chamamos de o Iluminismo, ao qual nos agarramos de modo apenas tênue, com nossas unhas, é a lentamente registrada compreensão de que o mundo está se desenrolando de acordo com seus próprios algoritmos internos de causa e efeito, probabilidade e acaso, sem nenhuma consideração por sentimentos humanos.

Parece-me compreensível que, após décadas de pensamento positivo, a noção de realismo, de ver as coisas como elas são, possa parecer um tanto estranha. Mas, mesmo na América, a terra do pensamento positivo por excelência, algum traço obstinado de realismo tem persistido ao longo desses anos de ilusão. Quando há muita coisa em jogo e os riscos são óbvios, ainda é possível buscar aquelas pessoas nas quais podemos nos apoiar para compreender esses riscos e nos preparar para os piores cenários, caso ocorram. Um chefe de Estado não quer ouvir de um general no campo que ele "espera" vencer a batalha de amanhã ou que está "visualizando a vitória"; quer um general cujos planos incluam a possibilidade de que as coisas saiam muito erradas e o planejamento de manobras de retirada caso isso venha a acontecer. Mesmo o ultraotimista presidente Ronald Reagan invocava o realismo quando se tratava de lidar com os soviéticos, constantemente repetindo o lema "Confie, mas verifique". Editores de revistas esperam que os encarregados de checar os fatos presumam que a memória de um escritor não é confiável. Queremos que nossos pilotos de avião prevejam tanto um motor com defeito quanto felizes aterrissagens.

Em nossa vida cotidiana, todos nós, não importa quão obstinadamente otimistas sejamos, também recorremos ao que a psicóloga Julie Norem chama de "pessimismo defensivo" para atravessar o dia.[2] Não apenas os pilotos precisam antecipar o pior; o motorista de um carro também. Será que você deve presumir, positivamente, que ninguém vai atravessar à sua frente ou, mais negativamente, será que deveria estar preparado para frear? A maior parte de nós escolheria um médico disposto a investigar as piores possibilidades, em vez de um que é conhecido por adotar rapidamente um diagnóstico otimista. Em questões do coração também, certo nível de negatividade e suspeita é universalmente recomendado. Você pode tentar projetar um modo de ser totalmente "positivo" a fim de atrair um namorado potencial, mas também se aconselha que faça uma pesquisa sobre ele no Google. Quando as pessoas escrevem para colunistas sobre suas suspeitas de infidelidade do cônjuge, são aconselhadas a não ignorar os avisos e pensar positivamente, mas enfrentar o problema abertamente.

Uma das mais essenciais e rotineiras atividades humanas — cuidar de crianças — requer altos níveis de vigilância ansiosa. Seria insensatez, e até negligência, presumir que se pode confiar que os adolescentes dirigirão com cuidado e não farão sexo arriscado. Para cuidadores conscienciosos, o mundo é um potencial campo minado de desastres à espreita: as minúsculas peças de um brinquedo que o bebê poderia engolir, os alimentos contaminados ou prejudiciais, os maus motoristas, os pedófilos, os cães perigosos. Os pais podem querer ser "positivos" anunciando uma ida ao pediatra como uma oportunidade para brincar com todos aqueles brinquedos na sala de espera e não como uma ocasião para receber uma injeção dolorosa, mas eles não ousam presumir que o súbito silêncio vindo do quarto das crianças significa que elas estão estudando com o Baby Einstein. Visualize estrangulamentos fratricidas e tomadas elétricas espetadas com garfos: foi assim que reproduzimos nossos genomas.

Quando nossos filhos chegam à idade certa nós os mandamos para uma faculdade, se pudermos, onde, a despeito da recente proliferação de cursos sobre "felicidade" e "psicologia positiva", o objetivo é adquirir as habilidades não do pensamento positivo, mas do pensamento *crítico*; e o pensamento crítico é inerentemente cético.

Os melhores alunos — e, nas boas faculdades, também os que têm mais sucesso — são os que levantam questões perspicazes, mesmo correndo o risco de deixar um professor momentaneamente desconfortável. Quer o tema seja literatura ou engenharia, os alunos de pós-graduação devem ser capazes de desafiar figuras de autoridade, indo contra as ideias de seus colegas e defendendo pontos de vista originais. Não porque os acadêmicos valorizem a contestação por si mesma, mas porque reconhecem que uma sociedade precisa de pessoas que farão exatamente aquilo que os gurus do pensamento positivo nos dizem que devemos evitar: "superintelectualizar" e ficar fazendo perguntas difíceis. Os médicos estão entre aqueles profissionais altamente instruídos que não ousam correr o risco de adotar os confortos do pensamento positivo em seu trabalho diário, e, como escreveu um deles, o autor e cirurgião Atul Gawande: "Quer alguém esteja combatendo um câncer, uma insurreição ou apenas um problema obstinado no trabalho, o bom senso predominante é que o pensamento positivo é a chave — até mesmo O Segredo — do sucesso. Mas a chave, parece-me, é de fato o pensamento negativo: antecipar e, às vezes, esperar o fracasso."[3]

O realismo — até mesmo em sua versão extrema de pessimismo defensivo — é um pré-requisito não apenas para a sobrevivência humana, mas para todas as espécies animais. Observe praticamente qualquer criatura selvagem por alguns momentos e ficará impressionado, acima de tudo, por seu permanente estado de vigilância. O cormorão esquadrinha a água nervosamente em busca de qualquer agitação inesperada; a gazela ergue a cabeça para captar sons suspeitos e levanta uma pata preparando-se para a fuga. Muitos animais — de macacos a pássaros — aumentam sua vigilância individual vivendo em grupos, de modo que muitos olhos possam estar de sentinela para detectar intrusos e que muitas vozes possam se levantar num grito de alarme caso algum se aproxime. Em sua insistência para que nos concentremos em resultados felizes, em vez de nos perigos que nos espreitam, o pensamento positivo contradiz um de nossos instintos mais fundamentais, que partilhamos não apenas com outros primatas e mamíferos, mas também com répteis, insetos e peixes.

A justificativa dos pensadores positivos tem sido que o mundo não é, ou pelo menos já não é, o lugar perigoso que imaginávamos. Era assim que Mary Baker Eddy o via: o universo era "Oferta" e "Abundância" postos à disposição de todos por uma divindade benevolente. Pecado, crime, doença, pobreza — tudo isso eram "erros" forjados por mentes que haviam perdido a ressonância com as vibrações cósmicas de generosidade e amor. Cem anos mais tarde, Martin Seligman, o fundador da psicologia positiva, estava descrevendo a ansiedade e o pessimismo como vestígios inúteis de nosso passado paleolítico, quando nossos ancestrais se dispersavam para evitar predadores, "inundações e fome". Hoje, no entanto, "bens e serviços são abundantes", como diz ele; há o bastante para todos, e finalmente podemos baixar a guarda. Qualquer insatisfação remanescente é, como Mary teria dito, um tipo de erro — corrigível por meio de técnicas adequadas de autoajuda e exercícios de otimismo.

Mas será que a perspectiva humana vem realmente melhorando ao longo do tempo? Para indivíduos afluentes que vivem em contextos pacíficos, decididamente sim, mas nossa situação geral é tão perigosa quanto sempre foi. Até alguns dos pastores evangélicos mais adeptos do pensamento positivo têm reconhecido recentemente a ameaça do aquecimento global. A noção de que o suprimento de petróleo do mundo pode haver chegado ao seu ponto máximo já não é mais uma peculiaridade de uns poucos excêntricos com mente ambientalista; os "catastrofistas" estão ganhando respeitabilidade. Para onde quer que olhemos, as florestas estão sendo derrubadas, os desertos estão avançando, o número de espécies animais está declinando. Os mares estão subindo, e há cada vez menos peixes neles para comermos.

PÓS-ESCRITO SOBRE O PENSAMENTO PÓS-POSITIVO

Durante as décadas recentes, à medida que os icebergs afundavam e os níveis da dívida subiam, os dissidentes que contestavam o consenso predominante baseado no pensamento positivo foram isolados, ridicularizados ou instados a superar seu apego pervertido a pensamentos negativos. Dentro dos Estados Unidos, qualquer conversa sobre problemas intratáveis, como a pobreza, poderia ser descartada como uma negação da grandeza da América. Quaisquer reclamações sobre a violência econômica podia ser alvo de zombaria, como sendo "lamúria" de vítimas autosselecionadas.

É fácil ver o pensamento positivo como uma forma peculiarmente americana de ingenuidade, mas não se trata de algo unicamente americano nem encantadoramente ingênuo. Em contextos amplamente diferentes, o pensamento positivo tem sido uma ferramenta de repressão política em todo o mundo. Tendemos a pensar que os tiranos governam através do medo — medo da polícia secreta, de tortura, de detenção, do gulag —, mas alguns dos regimes mais implacavelmente autoritários do mundo também têm demandado de seus dominados um constante otimismo e aplauso. Em seu livro *Xá dos xás*, sobre a vida durante o reinado do xá Rezah Pahlavi que governou o Irã de 1941 até a revolução de 1979, Ryszard Kapuscinski conta a história de um tradutor que conseguiu que um poema fosse publicado apesar de incluir o subversivo verso "Este é o tempo da aflição, da noite mais escura". O tradutor ficou "exultante" por conseguir que o poema passasse pelos censores, "neste país onde se supõe que tudo deva inspirar otimismo, coisas desabrochando, sorrisos — e, subitamente, 'o tempo da aflição'! Você pode imaginar?"[4]

O comunismo do estilo soviético, que usualmente não vemos como um tipo de arranjo cordial, exemplificava o uso do pensamento positivo como meio de controle social. Escrevendo sobre a antiga Iugoslávia no início do século XXI, Dubravka Ugresic observou que "antigos comunistas, modernos capitalistas, nacionalistas, fanáticos religiosos" estavam todos sintonizados com a brisa fresca da positividade vinda do Ocidente. "Todos eles se tornaram otimistas." Mas dificilmente isso seria uma coisa nova, prossegue ela, porque "o otimismo tem uma nódoa em seus registros ideológicos. (...) Se alguma coisa sobreviveu ao stalinismo foi a exigência stalinista de se cultivar o otimismo".[5] Na União Soviética, bem como nos países do Leste Europeu e na Coreia do Norte, os censores exigiam que tudo fosse otimista — arte, livros e filmes —, querendo dizer com isso heróis otimistas, histórias sobre quotas de produção alcançadas e finais que prometessem um glorioso futuro revolucionário. A literatura tcheca estava encharcada de "um otimismo cego"; os contos norte-coreanos ainda irradiam um "inexorável otimismo". Na própria União Soviética, "ser acusado de falta de otimismo histórico significava a acusação de distorção da verdade ou de transmissão de verdades falsas. O pessimismo e a hesitação ideológica significavam a mesma coisa. (...) Em várias situações, a possibilidade de um herói socialista alienado e solitário era proibida em nome das exigências de um otimismo histórico e de um herói positivo".[6]

As penalidades para o pensamento negativo eram reais. Não ser positivo e otimista era ser "derrotista", e, como escreve Ugresic a respeito da União Soviética, "os *derrotistas* pagavam pelo pecado do derrotismo. Acusar alguém de *disseminar o derrotismo* significava condená-lo a muitos anos nos campos stalinistas".[7] Em seu romance de 1968, *A brincadeira*, o escritor tcheco Milan Kundera tem um personagem que manda um cartão-postal com a frase "O otimismo é o ópio do povo" e por isso é acusado de ser um inimigo do povo e condenado ao trabalho forçado nas minas de carvão. O próprio Kundera foi punido por ousar escrever *A brincadeira*. Expulso do Partido Comunista, teve seus livros removidos das livrarias e bibliotecas e foi proibido de viajar para o Ocidente.

Os pregadores americanos do pensamento positivo sem dúvida ficariam estarrecidos ao se verem mencionados no mesmo parágrafo que os censores e propagandistas stalinistas, ou até no mesmo livro. Afinal, os americanos exaltam o sucesso individual, que não era um ideal comunista, e ninguém é arrastado para campos de trabalho forçado por ignorar seus ensinamentos. Mas, mesmo entre os proponentes americanos do pensamento positivo, podemos encontrar um vago desconforto a respeito de seu papel como disciplinamento mental, um tipo de auto-hipnose que envolve afirmações, visualizações e pensamentos intensamente focados. "Não considere o 'controle mental' uma ferramenta repressiva tirada do *1984* de George Orwell", adverte John Templeton aos leitores em um de seus livros de autoajuda. "Em vez disso, considere-o uma força positiva que deixará sua mente mais clara, mais direta e mais eficiente."[8]

A grande vantagem da abordagem americana ao pensamento positivo tem sido que as pessoas se encarregam de impô-lo a si mesmas. Os regimes stalinistas usavam o aparato estatal — escolas, polícia secreta, e assim por diante — para obrigar ao otimismo; as democracias capitalistas deixam essa tarefa por conta do mercado. No Ocidente, como vimos, os principais defensores do pensamento positivo são empreendedores por iniciativa própria, propagandeando suas palestras, seus livros e DVDs a qualquer um disposto a comprá-los. Grandes empresas podem fazer com que seus funcionários ouçam as palestras e podem sugerir que leiam os livros; podem demitir pessoas que persistam em uma "atitude negativa". Mas, em última instância, depende de cada indivíduo abraçar o pensamento positivo e fazer sobre si mesmo o árduo trabalho de ajustar suas atitudes e mantê-las. E, a julgar pelas vendas de produtos motivacionais e pela popularidade de figuras como Oprah e Osteen, essa é uma tarefa que um grande número de americanos tem assumido entusiasticamente por conta própria.

Ainda assim, como reconhece a matéria de capa da *Psychology Today* de janeiro de 2009, a obsessão americana pelo pensamento positivo não nos tornou mais felizes. Agrupando a psicologia positiva acadêmica e uma crescente multidão de "especialistas autodesignados" no que ele chama de "movimento pela felicidade", o autor observa que, "de acordo com algumas medidas, nós nos tornamos uma nação mais triste e mais ansiosa justamente nos anos em que o movimento pela felicidade floresceu; talvez seja por isso que tenhamos comprado suas ofertas com tanto entusiasmo".[9] Essa conclusão dificilmente poderia surpreender: o pensamento positivo não aboliu a necessidade de constante vigilância; ele apenas virou a vigilância para dentro. Em vez de nos afligirmos com a ideia de que o teto pode desabar sobre nós ou de que nosso emprego pode ser eliminado, o pensamento positivo nos encoraja a nos preocuparmos com as próprias expectativas negativas e submetê-las a uma revisão contínua. Isso acaba impondo uma disciplina mental tão árdua quanto a do calvinismo que ele substituiu — o infindável trabalho de autoexame e autocontrole ou, no caso do pensamento positivo, de auto-hipnose. Isso requer, nas palavras do historiador Donald Meyer, "constante repetição de palavras que elevem o espírito, constante estado de alerta contra perspectivas de impossibilidade, constante monitoramento de rebeliões do corpo e da mente contra o controle".[10]

Essa é uma carga da qual, finalmente, com a consciência tranquila, podemos nos livrar. O esforço de "controle do pensamento", sempre apresentado como um ótimo salva-vidas, tornou-se um peso potencialmente mortal — obscurecendo o julgamento e isolando-nos de informações vitais. Às vezes, precisamos dar atenção a nossos medos e pensamentos negativos e, durante todo tempo, estar alertas ao mundo fora de nós, mesmo quando isso inclui absorver más notícias e ouvir as opiniões de pessoas "negativas". Como já devemos ter aprendido a esta altura, é perigoso não fazê-lo.

Um realismo vigilante não impede a busca da felicidade; na verdade, torna-a possível. Como podemos esperar melhorar nossa situação se não enfrentarmos as circunstâncias reais nas quais nos encontramos? O pensamento positivo busca nos convencer de que tais fatores externos são incidentais em comparação com o estado interior da pessoa, ou sua atitude, ou seu humor. Vimos como os *coaches* e os gurus desprezam os problemas do mundo real como "desculpas" para o fracasso e como os psicólogos positivos têm tendido a minimizar o "C" de "circunstâncias" em sua equação de felicidade. É verdade que fatores subjetivos, como a obstinação, são cruciais para a sobrevivência e que as pessoas às vezes triunfam sobre níveis de adversidade próprios de pesadelos. Mas a mente não prevalece de modo automático sobre a matéria, e ignorar o papel de circunstâncias difíceis — ou, ainda pior, atribuí-las a nossos pensamentos — é escorregar em direção ao tipo de presunção corrupta que Rhonda Byrne expressou quando confrontada com o tsunami de 2006. Citando a lei da atração, ela afirmou que desastres como tsunamis só podem acontecer a pessoas que estejam "na mesma frequência do evento".[11]

Em todo o mundo, o obstáculo mais rotineiro à felicidade humana é a pobreza. Na medida em que se pode acreditar em pesquisas de felicidade, elas consistentemente mostram que os países mais felizes do mundo tendem a estar também entre os mais ricos. Enquanto os Estados Unidos estão no 23º lugar e o Reino Unido em 41º, por exemplo, a Índia vem num sombrio 125º lugar entre 178 nações.[12] Alguns estudos recentes constataram, além disso, que, dentro dos países, as pessoas mais ricas tendem a ser mais felizes, com cerca de 90% dos americanos em famílias que ganham pelo menos US$250.000 por ano se declarando "muito felizes", em comparação com apenas 42% das pessoas em famílias que ganham menos de

US$30.000.[13] Quando o *New York Times* pesquisou alguns bairros em Nova York em 2009, descobriu que as áreas mais felizes eram também as mais afluentes e, não por acaso, as mais bem providas de cafés, associações cívicas, teatros e oportunidades para interações sociais. O bairro menos feliz era uma parte do Bronx caracterizada por prédios abandonados, montes de lixo sem coleta e a mais alta taxa de desemprego da cidade.[14]

Durante séculos, ou pelo menos desde a Reforma Protestante, as elites econômicas ocidentais têm se lisonjeado com a ideia de que a pobreza é uma situação voluntária. Os calvinistas a viam como resultado da indolência e de outros maus hábitos; o pensador positivo a atribuía a um fracasso intencional de abraçar a abundância. Essa abordagem de culpabilização da vítima encaixava-se primorosamente no conservadorismo econômico que prevaleceu nas duas últimas décadas. As pessoas que recebiam auxílio-desemprego foram empurradas para empregos mal pagos, supostamente para estimular sua autoestima; trabalhadores demitidos, ou prestes a isso, eram submetidos a palestrantes e exercícios motivacionais. Mas o desastre econômico deveria ter desfeito, de uma vez por todas, a ideia da pobreza como uma limitação pessoal ou um estado de espírito disfuncional. As filas nas agências de desempregados e nas igrejas que oferecem comida de graça incluem esforçados e também preguiçosos, otimistas habituais e também os cronicamente deprimidos. Quando a economia se recuperar, caso isso aconteça, nunca podemos nos permitir esquecer quão disseminada é nossa vulnerabilidade, e o quão fácil é atingir o fundo da miséria.

É claro que a felicidade não está garantida nem mesmo para aqueles que são afluentes, bem-sucedidos e bem-amados. Mas o fato de que a felicidade não seja o resultado inevitável de circunstâncias felizes não significa que possamos encontrá-la em jornadas interiores para revisar nossos pensamentos e sentimentos. As ameaças que enfrentamos são reais, e só podem ser combatidas e vencidas se nos livrarmos da autoabsorção e tomarmos iniciativas no mundo. Construa os diques, dê comida aos que têm fome, encontre a cura, dê todo apoio aos "socorristas". Não teremos sucesso em todas essas coisas, certamente não em todas ao mesmo tempo, mas — se eu puder terminar com meu próprio segredo pessoal de felicidade — podemos passar bons momentos tentando.

Notas

Introdução

1. "Happiness Is 'Infectious' in Network of Friends: Collective — Not Just Individual — Phenomenon", *ScienceDaily*, 5 de dezembro de 2008, http://www.sciencedaily.com/releases/2008/12/ 81205094506.htm.
2. Daniel Kahneman e Alan B. Krueger, "Developments in the Measurement of Subjective Well-Being", *Journal of Economic Perspectives* 20 (2006): 3-24.
3. "Psychologist Produces the First-Ever 'World Map of Happiness'", *ScienceDaily*, 14 de novembro de 2006, http://www.sciencedaily.com/releases/2006/11/061113093726.htm.
4. http://rankingamerica.wordpress.com/2009/01/11/the-us-ranks-150th-in-planet-happiness/, 11 de janeiro de 2009.
5. Godfrey Hodgson, *The Myth of American Exceptionalism* (New Haven: Yale University Press, 2009), 113; Paul Krugman, "America the Boastful", *Foreign Affairs,* maio-junho de 1998.
6. 2000 State of the Union Address, 27 de janeiro de 2000, http://www.washingtonpost.com/wp-srv/politics/special/states/docs/sou00 htm; Geoff Elliott, "Dubya's 60th Takes the Cake", *Weekend Australian*, 8 de julho de 2006; Woodward, citando Rice, transcrito de *Meet the Press*, 21 de dezembro de 2008, http://today.msnbc.msn.com/id/28337897/.

7. Citado em Karen A. Cerulo, *Never Saw It Coming: Cultural Challenges to Envisioning the Worst* (Chicago: University of Chicago Press, 2006), 18.
8. Cerulo, *Never Saw It Coming*, 239.
9. Hope Yen, "Death in Streets Took a Back Seat to Dinner", *Seattle Times*, 25 de outubro de 2005.

UM. Sorria ou morra: o lado positivo do câncer

1. Susan M. Love, com Karen Lindsey, *Dr. Susan Love's Breast Book* (Cambridge: Perseus, 2000), 380-81.
2. Gina Kolata, "In Long Drive to Cure Cancer, Advances Have Been Elusive", *New York Times*, 24 de abril de 2009.
3. Stephen C. Fehr, "Cheerfully Fighting a Killer; Upbeat Race for Cure Nets $3 Million for Cancer Research", *Washington Post*, 4 de junho de 2000.
4. Charla Hudson Honea, *The First Year of the Rest of Your Life: Reflections for Survivors of Breast Cancer* (Cleveland: Pilgrim Press, 1997), 6.
5. Jane E. Brody, "Thriving after Life's Bum Rap", *New York Times*, 14 de agosto de 2007.
6. Ann McNerney, *The Gift of Cancer: A Call to Awakening* (Baltimore: Resonant Publishing, s.d.), 183, vii.
7. Honea, *The First Year*, 25, 36, 81.
8. http://www.cfah.org/hbns/newsrelease/women3-07-01.cfm .
9. http://www.nugget.ca/webapp/sitepages/content.asp?contentid = 537743 &catname=Local+News.
10. http://ezinearticles.com/?Breast-Cancer-Prevention-Tips&id=199110.
11. O. Carl Simonton, Stephanie Matthews-Simonton e James L. Creighton, *Getting Well Again* (Nova York: Bantam, 1992), 43.
12. Bernie S. Siegel, *Love, Medicine, and Miracles: Lessons Learned about Self-Healing from a Surgeon's Experience with Exceptional Patients* (Nova York: Harper and Row, 1986), 77.
13. Simonton et al., *Getting Well Again*, 144-45.
14. J. C. Coyne, M. Stefanek e S. C. Palmer, "Psychotherapy and Survival in Cancer: The Conflict between Hope and Evidence," *Psychological Bulletin* 133 (2007): 367-94.
15. http://www.bio-medicine.org/medicine-news-1/Cancer-survival-is-not-influenced-by-a-patients-emotional-status-4214-2/ .

16. John L. Marshall, "Time to Shift the Focus of the War: It Is Not All about the Enemy", *Journal of Clinical Oncology* 27, (2009): 168-69.
17. E. Y. Lin et al., "Macrophages Regulate the Angiogenic Switch in a Mouse Model of Breast Cancer", *Cancer Research* 66 (2006): 11238-46.
18. Gary Stix, "A Malignant Flame", *Scientific American*, julho de 2007, 46-49.
19. "Instead of Fighting Breast Cancer, Immune Cell Promotes It's Spread", *ScienceDaily*, 26 de abril de 2009, http://www.sciencedaily.com/releases/2009/04/090422103554.htm.
20. Howard Tennet e Glenn Affleck, "Benefit Finding and Benefit Reminding," *Handbook of Positive Psychology*, orgs. C. R. Snyder e Shane J. Lopez (Nova York: Oxford University Press, 2002).
21. Citado em Karen A. Cerulo, *Never Saw It Coming: Cultural Challenges to Envisioning the Worst* (Chicago: University of Chicago Press, 2006), 118.
22. Tennet e Affleck, op. cit.
23. M. Dittman, "Benefit-Finding Doesn't Always Mean Improved Lives for Breast Cancer Patients", *APAOnline*, fevereiro de 2004.
24. Deepak Chopra, "Positive Attitude Helps Overcome Cancer Recurrence", http://health.yahoo.com/experts/deepak/92/positive-attitude-helps-overcome-cancer-recurrence, 17 de abril de 2007.
25. "A Positive Attitude Does Not Help Cancer Outcome", http://www.medicalnewstoday.com/medicalnews.php?newsid=5780, 9 de fevereiro de 2004.
26. Cynthia Rittenberg, "Positive Thinking: An Unfair Burden for Cancer Patients", *Supportive Care in Cancer* 3 (1995): 37-39.
27. Jimmie Holland, "The Tyranny of Positive Thinking," http://www.leukemia-lymphoma.org/all page?itemid=7038&viewmode=print.

DOIS. Os anos do pensamento mágico

1. Joseph Anzack, *CNN American Morning*, 16 de maio de 2007.
2. Barry Corbet, "Embedded: A No-Holds-Barred Report from Inside a Nursing Home", *AARP: The Magazine*, jan-fev. de 2007, http://www.aarpmagazine.org/health/embedded.html.
3. Scott McLemee, "Motivation and Its Discontents", www.insidehighered.com, 28 de fevereiro de 2007.
4. Dale Carnegie, *How to Win Friends and Influence People* (Nova York: Pocket Books, 1982), 70, 61, 64.

5. Arlie Russell Hochschild, *The Managed Heart: Commercialization of Human Feeling* (Berkeley: University of California Press, 1983).
6. William H. Whyte, *The Organization Man* (Filadélfia: University of Pennsylvania Press, 2002), 46-47, 14.
7. Tom Rath e Donald O. Clifton, *How Full Is Your Bucket? Positive Strategies for Work and Life* (Nova York: Gallup Press, 2004), 47.
8. Citado no site da American Management Association, http:// www.amanet.org/books/book.cfm?isbn=9780814405826.
9. T. Harv Eker, *Secrets of the Millionaire Mind: Mastering the Inner Game of Wealth* (Nova York: HarperBusiness, 2005), 101.
10. Jeffrey Gitomer, *Little Gold Book of YES!* (Upper Saddle River: FT Press, 2007), 138.
11. http://guruknowledge.org/articles/255/1/The-Power-of-Negative-Thinking/The-Power-of-Negative-Thinking.html.
12. Gitomer, *Little Gold Book*, 45.
13. Judy Braley, "Creating a Positive Attitude", http://ezinearticles.com/ ?Creating-a-Positive Attitude&id=759618.
14. Citado em http://www.nationmaster.com/encyclopedia/The-Secret-(2006-filme).
15. Rhonda Byrne, *The Secret* (Nova York: Atria Books/Beyond Words, 2006),116.
16. Jerry Adler, "Decoding 'The Secret'", *Newsweek*, 5 de março de 2007.
17. Eker, *Secrets*, 67; Vitale citado em Byrne, *The Secret*, 48.
18. Catherine L. Albanese, *A Republic of Mind and Spirit: A Cultural History of American Metaphysical Religion* (New Haven: Yale University Press, 2007), 7.
19. *Larry King Live*, CNN, 2 de novembro de 2006.
20. http://www.globalpsychics.com/empowering-you/practical-magic/prosperity.shtml.
21. Michael J. Losier, *Law of Attraction: The Science of Attracting More of What You Want and Less of What You Don't* (Victoria: Michael J. Losier Enterprises, 2006), 13.
22. Napoleon Hill, *Think and Grow Rich!* (San Diego: Aventine Press, 2004), 21.
23. Michael Shermer, "The (Other) Secret", *Scientific American*, julho de 2007, 39.
24. Byrne, *The Secret*, 21.
25. http://ezinearticles.com/?The-Law-of-Attraction-and-Quantum-Physics&id=223148.

26. Michael Shermer, "Quantum Quackery", *Scientific American,* 20 de dezembro de 2004.
27. Byrne, *The Secret,* 88.

TRÊS. As raízes sombrias do otimismo americano

1. Ann Douglas, *The Feminization of American Culture* (Nova York: Avon, 1977), 145.
2. Thomas Hooker, citado em Perry Miller, org., *The American Puritans: Their Prose and Poetry* (Nova York: Columbia University Press, 1982), 154.
3. Miller, *American Puritans,* 241.
4. Citado em Noel L. Brann, "The Problem of Distinguishing Religious Guilt from Religious Melancholy in the English Renaissance", *Journal of the Rocky Mountain Medieval and Renaissance Association* (1980), 70.
5. Julius H. Rubin, *Religious Melancholy and Protestant Experience in America* (Nova York: Oxford University Press, 1994), 161.
6. Max Weber, *The Protestant Ethic and the Spirit of Capitalism* (Nova York: Dover, 2003), 168.
7. William Bradford, citado em Stephen Fender e Arnold Goldman, orgs., *American Literature in Context* (Nova York: Routledge, 1983), 45.
8. Comunicação pessoal, 10 de janeiro de 2009.
9. Citado em Catherine L. Albanese, *A Republic of Mind and Spirit: A Cultural History of American Metaphysical Religion* (New Haven: Yale University Press, 2007), 165.
10. Citado em Albanese, *Republic of Mind and Spirit,* 167.
11. Citado em Gillian Gill, *Mary Baker Eddy* (Cambridge: Perseus, 1998), 43.
12. Citado em Caroline Fraser, *God's Perfect Child: Living and Dying in the Christian Science Church* (Nova York: Metropolitan, 1999), 34.
13. Citado em Barbara Ehrenreich e Deirdre English, *For Her Own Good: 150 Years of the Experts' Advice to Women* (Nova York: Anchor, 1989), 103.
14. Douglas, *Feminization,* 170.
15. Citado em Anne Harrington, *The Cure Within: A History of Mind-Body Medicine* (Nova York: Norton, 2008), 112.
16. Douglas, *Feminization,* 170.
17. Barbara Sicherman, "The Paradox of Prudence: Mental Health in the Gilded Age", *Journal of American History* 62 (1976): 880-912.

18. Citado em Douglas, *Feminization*, 104.
19. Gill, *Mary Baker Eddy*, 33.
20. Citado em Robert D. Richardson, *William James: In the Maelstrom of American Modernism* (Boston: Houghton Mifflin, 2006), 86.
21. Roy M. Anker, *Self-Help and Popular Religion in Early American Culture: An Interpretive Guide* (Westport: Greenwood Press, 1999), 190.
22. Gill, *Mary Baker Eddy*, 128.
23. Richardson, *William James*, 275.
24. William James, *The Varieties of Religious Experience: A Study in Human Nature* (Nova York: Modern Library, 2002), 109.
25. James, *Varieties*, 104.
26. Ibid., 109.
27. Ibid., 109, 111n.
28. Citado em Fraser, *God's Perfect Child*, 195.
29. Micki McGee, *Self-Help, Inc.: Makeover Culture in American Life* (Nova York: Oxford University Press, 2005), 142.
30. http://www.bripblap.com/2007/stopping-negative-thoughts/.
31. Napoleon Hill, *Think and Grow Rich!* (San Diego: Aventine Press, 2004), 52, 29, 71, 28, 30, 74.
32. Norman Vincent Peale, citação na contracapa de Fenwicke Holmes, *Ernest Holmes: His Life and Times* (Nova York Dodd, Mead, 1970), http://self-improvement-ebooks.com/books/ehhlat.php.
33. Norman Vincent Peale, *The Positive Principle Today* (Nova York: Random House, 1994), 289.
34. Donald Meyer, *The Positive Thinkers: Popular Religious Psychology from Mary Baker Eddy to Norman Vincent Peale and Ronald Reagan* (Middletown: Wesleyan University Press, 1998), 268.
35. Norman Vincent Peale, *The Power of Positive Thinking* (Nova York: Random House, 1994), 28.
36. T. Harv Eker, *Secrets of the Millionaire Mind* (Nova York: Harper Business, 2005), 94.
37. Citado em McGee, *Self-Help, Inc.*, 143.
38. Ibid., 142.
39. Jeffrey Gitomer, *Little Gold Book*, 164.
40. Ibid., 165.

41. Ibid., 169.
42. Citado em Meyer, *Positive Thinkers*, 80.

QUATRO. Motivando os negócios e o negócio da motivação

1. Steven Winn, "Overcome that Gnawing Fear of Success! Seize Your Share of the American Dream! You — Yes, You, Ma'am — Can Do It, at a One-Day Gathering That's Equal Parts Boot Camp, Tent Revival, Pep Rally and Group Therapy", *San Francisco Chronicle*, 24 de maio de 2004.
2. Rick Romell, "Selling Motivation Amounts to Big Business: Self-Help Guru Finds Success Again with His New Firm", *Milwaukee Journal Sentinel* online, 21 de maio de 2007.
3. Jonathan Black, *Yes You Can! Behind the Hype and Hustle of the Motivation Biz* (NY: Bloomsbury Publishing, 2006).
4. William Lee Miller, "Some Negative Thinking about Norman Vincent Peale", originalmente publicado em *Reporter*, 13 de janeiro de 1955, http:// george.loper.org/trends/2005/Aug/955.html.
5. Rob Spiegel, "The Hidden Rule of Positive Thinking", www.businessknowhow.com/startup/hidden.htm.
6. Carol V. R. George, *God's Salesman: Norman Vincent Peale and the Power of Positive Thinking* (Nova York: Oxford University Press, 1994), 233.
7. George, *God's Salesman*, 124.
8. Stephanie Saul, "Gimme an Rx! Cheerleaders Pep Up Drug Sales," *New York Times*, 28 de novembro de 2005.
9. Jerry Pounds, "The Great Motivational Myth," http://www.management-issues.com/2006/5/25/opinion/the-great-motivational-myth.asp.
10. Karl Vick, "Team-Building or Torture? Court Will Decide", *Washington Post*, 13 de abril de 2008.
11. Robin Leidner, *Fast Food, Fast Talk: Service Work and the Routinization of Everyday Life* (Berkeley: University of California Press, 1993), 65, 100-01, 104.
12. Stephen Butterfield, *Amway: The Cult of Free Enterprise* (Boston: South End Press, 1985), 100.
13. Ibid., 28-29, 36-37.
14. Jonathan Black, *Yes You Can!*, 180.

15. Citado em Rakesh Khurana, *From Higher Aims to Hired Hands: The Social Transformation of American Business Schools and the Unfulfilled Promise of Management as a Profession* (Princeton: Princeton University Press, 2007), 303.
16. Khurana, *From Higher Aims*, 320-21, 325.
17. Clive Thompson, "Apocalypse Now: As the Year 2000 Approaches, Politicians and Business Leaders Are Getting Ready for the End of the World. Things Have Never Looked Better", *Canadian Business and Current Affairs*, jan. 1996, 29-33.
18. Jennifer Reingold e Ryan Underwood, "Was *Built to Last* Built to Last?", *Fast Company*, novembro de 2004, 103.
19. Michelle Conlin, "Religion in the Workplace," *Business Week*, 1º de novembro de 1999, 150.
20. Craig Lambert, "The Cult of the Charismatic CEO", *Harvard Magazine*, set.-out. 2002.
21. Dennis Toruish e Ashly Pinnington, "Transformational Leadership, Corporate Cultism, and the Spirituality Paradigm: An Unholy Trinity in the Workplace?", *Human Relations* 55 (2002): 147.
22. Conlon, "Religion in the Workplace".
23. Gay Hendricks e Kate Ludeman, *The Corporate Mystic: A Guidebook for Visionaries with Their Feet on the Ground* (Nova York: Bantam, 1996), xvii.
24. Frank Rose e Wilton Woods, "A New Age for Business?", *Fortune*, 8 de outubro de 1990, 157.
25. Thompson, "Apocalypse Now".
26. Mark Gimein, "Now That We Live in a Tom Peters World... Has Tom Peters Gone Crazy?", *Fortune*, 13 de novembro de 2000.
27. Jack Welch, com John A. Byrne, *Jack: Straight from the Gut* (Nova York: Business Plus, 2003), 436.
28. Jeffrey E. Lewin e Wesley J. Johnston, "Competitiveness", *Competitiveness Review*, 1º de janeiro de 2000.
29. Louis Uchitelle, *The Disposable American: Layoffs and Their Consequences* (Nova York: Knopf, 2006), x.
30. Henry S. Farber, "What Do We Know about Job Loss in the United States? Evidence from the Displaced Workers' Survey, 1984-2005", Working Paper 498, Princeton University Industrial Relations Section, 5 de janeiro de 2005.

31. Citado em Carrie M. Lane, "A Company of One: White-Collar Unemployment in a Global Economy", manuscrito inédito, 131.
32. Citado em Gaenor Vaida, "The Guru's Guru", *Sunday Times* (África do Sul), 6 de julho de 2003.
33. Lloyd Grove, "The Power of Positive Buying; Feeling Unmotivated? This Mug's for You", *Washington Post,* 31 de dezembro de 1994.
34. http://64.233.169.104/search?q=cache:icxqiKivO0J; www.workplacecoaching.com/pdf/HistoryofCoaching.pdf+%22history+of+coaching%22&hl=en&ct=clnk&cd=1&gl=us2.
35. Richard Reeves, "Let's Get Motivated," *Time*, 2 de maio de 1994.
36. Lloyd Grove, "Power Of Positive Buying".
37. William A. Davis, "Stores Cash in on Selling Success", *Boston Globe,* 1º de agosto de 1994.
38. Rayna Katz, "Planners Face a Different-Looking Future, Reports Say", *Meeting News,* 18 de setembro de 2000, http://www.allbusiness.com/transportation-communications-electric-gas/4227180-1.html.
39. http://www.cprcoaching.com/employeeretentionteambuilding.html.
40. Spencer Johnson, *Who Moved My Cheese?* (Nova York: Putnam, 1998), 35, 71.
41. Ibid., 57.
42. Jill Andresky Fraser, *White-Collar Sweatshop: The Deterioration of Work and Its Rewards in Corporate America* (Nova York: Norton, 2001), 195.
43. John Balzar, "Losing a Job: From Great Depression to Reinvention", *Los Angeles Times,* 20 de outubro de 1993.
44. Lane, "Company of One".
45. Fraser, *White-Collar Sweatshop*, 191, 193.
46. Jennifer M. Howard, "Can Teams Survive Downsizing?", http://www.qualitydigest.com/may/downsize.html.
47. Paul Solman, "The Right Choice?", *PBS Online NewsHour,* 22 de março de 1996, http://www.pbs.org/newshour/bb/economy/attlayoffs3-22.html.
48. http://www.thesykesgrp.com/Teamtrg01.htm.
49. Fraser, *White-Collar Sweatshop*, 191-92.

CINCO. Deus quer que você seja rico

1. Abe Levy, "Megachurches Growing in Number and Size", AP, via SFGate.com, 3 de fevereiro de 2006, http://www.religionnewsblog.com/13512/megachurches-growing-in-number-and-size.

2. David Van Biema e Jeff Chu, "Does God Want You to Be Rich?", *Time*, 18 de setembro de 2006, 48.
3. Gabriel N. Lischak, "The Rise of the 'Megachurch': A New Phenomenon Is Taking Shape in America — One That Is Radically Redefining the 'Christian Experience'", 6 de janeiro de 2006, http://www.realtruth.org/articles/418-trotm-print.html.
4. http://www.thechurchreport.com/magarticle.php?mid= 875&mname= January.
5. William Lee Miller, "Some Negative Thinking about Norman Vincent Peale", originalmente publicado em *Reporter*, 13 de janeiro de 1955, http:// george.loper.org/trends/2005/Aug/955.html.
6. Joel Osteen, *Your Best Life Now: 7 Steps to Living at Your Full Potential* (Nova York: Faith Words, 2004), 183.
7. Ted Olsen, "Weblog: Kenneth Hagin, 'Word of Faith' Preacher, Dies at 86", 1º de setembro de 2003, http://www.christianitytoday.com/ct/2003/septemberweb-only/9-22-11.0.html?start= 1.
8. Osteen, *Your Best Life Now*, 5, 101, 41.
9. Ibid., 112.
10. Dennis Voskuil, *Mountains into Goldmines: Robert Schuller and the Gospel of Success* (Grand Rapids: Eerdmans, 1983), 80.
11. Chris Lehmann, "Pentecostalism for the Exurbs: Joel Osteen's God Really Wants You to Dress Well, Stand Up Straight, and Get a Convenient Parking Space", 2 de janeiro de 2008, http://www.slate.com/id/2180590/.
12. Edwene Gaines, *The Four Spiritual Laws of Prosperity: A Simple Guide to Unlimited Abundance* (Nova York: Rodale, 2005), 88.
13. D. R. McConnell, *A Different Gospel* (Peabody: Hendrickson, 1988).
14. Shayne Lee, "Prosperity Theology: T. D. Jakes and the Gospel of the Almighty Dollar", *Cross Currents*, 22 de junho de 2007, 227.
15. Milmon F. Harrison, "Prosperity Here and Now: Synthesizing New Thought with Charismatic Christianity, the Word of Faith Movement Promises Its Members the Good Life", http://www.beliefnet.com/Faiths/ Christianity/2000/05/Prosperity-Here-And-Now.aspx.
16. Ibid.
17. Van Biema e Chu, "Does God Want You to Be Rich?", 48.
18. Ver John Jackson, *PastorPreneur: Pastors and Entrepreneurs Answer the Call* (Friendswood: Baxter, 2003).

19. Citado em Scott Thumma, "Exploring the Megachurch Phenomenon: Their Characteristics and Cultural Context", http://hirr.hartsem.edu/bookshelf/thumma article2.html.
20. Bill Hybels, "Commentary: Building a Church on Marketing Surveys", extraído de *Christian News*, julho de 1991, http://www.rapidnet.com/~jbeard/bdm/exposes/hybels/news.htm.
21. Witold Rybczynski, "An Anatomy of Megachurches: The New Look for Places of Worship", 10 de outubro de 2005, http://www.slate.com/id/2127615/ .
22. Frances Fitzgerald, "Come One, Come All: Building a Megachurch in New England", *New Yorker*, 3 de dezembro de 2007, 46; Denis Haack, "Bruce Bezaire: Meticulous Renderings of Glory", http://ransomfellowship.org/articledetail.asp?AID=21&B=Denis%20Haack&TID=6.
23. Citado em Lischak, "Rise of the 'Megachurch'".
24. Citado em Van Biema e Chu, "Does God Want You to Be Rich?"
25. "Jesus, CEO", *Economist*, 20 de dezembro de 2005, http://www.economist.com/world/unitedstates/PrinterFriendly.cfm?storyid= 5323597.
26. Felix Salmon, "Market Movers", 24 de janeiro de 2008, http://www.portfolio.com/views/blogs/market-movers/2008/01/24/davos-surprise-rick-warren; Malcolm Gladwell, "The Cellular Church: How Rick Warren's Congregation Grew", *New Yorker*, 12 de setembro de 2005, 60.
27. Gustav Niebuhr, "Megachurches", *New York Times*, 18 de abril de 1995.
28. Osteen, *Your Best Life Now*, 11.
29. Dennis Tourish e Ashly Pinnington, "Transformational Leadership, Corporate Cultism, and the Spirituality Paradigm: An Unholy Trinity in the Workplace?", *Human Relations* 55 (2002): 147.
30. "Jesus, CEO".
31. Citado em Voskuil, *Mountains into Goldmines*, 78.
32. Osteen, *Your Best Life Now*, 298.

SEIS: Psicologia positiva: a ciência da felicidade

1. Martin E. P. Seligman, *Authentic Happiness: Using the New Positive Psychology to Realize Your Potential for Lasting Fulfillment* (Nova York: The Free Press, 2002), 24; Dorothy Wade, "Happy Yet?", *Australian Magazine*, 22 de outubro de 2005, 39.
2. Strawberry Saroyan, "Happy Days Are Here Again", *Elle*, dez. 1998.

3. Jennifer Senior, "Some Dark Thoughts on Happiness", *New York*, 17 de julho de 2006.
4. Robert Biswas-Diener e Ben Dean, *Positive Psychology Coaching: Putting the Science of Happiness to Work for Your Clients* (Nova York: Wiley, 2007), 12, 31.
5. John Templeton Foundation, Capabilities Report, 2002, 82.
6. Patrick B. Kavanaugh, Lyle D. Danuloff, Robert E. Erard, Marvin Hyman e Janet L. Pallas, "Psychology: A Profession and Practice at Risk", julho de 1994, www.academyprojects.org/lempa1.htm; Ilana DeBare, "Career Coaches Help You Climb to the Top: 'Personal Trainers' for Workers New Fiscal Fitness Craze", *San Francisco Chronicle*, 4 de maio de 1998.
7. Seligman, *Authentic Happiness*, ix.
8. Joshua Freedman, "An Interview with Martin E. P. Seligman, Ph.D.", *EQ Today*, outono de 2000 http://www.eqtoday.com/optimism/seligman.html.
9. Wade, "Happy Yet?", 39.
10. Ed Diener e Martin E. P. Seligman, "Beyond Money: Toward an Economy of Wellbeing", *Psychological Science in the Public Interest* 5, n.º 1 (2004).
11. John Lanchester, "Pursuing Happiness: Two Scholars Explore the Fragility of Contentment", *New Yorker*, 27 de fevereiro de 2006.
12. Seligman, *Authentic Happiness*, 39.
13. Ibid., 28, 38, 43, 103.
14. Ibid., 119, 120-21.
15. Ibid., 129, 133.
16. Ibid., 45.
17. Ibid., 129.
18. Barbara Held, "The Negative Side of Positive Psychology", *Journal of Humanistic Psychology* 44 (inverno de 2004): 9-46.
19. Biswas-Diener e Dean, *Positive Psychology Coaching*, 31.
20. Sonja Lyubomirsky, Laura King e Ed Diener, "The Benefits of Frequent Positive Affect: Does Happiness Lead to Success?", *Psychological Bulletin* 131 (2005): 803-55.
21. Mike McGrath, "When Back Pain Starts in Your Head: Is Repressed Anger Causing Your Back Pain?", http://www.prevention.com/cda/article/when-back-pain-starts-in-your-head/727b7e643f803110VgnVCM10000013281eac/health/conditions.treatments/back.pain.

22. Seligman, *Authentic Happiness*, 3. Deborah D. Danner, David A. Snowdon e Wallace V. Friesen, "Findings from the Nun Study, Universidade de Kentucky", *Journal of Personality and Social Psychology* 80 (2001): 804-13.
23. Gina Kolata, "Research Links Writing Style to the Risk of Alzheimer's", *New York Times,* 21 de fevereiro de 1996, http://www.nytimes.com/1996/02/21/us/research-links-writing-style-to-the-risk-of-alzheimers.html?sec=health.
24. LeeAnne Harker e Dacher Keltner, "Expressions of Positive Emotion in Women's College Yearbook Pictures and Their Relationship to Personality and Life Outcomes across Adulthood", Universidade da Califórnia, Berkeley, http://ist-socrates.berkeley.edu/~keltner/publications/harker.jpsp.2001.pdf; Jeremy Freese, Sheri Meland e William Irwin, "Expressions of Positive Emotion in Photographs, Personality, and Later-Life Marital and Health Outcomes", *Journal of Research in Personality*, 2006, http://www.jeremyfreese.com/docs/FreeseMelandIrwin%20-%20JRP%20-%20ExpressionsPositiveEmotionInPhotographs.pdf.
25. Glenn V. Ostir, Kenneth J. Ottenbacher e Kyriakos S. Markides, "Onset of Frailty in Older Adults and the Protective Role of Positive Affect", *Psychology and Aging* 19 (2004): 402-08.
26. Seligman, *Authentic Happiness*, 40.
27. James Coyne et al., "Emotional Well-Being Does Not Predict Survival in Head and Neck Cancer Patients", *Cancer,* 1º de dezembro de 2007, Merritt McKinney, "Optimism Doesn't Improve Lung Cancer Survival", *Reuters Health,* 9 de fevereiro de 2004.
28. Ver, por exemplo, L. B. Kubansky e I. Kawachi, "Going to the Heart of the Matter: Do Negative Emotions Cause Coronary Heart Disease?", *Journal of Psychosomatic Research* 48 (2000): 323-37.
29. Held, "Negative Side of Positive Psychology".
30. Ibid.
31. Melissa Healy, "Truth Is, It's Best if They Know", 30 de outubro de 2006, http://www.latimes.com/features/health/la-he-realists30oct300,141646.story?coll=la-home-health
32. Derek M. Isaacowitz, com M. E. P. Seligman, "Is Pessimistic Explanatory Style a Risk Factor for Depressive Mood among Community-Dwelling Older Adults?", *Behaviour Research and Therapy* 39 (2001): 255-72.

33. Mary Duenwald, "Power of Positive Thinking Extends, It Seems, to Aging", *New York Times*, 19 de novembro de 2002.
34. Ibid.
35. Citado em B. Held, "The 'Virtues' of Positive Psychology", *Journal of Theoretical and Philosophical Psychology* 25 (2005): 1-34.
36. Sarah D. Pressman e Sheldon Cohen, "Does Positive Affect Influence Health?", *Psychological Bulletin* 131 (2005): 925-71.
37. http://esi-topics.com/fbp/2007/june07-PressmanCohen.html.
38. Seligman, *Authentic Happiness*, 40; Suzanne C. Segerstrom, "Optimism, Goal Conflict, and Stressor-Related Immune Change", *Journal of Behavioral Medicine* 24, n.º 5 (2001).
39. Susan Ferraro, "Never a Cloudy Day: The Link between Optimism and Good Health", *New York Daily News*, 17 de junho de 2002.
40. http://www.templeton.org/capabilities2004/pdf/thejoyofgiving.pdf.
41. http://latimesblogs.latimes.com/washington/2008/10/a-big-donor-goe.html
42. John Templeton Foundation, Form 990, 2005.
43. John Templeton Foundation, Capabilities Report, 2006, 77.
44. Freedman, entrevista com Martin E. P. Seligman.
45. Jane Mayer, "The Experiment: The Military Trains People to Withstand Interrogation. Are Those Methods Being Misused at Guantanamo?", *New Yorker*, 11 de julho de 2005, 60.
46. David Montgomery, "A Happiness Gap: Doomacrats and Republigrins", *Washington Post*, 24 de outubro 2008.
47. Daniel Gilbert, *Stumbling on Happiness* (Nova York: Vintage, 2007), 243.
48. Biswas-Diener e Dean, *Positive Psychology Coaching*, 229.
49. Sam Fulwood III, "Poised for Joy: Life Coaches Teach How to Be Happy", *Cleveland Plain Dealer*, 9 de fevereiro de 2008.
50. Sara Martin, "Seligman Laments People's Tendency to Blame Others", *APA Monitor*, outubro de 1998.
51. Seligman, *Authentic Happiness*, 50.
52. Brad Lemley, "Shiny Happy People: Can You Reach Nirvana with the Aid of Science?", *Discover*, agosto de 2006, http://discovermagazine.com/2006/aug/shinyhappy.
53. D. T. Max, "Happiness 101", *New York Times Magazine*, 7 de janeiro de 2007.

54. http://www.flourishingschools.org/programs.htm.
55. Max, "Happiness 101".

SETE. Como o pensamento positivo destruiu a economia

1. Michael A. Fletcher, "1 in 4 Working Families Now Low-Wage, Report Finds", *Washington Post,* 15 de outubro de 2008.
2. David Leonhardt, "Larry Summers's Evolution", *New York Times,* 10 de junho de 2007.
3. Leslie Bennetts, "The End of Hubris", *Portfolio,* dezembro de 2008, http://www.portfolio.com/news-markets/national-news/portfolio/2008/11/ 19/ Greed-and-Doom-on-Wall-Street.
4. John Schmitt e Ben Zipperer, "Is the U.S. a Good Model for Reducing Social Exclusion in Europe?", *Center for Economic Policy Review,* agosto de 2006.
5. Carol Graham e Soumya Chattopadhyay, "Gross National Happiness and the Economy", http://www.americanprogress.org/issues/2006/04/ b1579981.html.
6. Dean Baker, *Plunder and Blunder: The Rise and Fall of the Bubble Economy* (Sausalito: Polipoint Press, 2009), 3.
7. Paul Krugman, "Lest We Forget", *New York Times,* 11 de novembro de 2008.
8. Citado em Karen A. Cerulo, *Never Saw It Coming: Cultural Challenges to Envisioning the World* (Chicago: University of Chicago Press, 2006), 61-62.
9. Karin Klein, "Wish for a Cake — and Eat It Too", *Los Angeles Times,* 13 de fevereiro de 2007.
10. Joel Osteen, *Your Best Life Now: 7 Steps to Living at Your Full Potential* (Nova York: Faith Words, 2004), 7-8.
11. David Van Biema, "Maybe We Should Blame God for the Subprime Mortgage Mess", *Time,* 3 de outubro de 2008.
12. Kevin Phillips, *Bad Money: Reckless Finance, Failed Politics, and the Global Crisis of American Capitalism* (Nova York: Viking, 2008) 92-95.
13. Baker, *Plunder and Blunder,* 97.
14. Stephen S. Roach, "Dying of Consumption", *New York Times,* 28 de novembro de 2008; Phillips, *Bad Money,* 43.
15. Alan Zibel, "Personal Bankruptcy Filings Rise 40%", Washingtonpost.com, 4 de janeiro de 2008.

16. Steven Pearlstein, "A Perfect Storm? No, a Failure of Leadership", *Washington Post*, 12 de dezembro de 2008.
17. Robert J. Samuelson, "The e Engine of Mayhem", *Newsweek*, 13 de outubro de 2008, http://www.newsweek com/id/163743.
18. Steve Fishman, "Burning Down His House", *Nova York*, 8 de dezembro de 2008.
19. *Larry King Live*, CNN, 21 de novembro de 2008.
20. Jenny Anderson e Vikas Bajaj, "Merrill Tries to Temper the Pollyannas in Its Ranks", *New York Times*, 15 de maio de 2008.
21. http://about.countrywide.com PressRelease/PressRelease.aspx?rid=515497&pr=yes.
22. Gretchen Morgenson e Geraldine Fabrikant, "Countrywide's Chief Salesman Defender", *New York Times*, 11 de novembro de 2007.
23. Adam Michaelson, *The Foreclosure of America: The Inside Story of the Rise and Fall of Countrywide Home Loans, the Mortgage Crisis, and the Default of the American Dream* (Nova York: Berkley, 2009), 260, 205, 261.
24. Michael Lewis, "The End of Wall Street's Boom," Portfolio.com, dezembro de 2008.
25. Fishman, "Burning Down His House".
26. Jo Becker, Sheryl Gay Stolberg e Stephen Labaton, "White House Philosophy Stoked Mortgage Bonfire", *New York Times*, 21 de dezembro de 2008.
27. Julia Hobsbawm, "The Joy of Coaching", 24 de maio de 2007, http://www.spectator.co.uk/the-magazine/business/31040/the-joy-of-coaching.thtml.
28. Baker, *Plunder and Blunder*, 16; Eduardo Porter, "More Than Ever, It Pays to Be the Top Executive", *New York Times*, 25 de maio de 2007.
29. Robert Frank, *Richistan: A Journey through the American Wealth Boom and the Lives of the New Rich* (Nova York: Crown, 2007), 16.
30. David Lazarus, "Wretched Excess Rides High in Many Executive Suites", *San Francisco Chronicle*, 29 de dezembro de 2002.
31. http://www.independent.co.uk/news/business/comment/jack-welch-neutron-jack-flattens-the-bleeding-hearts-748440.html.
32. Fishman, "Burning Down His House".
33. Ibid.
34. Eric Dezenhall e John Weber, *Damage Control: How to Get the Upper Hand When Your Business Is under Attack* (Nova York: Portfolio, 2007), 188.

35. Roger Lowenstein, "Triple-A Failure," *New York Times Magazine*, 27 de abril de 2008.
36. http://marketplace.publicradio.org/display/web/2008/10/23/ greenspan/#.
37. Paul Vitello, "An Evangelical Article of Faith: Bad Times Draw Bigger Crowds", *New York Times*, 14 de dezembro de 2008.
38. *Larry King Live*, CNN, 8 de dezembro de 2008; "When the Economy Gives You Lemons", *Marketplace*, American Public Media, 26 de novembro de 2007.
39. Uri Friedman, "Sales Down, So Firms Boost Morale", *Christian Science Monitor*, 22 de agosto de 2008, http://www.csmonitor.com/2008/0822/p03s01-usec.html.
40. Patricia Leigh Brown, "Even if You Can't Buy It, Happiness Is Big Business", *New York Times*, 27 de novembro de 2008.
41. Jodie Tillman, "If You're Unhappy and Know It, Shut Up", *St. Petersburg Times*, 29 de janeiro de 2008.
42. Cindy Krischer Goodman, "How to Survive the Economic Crisis: Be Positive, Proactive", *Miami Herald*, 28 de outubro de 2008.
43. Eli Davidson, "How to Get Through the Recession with Less Depression", 25 de setembro de 2008, http://www.huffingtonpost.com/eli-davidson/how-to-get-through-the-reb128971.html.
44. "Tony Robbins, Life Coach, Gives Suggestions for Dealing with Our Shaky Economy", *Today*, MSNBC, 13 de outubro de 2008.
45. Dennis Byrne, "Facts You Just Can't Believe In", 30 de dezembro de 2008, www.chicagotribune.com/news/nationworld/chi-oped1230byrnedec30 ,0,787857.story.

OITO. Pós-escrito sobre o pensamento pós-positivo

1. Sally Quinn e Ben Bradlee, "On Faith: Are You Satisfied with Where You Are Now in Your Life?", *Washington Post*, 22 de maio de 2007, http://www.washingtonpost.com/wp-dyn/content/discussion/2007/05/18/DI2007051801202.html?tid=informbox.
2. Julie K. Norem, *The Positive Power of Negative Thinking: Using Defensive Pessimism to Harness Anxiety and Perform at Your Peak* (Nova York: Basic, 2001).
3. Atul Gawande, "The Power of Negative Thinking", *New York Times*, 1º de maio de 2007.

4. Ryszard Kapuscinski, *Shah of Shahs* (Nova York: Vintage, 1992), 89.
5. Dubravka Ugresic, *Thank You for Not Reading* (Chicago: Dalkey Archive, 2003), 86.
6. Pekka Pesonen, "Utopias to Norms: From Classicism to Socialist Realism", http://www.slav.helsinki.fi/studies/huttunen/mosaiikki/retro/en/centre-periphery/pp2eng.htm.
7. Ugresic, *Thank You*, 86.
8. John Marks Templeton, *The Templeton Plan: 21 Steps to Personal Success and Real Happiness* (West Conshohocken: Templeton Foundation, 1997), 118.
9. Carlin Flora, "The Pursuit of Happiness", http://www.psychologytoday.com/articles/index.php?term=pto-4738.html&fromMod=emailed.
10. Donald Meyer, *The Positive Thinkers: Popular Religious Psychology from Mary Baker Eddy to Norman Vincent Peale and Ronald Reagan* (Middletown: Wesleyan University Press, 1998), 393.
11. Victoria Moore, "Promising You Can Have Anything Just by Thinking about It, It's No Surprise *The Secret* Has Become the Fastest-Selling Self-Help Book Ever", *Daily Mail* (Londres), 26 de abril de 2007.
12. "Psychologist Produces the First-Ever 'World Map of Happiness'", *ScienceDaily*, 14 de novembro de 2006, http://www.sciencedaily.com/releases/2006/11/061113093726.htm.
13. David Leonhardt 'Money Doesn't Buy Happiness. Well, on Second Thought...", *New York Times*, 16 de abril de 2008.
14. Fernanda Santos, "Are New Yorkers Happy? Some More than Others", *New York Times*, 8 de março de 2009.

Agradecimentos

Escrever livros pode ser um negócio solitário, mas, neste caso, consegui reunir um pequeno grupo de apoio formado por pessoas que também estavam desafiando o consenso prevalecente sobre o pensamento positivo: Barbara Held, Jim Coyne, Micki McGee, Heather Love, Richard P. Sloan e, mais recentemente, Karen Cerulo. Trocamos ideias em longas conversas por telefone, por e-mail e em nossos divertidos "almoços negativos" anuais, e agradeço a todos por partilharem suas ideias e me manterem atualizada — especialmente Barbara Held e Jim Coyne, que dedicaram tempo para ler e comentar as versões preliminares de capítulos.

Se tivesse vivido tempo suficiente, o historiador Donald Meyer teria sido um perfeito acréscimo a esse grupo. Voltei vezes seguidas ao seu brilhante livro, *The Positive Thinkers: Popular Religious Psychology from Mary Baker Eddy to Norman Vincent Peale and Ronald Reagan*, enquanto escrevia o meu.

Outros que foram obrigados a ler e comentar capítulos incluem Bob Richardson, Ben Ehrenreich, Robert Orsi, Steve Eisman, Gary Long e o encantador Eric Dezenhall. Também agradeço às diversas pessoas que dedicaram seu tempo a conversas ou correspondência comigo ao longo do caminho, incluindo Catherine Albanese, Rosa Brooks, James Champy, David Collins, Aine Donovan, Marla Frederick, Carol Graham, Jonathan Haidt, Arlie Hochschild, Robert Jackall, Janet McIntosh, Helen Meldrum, Tom Morris, Nomi Prins, Ashley Pinnington, Vickie Sullivan, Howard Tennen e Neil Weinstein. Sanho Tree e Tim Townsend partilharam comigo sua pesquisa sobre a Fundação Templeton; Diane Alexander deu uma ajuda inestimável em muitas etapas do processo.

Kris Dahl fez mais do que ser minha agente para este livro; foi uma fonte de contatos importantes e insights. Agradeço muito a Riva Hocherman por suas sugestões perspicazes e a Roslyn Schloss pelo excelente trabalho de revisão. E não existe nenhum modo adequado de eu agradecer à minha editora, Sara Bershtel, cujo humanismo e lógica penetrante formaram todas as linhas deste livro.

Índice

1984 (Orwell), 231

A brincadeira (Kundera), 230
A ética protestante e o espírito do capitalismo (Weber), 16
"A felicidade e suas causas" (conferência), 219
A lei da atração (Losier), 76
A morte do caixeiro-viajante (Miller), 118
  antidepressivos e, 12
  calvinismo e, 88-92
  depressão, 10, 71, 193
  estilo de vida mais saudável e, 185-86
  indústria da motivação e, 171-73
  invalidez e, 98-100
À procura da felicidade (Gardner), 211
"A última fronteira" (seminário), 84
"A vida é boa", produtos, 113
Abordagem Positiva à Perda de Peso, site, 57
Acker, Kathy, 29
Addams, Jane, 96
administradores de crises, 210, 216

Agência Federal de Administração de Emergências (FEMA), 20
AIDS/HIV, 30, 36, 45, 50
Alarm One, 120
Albanese, Catherine, 77
Allen, Woody, 118
Alzheimer, doença de, 184
"America the Boastful" (Krugman), 15
American Management Association, 132
Amor, medicina e milagres (Siegel), 46
Amway, 121-2, 164
Anker, Roy M., 100
Aprenda a ser otimista (Seligman), 178
Armstrong, Lance, 38
As variedades da experiência religiosa (James), 102
Assaraf, John, 77
Associação Americana de Psicologia (APA), 169, 194-5
Associação de Psicologia de Michigan, 172
Association of Private Enterprise Education, 191

AT&T, 130, 134, 140
"Atitude mental positiva", 121
ativismo social, 63, 194-96, 204
automonitoramento, 47, 90-92, 104-112, 220, 231-32

Baker, Dean, 208
Baldwin, James, 9
Balmer, Randall, 159
Barnum, P.T., 61
Bear Sterns, 211
Beard, George M., 95-99
Become a Better You (Osteen), 146
Beecher, Catharine, 95-97
Beecher, George, 92, 95, 97
Beecher, Lyman, 97
Bernstein, Jared, 202
Bezaire, Bruce, 160
Black, Jonathan, 122
Blunt, Ed, 219
bolha ponto-com, estouro da, 19, 205
Boniwell, Ilona, 197-98
Bosom Buds, quadro de mensagens, 37
Bowen, rev. Will, 69, 155
Braley, Judy, 70-72
Breast Cancer Action, 35n
Breast Friends, site, 35
Brinker, Nancy, 31, 38
Brinker, Susan, 31
Brodsky, Joseph, 9
Brody, Jane, 38
Brookings Institution, 205
Brown, Michael, 20
budismo, 130
Burnet, McFarlane, 49
Burton, Robert, 91, 96
Bush, George W., 18-19, 191, 218
Business Roundtable, 126

Business Week, 127, 129
Butler, Anthea, 208
Byrne, Rhonda, 73-75, 81-83, 86, 208, 217, 233

calvinismo, 16, 88-94, 96-111, 143, 148, 176, 182, 232, 234
câncer de mama, 23-55, 99, 103, 185
câncer, 23-55, 183, 185
Canfield, Jack, 74
Carnegie, Dale, 64-65
Caywood, Clarck, 124
CEOs, 21, 123-32, 162-68, 205, 209-11, 214-15
cérebro "catastrófico", 173
Cerulo, Karen, 19
Challenge to America (filme), 110
Champy, James, 124
Cherry, Cindy, 37
Chopra, Deepak, 53
Church Marketing Sucks, site, 159
Ciência Cristã, 101-5, 155, 157
ciência da administração, 124-25, 129
classe média, 18, 96-98, 112, 123, 132-35, 138-42, 202, 215-16
Clinton, Bill, 18-19, 218
coaching, 17-18, 58-59, 62, 74-87, 101, 114-15, 115n, 116, 134-36, 171-72, 210-11, 214, 233
Com a vida de novo (Simonton, Matthews-Simonton e Creighton), 46
Como fazer amigos e influenciar pessoas (Carnegie), 64-65
Como nadar entre os tubarões sem ser comido vivo (Mackay), 127
complexo de inferioridade, 107-8
comunismo, 15, 229-31
Conduta de risco (filme), 215-16

conservadores, 191-95, 234
Convenção da Associação Nacional de Palestrantes (NSA) (2007), 60-63, 70-71, 74, 81, 83-85, 135, 197
Copeland, Gloria, 145
Copeland, Kenneth, 145
Coreia do Norte, 230
Cosby, Bill, 114
Countrywide Mortgage, 211-12
Covey, Stephen, 109, 164
Coyne, James, 48-49
Creighton, James, L., 46
Crise (Bernstein), 202
crise financeira, 17-18, 20-21, 205-21, 234
culpabilização da vítima, 54-55, 134, 168, 228-29
Cúpula Internacional de Psicologia Positiva, 181, 196-200

Daisy Awareness colar, 32
Dare to Be Great, 110
Darrah, Charles N., 113
Depressão, Grande, 204, 218, 220-21
Descobrindo as leis da vida (Templeton), 191
Desemprego de colarinho-branco (Ehrenheich), 203
desemprego, 56-59, 62, 66-67, 75, 114, 125, 131-42, 195, 202-6, 216, 218-20, 234
desigualdade econômica, 16, 58, 194, 202-6, 215-16
Despair.com, 141
Dezenhall, Eric, 210, 215
Diener, Ed, 173, 177, 181, 194, 199-200
Dinheiro ruim (Phillips), 208
direita cristã, 15, 143-144
direitos civis, movimento dos, 156

doença cardíaca, 29-30, 45, 185-86
Dollar, Creflo, 145, 156, 201, 207-8
Douglas, Ann, 88, 98
Dow 36.000 (Glassman), 205
downsizing, 116, 125, 131-42, 168, 202, 204
Doyle, Bob, 78
Dreesser, Annetta, 102
Drucker, Peter, 164, 166

economia de mercado, 17, 31-32, 231
Economist, 163, 166
Eddy, Mary Baker, 93-105, 157, 218, 228
Eirkerenkoetter, Frederick "Reverendo Ike", 156
Eisman, Steve, 213, 217
Eker, T. Harv, 67, 76, 109
Eliade, Mircea, 39
Ellen DeGeneres Show (programa de TV), 73
Emerson, Ralph Waldo, 93-94, 103-4, 111
equação de felicidade, 179-80, 195-96, 233
Esalen, 130
"Escala de Satisfação com a Vida", 194
Escola de Iluminação Ramtha, 76
evangelho da prosperidade, 144-45, 155-58, 165, 201, 207-8, 218
evolução, 51, 173, 190, 223

Falcon, Armando, 214
Falwell, Jerry, 143
Fannie Mae, 214
Federal Reserve, 217
Federalist Society, 191
Felicidade 101, cursos de, 199
Felicidade autêntica (Seligman), 171-2, 174-5, 181, 184-5, 186

First Year of the Rest of Your Life, The (Honea), 38, 41-42
física quântica, 81-86, 101
Fitzgerald, Frances, 160
Fomos demitidos! (Mackay), 204
Ford, Betty, 30
formação de equipe, 139-41, 165-67
Fortune, 130-31
Four Pillars of Prosperity, The (Os quatro pilares da prosperidade) (Gaines), 155
Frank, Robert, 215
Fraser, Jill Andresky, 139
Freddie Mac, 206, 214
Freedom's Watch, 191
Friedman, Milton, 191
Fuld, Richard, 213-16
Fundação Heritage, 191
Fundação Jesse Helms, 191
Fundação Libby Ross, 33
Fundação Susan G. Komen, 31, 38, 42, 44
Fundação Templeton, 188-92
fundamentalismo de mercado, 217-18

Gaines, Edwene 155
Gardner, Chris, 211
Gawande, Atul, 227
Gelband, Mike, 213
Gell-Mann, Murray, 82
General Electric (GE), 125, 132, 215
Gift of Cancer, The (McNerney), 39
Gilbert, Daniel, 193
Gilman, Charlotte Perkins, 96
Gitomer, Jeffrey, 67, 70-71, 109-11
Giuliani, Rudolph, 216
Gladwell, Malcolm, 163
Glassman, James, 205
Good News, Blog, 71
Goodhart, Sue, 114-16
Gosselin, Peter, 202
Grassley, Chuck, 145
Great Risk Shift, The (A grande mudança dos riscos) (Hacker), 202
Greenhouse, Steven, 202
Greenspan, Alan, 217-218
Greenwald, Bruce C.N., 211
Gregory, Joe, 209-10, 216
grupos de apoio, 36, 47-48, 167

Hacker, Jacob, 202
Hagin, Kenneth, 147, 155-56
Haidt, Jonathan, 193
Handbook of Positive Psychology (Snyder e Lopez), 187
Happy News, site, 71, 198
Happy Planet Index, 12
Harrison, Milmon, 156
Held, Barbara, 180-81, 185-86
Hernacki, Mike, 76, 79
High Wire (Na corda bamba) (Gosselin), 202
Hill, Napoleon, 106, 110, 121, 147, 218
Himmelfarb, Gertrude, 191
Hinn, Benny, 145
Hirsh, Michael, 19
Histórias para aquecer o coração (Canfield), 74
Hochschild, Arlie, 65
Hodgson, Godfrey, 15
Holland, Jimmie, 54
Holmes, Ernest, 107
Home Depot, 66
Horton, Michael, 154
Hybels, Bill, 159, 163-64

igreja "livre de reclamações", 69
Igreja Unitária, 155, 157

índios americanos, 92, 129-30
indústria da motivação, 17-18, 47-48, 113-23, 171, 219
   convenções e conferências e a, 60-63
   corporações financeiras e a, 210-13
   desemprego e a, 133-42
   O segredo (Byrne), e a, 73-75
   pastor como CEO e a, 164-68
Instituto Manhattan, 191
International Coach Federation, 115n
"Inventário da Felicidade Autêntica", 178, 181-82
Irã, 229
Iraque, guerra do, 20, 49, 58, 71, 191
Isikoff, Michael, 19
Iugoslávia, 229

Jackson, rev. John, 164
Jakes, T.D., 208
James, Alice, 96, 99
James, Henry, 9, 96
James, William, 95, 99, 101-4
Journal of Happiness Studies, 170

Kapuscinski, Ryszard, 229
Katrina, furacão, 20
Kennedy, John F., 192
Kenyon, E. W., 155-56
Kersten, E. L., 141
Khurana, Rakesh, 126, 128
King, Larry, 20, 73, 79, 87, 210, 219
Knight, JZ, 76
Krugman, Paul, 15, 206
Kundera, Milan, 230
Kushner, Rose, 30

Lane, Carrie, 138
LaRosa, John, 114

Laying Hold of Your Inheritance (Tomando posse de sua herança) (série de vídeos), 156-57
Lehman Brothers, 209, 213, 216
lei da atração, 72-87, 94, 170, 201, 210, 233
Leidner, Robin, 121
Leis universais da vida (Templeton), 191
Leonhardt, David, 203
Lereah, David, 206
Let Freedom Ring, 191
Lewis, Michale, 212-13
liberais, 193, 196
Liberation Management (Peters), 131
Limite zero (Vitale), 62
Lodhia, Primalde, 138
Losier, Michael J., 76, 79-80
Love, Dra. Susan, 28
Lyubomirsky, Sonja, 170

Mackay, Harvey, 204
magia, 77-79, 87
Mamet, David, 118
Mamm, revista, 31, 35, 41
Marketdata Enterprises, 114, 115n
Maroney, J. P., 67-68
Mary Kay, cosméticos, 119
Matlin, Marlee, 76
Matthews-Simonton, Stephanie, 46
McCain, John, 191
McConnell, D. R., 156
McGee, Micki, 105
McKinsey, 130
megaigrejas, 143-168
Merrill Lynch, 211
Meyer, Donald, 108, 232
Meyer, Joyce, 145, 154, 162
Michaelson, Adam, 212
Miller, Arthur, 118

Mills College, estudo, 184-85
Mills, Chuck, 211
Moody's, 217
Morter, Sue, 61, 81, 83, 101
"Motive-se", ralis, 114, 116, 219
Mozilo, Angelo, 211
Murdoch, Rupert, 163

Nagy, Rebecca, 84
National Association of Realtors, 206
National Association of Scholars, 191
neurastenia, 95-103, 182-83
Never Saw it Coming (Cerulo), 19
Norem, Julie, 225
Nothaft, Frank, 206
Novo Nordisk, 219
Novo Pensamento, movimento, 93-94, 100-9, 110-12, 143, 154-58
NYNEX, 139, 141

"O afeto positivo influencia a saúde?" (Pressman e Cohen), 187-88
"O final do crescimento explosivo de Wall Street" (Lewis), 212
O grande aperto (Greenhouse), 202
O livro de ouro da atitude Yes! (Gitomer), 111
O momento é este (Osteen), 146, 207
O peregrino (Bunyan), 110
O poder do pensamento positivo (Peale), 107-8, 116, 118-19, 121, 190
O que você pode e o que você não pode mudar (Seligman), 171
O segredo (Byrne), 20, 73-83, 86-87, 110, 207-8
Obama, Barack, 205
Orsi, Robert, 92-93
Orwell, George, 231

"Os benefícios de afetos positivos frequentes" (Diener), 182
Os segredos da mente milionária (Eker), 67, 76, 109
Osteen, Joel, 145-56, 157, 165, 167, 201, 207-8, 217-19, 231
Osteen, John, 156, 157
Osteen, Victoria, 149-53, 207, 218-19
Owtward Bound, 140

Pacific Institute, 115
Palavra de Fé, movimento, 155-57
"Parceiros Positivos", 113
Partido Republicano, 191
pastores empreendedores, 158, 161-64, 167
PastorPreneur (Jackson), 164
"Peak Potentials Training", 67
Peale, Norman Vincent, 103-4, 107-8, 112, 116, 118-19, 133, 146-47, 155, 169, 190-92, 199, 217
Pearlstein, Steven, 209
Peck, M. Scott, 109
pensamento crítico, 226-27
pensamento de grupo, 223-24
pensamento negativo (pessimismo), 13-14, 59, 88, 105-6, 148
    local de trabalho e, 56, 66, 122, 213-14, 219-20
    psicólogos positivos e, 172-73, 178
    realismo e, 222-28, 232-33
    repressão política do, 19, 230
    saúde e, 182-86
pensamento positivo
    calvinismo e as raízes do, 88-93, 96-99, 104-7, 111
    câncer de mama e, 23-55

Carnegie e promotores do, nos negócios, 64-66
crise financeira e, 205-21
cultura americana e, 9-22
cultura empresarial e, 60, 112, 115-31, 158-68
definição, 12-13
downsizing nas empresas e, 17-18, 56-59, 132-42, 202-4, 218-21
indústria da motivação e, 17-18, 20-21, 58-63, 72-87, 113-42
lei da atração e pensamento mágico e, 72-87
liderança nas empresas e, 123-32, 210-17
megaigrejas e, 143-68
notícias vistas como negativas pelo, 69-72
Novo Pensamento e Ciência Cristã e, 93-108, 154-56
Peale muda o foco de, para saúde, 104-12, 182
pessoas negativas vistas como ameaças pelo, 63-69
política e, 18-19, 192-93, 229-31
psicologia positiva e, 169-200
realismo e vigilância como alternativas ao, 55, 222-35
saúde e, 10, 13, 16, 78-86, 106-7, 144, 147, 181-89
Pense e enriqueça! (Hill), 88, 106, 110, 121, 218
pessoas negativas, 63-72
Peters, Tom, 127-28, 130-32, 133
Peterson, Chris, 194
Phillips, Kevin, 208
"Poder Positivo", CDs, 219
Pollay, David J., 198

Positive Psychology Coaching (Biswas-Diener e Dean), 171
Powell, Colin, 114
Price, Fred, 156
Pritchett, V. S., 104
Prosper Inc., 120-21
psicologia positiva, 21, 169-200, 228, 232-33
psicologia positiva, política da

Quem mexeu no meu queijo? (Johnson), 59, 136-37
Quem somos nós? (filme), 75, 81-82
Quimby, Phineas Parkhurst, 93-94, 100-2, 155, 182

Race for the Cure (Corrida pela Cura), 31-32
Reagan, Ronald, 210, 225
realismo, 55, 68, 181, 186, 210, 213, 223-27, 232-35
Reece, Roger ("Buford P. Fuddwhacker"), 212
Reengenharia da gerência (Champy), 124
Reeves, Richard, 134
reflectivehappiness.com, 171
Reich, Robert, 206-7
Relay for Life, 37
Rice, Condolezza, 18-19
Richards, Ellen, 96, 103
"Riqueza Além da Razão", treinamento, 78
riqueza, 57-58, 73, 106-9, 144, 203-4, 215-16, 233-34
Riquistão (Frank), 215
Rittenberg, Cynthia, 54
Robbins, Tony, 109, 114, 130, 210-11, 220
Robertson, Pat, 143

Rollin, Betty, 30, 39
Romney, Mitt, 191
Roosevelt, Teddy, 103
Rybcynski, Wytold, 160

Sanger, Margaret, 96
Sarno, John E., 183
Schofield, Penelope, 54
Schuller, Robert, 148, 152, 155, 159, 164, 167, 219
Scientific American, 20, 50, 80
Sedgwick, Eve Kosofsky, 41
Segerstrom, Suzanne, 188-89
seguro de saúde, 42, 132, 172, 202, 219
Seligman, Martin, 169-86, 188-89, 192-97, 199-200, 228
Selye, Hans, 46
SERE, escolas, 192-93
Seu balde está cheio? (Raft e Clifton), 66, 197
Sewall, Betty, 91
Sewall, Samuel, 91
Shermer, Michael, 80, 82
Siegel, Bernie, 46
Simonton, O. Carl, 46-48
síndrome da fadiga crônica, 95
sistema imunológico, 28, 44-51, 188-89
Smith, Adam, 218, 221
Sociedade Americana do Câncer, 37, 40
Somers, Suzanne, 29-30
Spiegel, David, 47-48
Spiegel, Rob, 117-18
Spock, Benjamin, 97
Sprint, 116
Stone, W. Clement, 121
Stop Smiling, Star Kvetching (Pare de sorrir, comece a reclamar) (Held), 180
Stowe, Harriet Beecher, 92, 95

Strum, Stephen, 52
Successories, 113, 134
"Sucesso 1994", 134
Sucesso a qualquer preço (Mamet), 118
Sucesso através de uma atitude mental positiva (Stone e Hill), 121
Sullivan, Vicki, 135

Templeton, Sir John, 189-91, 220
"Tenha uma Boa Aparência (...) Sinta-se Melhor", programa, 40
The Ultimate Secret to Getting Absolutely Everything You Want (Hernacki), 76
"The Yellow Wallpaper" (Gilman), 96
Topchik, Gary S., 66
transcendentalismo, 93, 111
"treinamento em otimismo", 174, 178, 196

Ugresic, Dubravka, 229-30
Um assaltante bem trapalhão (filme), 118
Um mundo sem reclamações (Bowen), 155
"Uma atitude positiva ajudou uma mulher a vencer o câncer" (Young), 44
Uma lição de vida (Edson), 34
União Soviética, 225, 229-31

Vencendo a crise (Peters), 131
vendedores, 116-24, 132-34, 164-65
vibrações, 79-81, 83, 86, 101, 228
visualização, 73, 75-78, 87, 115, 124, 130, 147, 155, 231
Vitale, Joe "Mr. Fire", 61, 74, 76

Walton, Jonathan, 207-208
Warren, Rick, 158, 159, 163, 166
Weber, Max, 16, 92
Weil, Andrew, 183

Welch, Jack, 125, 131-32, 163, 215
Wells Fargo, 198
Whitehead, Ralph, 134
Whitely, Richard, 129
Whitmore, John, 75
Why the Real Estate Boom Will Not Bust and How You Can Profit from It (Por que o crescimento imobiliário explosivo não retrocederá) (Lereah), 206
Whyte, William H., 65
Widener, Chris, 62-63
Willner, Maria, 33

Winfrey, Oprah, 20, 58, 69, 73, 192, 231
"Winning Ways", programa, 141
Woodward, Bob, 18
Wurzelbach, Joe, "o encanador", 204-5

Xá dos xás (Kapuscinski), 229

Young, Sherry, 44

Zelman, Ivy, 212-13
Ziglar, Zig, 134, 219

Este livro foi composto na tipologia Minion Pro
Regular, em corpo 11,5/16, e impresso em papel
off-white no Sistema Cameron da Divisão
Gráfica da Distribuidora Record.